# 长三角法治
# 案例精选

长三角区域检察协作办公室 主编

## Selected Law Cases
## in the Yangtze River Delta

上海交通大学出版社
SHANGHAI JIAO TONG UNIVERSITY PRESS

**内容提要**

为更好地服务保障长三角区域一体化国家战略实施，凝聚沪苏浙皖四地政法机关合力，协同联动推进“平安长三角、法治长三角”建设，构筑长三角区域执法、司法、普法及相关政策制定等协作机制，助推长三角区域内司法机关办案法律政策标准统一，长三角区域检察协作办公室计划按年度出版《长三角法治案例精选》。本书为沪苏浙皖四地检察机关、律师事务所办理的服务保障长三角法治化营商环境典型案例，包括但不限于相关单位办理的保护企业家合法权益、企业合规建设、知识产权保护等领域，涉及刑事、民事、行政、公益诉讼、法律服务等法治案例。

**图书在版编目(CIP)数据**

长三角法治案例精选／长三角区域检察协作办公室主编．—上海：上海交通大学出版社，2022.3
ISBN 978-7-313-25817-5

Ⅰ．①长…　Ⅱ．①长…　Ⅲ．①长江三角州—社会主义法制—案例—汇编　Ⅳ．①D927.5

中国版本图书馆 CIP 数据核字(2021)第 267922 号

**长三角法治案例精选**
CHANGSANJIAO FAZHI ANLI JINGXUAN

主　　编：长三角区域检察协作办公室
出版发行：上海交通大学出版社　　地　　址：上海市番禺路 951 号
邮政编码：200030　　电　　话：021-64071208
印　　制：上海新艺印刷有限公司　　经　　销：全国新华书店
开　　本：710 mm×1000 mm　1/16　　印　　张：17.75
字　　数：299 千字
版　　次：2022 年 3 月第 1 版　　印　　次：2022 年 3 月第 1 次印刷
书　　号：ISBN 978-7-313-25817-5
定　　价：88.00 元

# 前言

为凝聚和强化沪苏浙皖四地政法机关合力，推进长三角区域执法司法办案法律政策标准统一，协同联动推进平安长三角、法治长三角建设，构建长三角区域执法、司法、普法一体化新格局，更好服务保障长三角一体化战略实施，长三角区域检察协作办公室计划按年度出版《长三角法治案例精选》。

“一体化”是区域协调发展的最高形态，也是长三角高质量发展的鲜明特色。近年来，沪苏浙皖四地政法机关深入践行习近平法治思想，全面贯彻习近平总书记关于长三角一体化发展的重要指示精神，紧扣“一体化”和“高质量”要求，立足长三角区域定位，细化、实化各项举措，努力为平安长三角、法治长三角建设提供高质量法治产品。

首次出版的《长三角法治案例精选》为沪苏浙皖四地检察机关、律师事务所办理的服务保障长三角法治化营商环境典型案例，包括但不限于相关单位办理的保护企业家合法权益、企业合规建设、知识产权保护等领域，涉及刑事、民事、行政、公益诉讼、法律服务等法治案例。

新时代，新征程！下一步，沪苏浙皖四地政法机关将携手共进，深入学习贯彻习近平法治思想和伟大的建党精神，自觉融入保障长三角一体化发展大局，共建法治新高地，以长三角政法工作高质量发展服务国家经济社会的高质量发展。

长三角区域检察协作办公室

2022 年 3 月

# 目录

## 上海市法治案例

## 江苏省法治案例



## 浙江省法治案例

## 安徽省法治案例

长　三　角　法　治　案　例　精　选

# 上海市

# 法治案例

# 李某某等9人侵犯"乐高"玩具著作权案[①]

## ——侵犯拼装类玩具美术作品著作权罪的法律问题

### 【案例要旨】

1. 拼装玩具属于《中华人民共和国著作权法实施条例》(以下简称《著作权法实施条例》)所规定的美术作品,境外著作权人依据我国法律和国际公约受我国法律保护。

2. 乐高玩具系拼装玩具,判断侵权产品与权利人作品是否构成实质性相同,要求在符合著作权"独创性"的条件下,基于拼装玩具的整体表现形式予以综合考量。

3. 提前介入引导侦查,确保取证、固证规范。

4. 准确区分侵犯著作权罪与销售侵权复制品罪,法律适用准确。

5. 权利人实质性全程参与诉讼,有力促进本案法律效果和社会效果的有机统一,坚定了权利人投资中国、投资上海的信心。

### 【案情概要】

"Great Wall of China"拼装玩具等47个系列663款产品系乐高公司(LEGO A/S)(以下简称乐高公司)创作的美术作品,乐高公司根据该作品制作、生产了系列拼装玩具,并在市场上销售。

2015年—2019年4月,被告人李某某雇用杜某某、闫某某、余某某、王某甲、张某、王某乙、吕某某、李某等人在未经乐高公司许可的情况下,采用拆分乐高公

---

① (2020)沪03刑初28号。

司销售的拼装玩具后，通过电脑建模、复制图纸、委托他人开制模具等方式，在广东省汕头市澄海区利豪玩具厂（原为个体户，于2016年7月核准注销）生产、复制上述47个系列663款拼装积木玩具产品，并冠以“乐拼”品牌通过线上、线下等方式销售。被告人杜某某、闫某某、余某某、王某甲、张某、王某乙、吕某某、李某均按月从李某某处领取固定报酬。经查，李某某等人在2017年9月11日—2019年4月23日已经生产销售侵权产品634种型号424万余盒，金额达到3亿余元。

2019年4月23日，上海市公安局在被告人李某某租赁的厂房查获用于复制乐高玩具的模具、零配件、各类包装盒、各类说明书、复制乐高系列的乐拼玩具等物品。扣押待销售的侵权产品344种型号60万余盒，金额3 000万余元。

2019年4月22日、4月23日、5月12日，被告人李某某、杜某某、王某甲被公安民警抓获。2019年4月23日、6月14日，被告人余某某、王某乙接到公安民警电话通知后到案。2019年4月24日、7月15日、7月31日、8月5日，被告人闫某某、张某、吕某某、李某主动投案。各被告人到案后，均如实供述上述犯罪事实。

## 【履职情况】

### 一、重点工作

一是对涉案作品进行准确定性。本案主要焦点在于乐高公司作为境外主体，其著作权是否受我国法律保护以及积木颗粒是否构成著作权法的立体美术作品等。上海市检察院第三分院（以下简称三分院）与公安机关、相关专家学者等开展了多次专题会商，从法理及实务两个层面深入研究，并依据《伯尔尼公约》及我国著作权法，认定涉案乐高公司的美术作品受我国法律保护，为该案办理奠定扎实基础。

二是引导侦查机关取证固证。本案中被告人采取“隐蔽＋分散”的经营模式，地域化特征明显，犯罪团伙盘踞在当地，关系盘根错节，真正犯罪主犯利用他人冲锋在前，本人则身居幕后遥控指挥，仅通过常规侦查模式很难达到精准打击。三分院将提前介入时间节点进一步前移，在公安机关抓捕前就案件管辖问题、行为定性、证据合法性与公安机关进行交流，紧扣犯罪构成要件提出具体取证方向，并且协同公安机关前往广东汕头澄海区的犯罪窝点进行现场指导，确保侦查取证工作规范、合法。

三是落实权利人实质性参与诉讼。案件受理后，三分院将知识产权刑事案件的权利义务告知工作前移至审查逮捕阶段，同时提供英文版权利义务告知书。与乐高公司法务负责人取得联系，就作品的著作权权属、同一性鉴定等取证事宜进行沟通协调，鼓励权利人提供证据材料，解决涉案作品著作权甄别问题。为此，乐高公司及时提供了公证文件、权属声明、第三方授权函等文件，确保证据证明力，缩短了审查周期，提高诉讼效率。

## 二、审查起诉

2019 年 8 月 20 日，上海市公安局侦查终结，以被告人李某某、杜某某、闫某某、余某某、王某甲、张某、王某乙、吕某某、李某涉嫌侵犯著作权罪移送三分院审查起诉。本案审查起诉期间，恰逢新冠疫情暴发，为落实疫情防控政策，三分院采用电话、视频等方式进行云提审，保证案件高效顺利办理。2020 年 2 月 25 日，三分院以被告人李某某、杜某某、闫某某、余某某、王某甲、张某、王某乙、吕某某、李某侵犯著作权罪向上海市第三中级人民法院（以下简称三中院）提起公诉。

## 三、出庭支持公诉

2020 年 7 月 30 日，三中院公开开庭审理本案。针对“人数多、书证多、辩解多”的实际情况，三分院制作庭审幻灯片百余页，以“可视化”的形式予以展示。庭审中，李某某对犯罪数额的计算提出异议，部分辩护人对被告人的量刑提出意见，被告人杜某某对认定的罪名提出质疑，辩解应定销售侵权复制品罪而非侵犯著作权罪。公诉人答辩如下。

（1）复制侵权玩具产品的行为，一旦生产完成并用于销售目的就已构成犯罪既遂，是否实际销售出去不影响对侵犯著作权罪的定性和犯罪数额的认定。

（2）杜某某虽然离职，但对于侵犯著作权的行为是明知的，且积极参与策划，并在离职后作为乐拼的内销客户向利豪玩具厂定制侵权玩具作品，并以经销商名义批发侵权玩具，属于侵犯著作权中的“发行”行为，应以侵犯著作权罪定罪。

(3) 李某某等人设立的三家公司均不符合单位犯罪的构成要件，不能认定为单位犯罪。

(4) 杜某某被抓时已经处于公安机关人身控制之下，不属于自动投案情形，不构成自首。

(5) 被告人李某某于2016年因侵犯乐高公司的知识产权而涉入多起民事法律诉讼(均败诉赔款)。民事判决生效后，其仍不思悔改，继续从事侵权行为，社会危害性较大。

合议庭对公诉意见和所指控的全部犯罪事实予以采纳。

## 四、处理结果

2020年9月2日，三中院判决9名被告人犯侵犯著作权罪，判处主犯李某某有期徒刑6年，并处罚金9 000万元；闫某某有期徒刑4年6个月，并处罚金80万元；张某有期徒刑4年6个月，并处罚金120万元；王某乙有期徒刑3年9个月，并处罚金450万元；杜某某有期徒刑3年6个月，并处罚金250万元；吕某某有期徒刑3年，并处罚金30万元；王某甲有期徒刑3年，并处罚金30万元；余某某有期徒刑3年，缓刑3年，并处罚金20万元；李某有期徒刑3年，缓刑3年，并处罚金20万元。一审判决后，被告人李某某、杜某某等5人不服判决，提出上诉。2020年12月29日，上海市高级人民法院裁定驳回上诉，维持原判。

## 【典型意义】

## 一、拼装玩具属于美术作品，境外著作权主体依法受我国法律保护

根据我国《著作权法实施条例》第2条及第4条第(八)项的规定，著作权法所称作品是指文学、艺术和科学领域内具有独创性并能以某种有形形式复制的智力成果；美术作品是指绘画、书法、雕塑等以线条、色彩或者其他方式构成的有审美意义的平面或立体造型的艺术作品。拼装颗粒本身独创性过低，难以构成作品，但本案是造型图、装配示意图与颗粒组件包一并提供，造型图不仅是在纸张上通过线条、色彩、阴影、比例和角度等要素处理成的具体图形，而且还有被描绘的动漫形象、人物形象、城市形象等，造型图作为一种纯艺术

表达，无论是采取立体还是平面的形式，都可以构成美术作品。装配示意图为用户提供拼装指引，根据拼装指引制作立体玩具的行为属于从平面到立体的复制，三者应作为一个整体，不应分割评判。本案中经拼装完成的立体模型共计 663 款，均为用积木块搭建而成，这些载体所承载的表达由权利人乐高公司独立创作，具有一定的独创性及独特的审美意义，应当认定为受《中华人民共和国著作权法》(以下简称《著作权法》)保护的美术作品。

根据《著作权法》第 2 条第 2 款规定：“外国人的作品根据其作者所属国或者经常居住地国同中国签订的协议或者共同参加的国际条约享有的著作权，受本法保护。”乐高集团公司是涉案美术作品的著作权人，其所属国为丹麦，丹麦是《伯尔尼公约》和《世界版权公约》成员国，中国于 1992 年加入了这两个公约。基于上述国际公约和中国法律规定，乐高集团公司的涉案美术作品受中国法律的保护。

## 二、拼装类玩具应以涉案产品的表现形式综合判断是否构成实质性相同

认定侵权产品是否构成对权利人作品的复制发行，核心在于确定两者是否构成实质性相同。涉案玩具的整体造型(并非拼装颗粒)是受著作权法保护的作品，平面设计图只是作品的表现形式，涉案侵权产品与著作权人作品(立体造型与其包装盒上的图示)在外观上无显著差异，构成实质性相同，属于复制。部分拼装步骤展示角度、配色及排版布局略有变化，不影响对实质性相同的判断。由于仿冒者自身生产水准不稳定，或是为了节省新开模而使用新色粉的成本，致使侵权产品与权利人主张保护的产品之间存在外观细微差别，但并不影响实质性相同的识别标准判断。

## 三、提前介入引导侦查，确保取证、固证规范

该案是全国首例侵犯“乐高”玩具著作权的刑事案件，三分院高度重视，将提前介入时间节点进一步前移，在公安机关立案之初就与相关学者开展多次专题协商，从法理及实务两个层面深入研究，并依据《伯尔尼公约》及我国《著作权法》认定，涉案乐高公司的美术作品受我国法律保护，从而为该案的办理奠定了扎实基础。对部分被告人做出的其仅对外销售侵权产品，并未直接复制侵权产品的行为应当认定为销售侵权复制品罪的辩解，三分院积极引导公安机

关收集、固定相关客观证据,以确保证据证明力,缩短了审查周期,提高了诉讼效率。

## 四、准确区分侵犯著作权罪与销售侵权复制品罪,应当结合客观证据进行整体评价

对于行为人未直接实行复制侵权产品,而仅对外销售侵权产品的行为,司法实践中存在罪名认定上的争议。行为人经常辩解其销售侵权产品的行为应当认定为销售侵权复制品罪。

区分侵犯著作权罪与销售侵权复制品罪应当对行为人的整体行为进行评价,不能割裂看待。当行为人与复制人不存在事先共谋复制侵权作品或者行为人客观上没有对复制行为的实施起帮助、辅助作用时,行为人并未参与复制侵权作品,和复制人并非共同犯罪,此时宜认定为销售侵权复制品罪。而当行为人不仅实行了单一的销售侵权复制品的行为,而且对他人侵犯著作权行为具有明显的帮助时,此时行为人与复制发行者具有紧密联系,构成共同犯罪,宜认定为侵犯著作权罪。

## 五、确保权利人实质性全程参与诉讼,夯实权利人投资上海的信心

案件受理后,三分院将知识产权刑事案件的权利义务告知工作前移至审查逮捕阶段,同时提供英文版权利义务告知书。与乐高公司法务负责人取得联系,就作品的著作权权属、同一性鉴定等取证事宜进行沟通协调,鼓励权利人提供证据材料,解决涉案作品著作权甄别问题。为此,乐高公司及时提供了公证文件、权属声明、第三方授权函等文件。权利人乐高公司从立案之初、取证固证到庭审发表意见,从审查逮捕、起诉阶段的权利义务告知到代理意见的充分听取,充分感受到检察机关加强知识产权保护的理念和做法。乐高公司负责人专程赠送"检察情深系企业知产保护促发展"的锦旗,表示案件的成功办理为他们增加了投资中国、投资上海的信心。同时,丹麦使领馆特别照会上海市人民检察院,对三分院所做的知识产权司法保护工作表示赞赏和感谢。2020年11月6日(一审判决后的两个月),上海乐高乐园度假区项目签约仪式在上海中心举行,项目落地金山枫泾,2021年年内开工建设,2024年年初将正式开园。

## 【专家点评】

本案是一起典型的侵犯著作权犯罪，几乎涉及所有疑难要素，包括著作权的国际保护、侵犯著作权罪与销售侵权复制品罪的竞合、行为人对违法性的认识、既遂与未遂的区分、共犯责任的分配等。对本案的处理体现了司法工作人员极高的专业素养与社会责任感。

首先，从犯罪构成要件层面来看，本案有两个亮点：一是以民事“确权—侵权”的认定为前提，为刑事犯罪的认定奠定基础。在实质性相似的认定方面，办案人员综合考虑了涉案作品与权利人作品的相似度、行为人的生产条件、产品销售市场等因素，最终涉案产品与权利人的产品构成实质性相似。二是区分生产行为与销售行为、已销部分和未销部分，为行为定性奠定基础。办案人员对各被告在生产销售网络中的行为进行梳理，明确了行为构成要件与罪名适用逻辑。

其次，违法性层面。针对被告人提出的“市场定位与受众群体不同”抗辩，办案人员准确把握“社会主义市场经济秩序”这一核心法益，充分证明了被告人行为对市场投资与经营产生的消极影响。同时，被告人行为对权利人的市场声誉、产品销售产生了直接的破坏作用，危害性极大。办案人员依据数名被告人之间在生产销售方面的合作关系，明确了各被告人在整个犯罪过程中所起的作用，合理划定共同犯罪的范围，为违法性的大小提供了依据。

最后，有责性层面。被告人提出的“知识产权保护意识淡薄、违法性认识程度低”等抗辩并不成立。从案件整体来看，各被告人曾多次实施民事侵权，且在民事诉讼中均以败诉告终。被告人“明知故犯”的意图明显，是一种以营利为目的的恶性侵权。被告人的民事赔偿仅可以作为量刑的考虑因素，不能阻却被告人责任的成立。办案人员依据不同被告人之主观恶性的大小，对各被告人有责性的大小进行了划分，这是合理的。

**案件承办人、案例撰写人：**

潘莉，上海市人民检察院第三分院第六检察部副主任

**案例审核人：**

孙秀丽，上海市人民检察院第三分院第六检察部主任

**案例编审人：**

林竹静，上海市人民检察院法律政策研究室检察官

**案例点评人：**

谢焱，同济大学上海国际知识产权学院副教授

**乐高玩具(上海)有限公司向上海市人民检察院第三分院赠送**
**“检察情深系企业　知产保护促发展”的锦旗**

（2020 年 4 月 9 日由王建浩拍摄）

# 上海市人民检察院第三分院起诉非法进口“洋垃圾”污染环境民事公益诉讼案[1]

## ——全链条追究责任　以诉讼推动规范

### 【案例要旨】

对于国家禁止进口的固体废物(“洋垃圾”),即使已被海关查扣尚未造成实际生态环境损害,检察机关仍可就消除生态环境损害风险提起民事公益诉讼,要求侵权行为人赔偿无害化处置费用。本案全面审查,追究了“洋垃圾”的供货商、收购商、进口商、物流报关方等所涉主体的公益诉讼连带责任,从源头打击了非法进口“洋垃圾”行为,规范了企业的经营行为,有效保护了我国国土生态环境安全。

### 【案情概要】

2015 年年初,某固体废物处置有限公司(以下简称 H 公司)总经理钱某联系黄某和某贸易有限公司(以下简称 M 公司)经营人陈某、薛某,求购进口含铜固体废物。2015 年 9 月,薛某在韩国组织了一票 138.66 吨的铜污泥。在明知铜污泥系国家禁止进口固体废物的情况下,由 M 公司制作虚假报关单证伪报成铜矿进口,由黄某在上海港办理报关手续,并将进口情况告知了 H 公司,H 公司向 M 公司支付了相应货款,M 公司将部分货款分给了薛某和黄某,后该票固体废物被海关查获滞留港区,无法退运。经检测,该票固体废物含大量重金属离子,具有危害我国生态环境安全的重大风险。2018 年 9 月,M 公司、黄某、薛某被法院以走私废物罪追究刑事责任。2019 年 6 月,上海市人民检察院第三分院(以

---

① 沪检三分民公诉〔2018〕007 号。

下简称三分院)对M公司、黄某、薛某、H公司提起民事公益诉讼，要求四被告连带偿付非法进口固体废物(铜污泥)的处置费用人民币1 053 700元，一审获得全部支持，二审维持原判。

## 【履职情况】

### 一、诉前调查和公告

2018年10月26日，三分院对本案进行立案审查。在调查核实阶段，三分院除了收集已被追究刑事责任的被告的侵权证据，还就未被追究刑事责任的华远公司是否应承担民事公益诉讼责任开展调查。三分院属于全国首家跨行政区划检察院，具有跨行政区划办理公益诉讼案件的优势，承办组远赴安徽、宁波等地对涉案当事人、企业、环保部门进行调查。H公司负责人称，该公司具有危险废物处置许可证，他们要的是合法进口且有商检证书的进口固体废物，即"洋垃圾"，该批货物由M公司负责进口报关，所以，其与M公司系境内购销。然而，我国并不允许进口固体废物的购销行为，危险废物处置许可证也只仅针对境内的固体废物。委托进口固体废物政策早已取消，经向安徽省环保厅和某市环保局查询，H公司历史上从未申请过进口固体废物许可证。而且，M公司发送给H公司钱某确认的传真上载明的货物是铜矿，但含水量高达50%，明显不符合铜矿含水量最高不超过12%的行业标准，结合询问笔录等证据，可以认定H公司对进口货物是铜污泥系明知，其行为具有违法性。为此，三分院将利益链中的M公司、黄某、薛某、H公司均列为被告。

办案中，三分院委托上海市固体废物管理中心对"洋垃圾"的危害及处置方式出具专门意见。经鉴定，涉案铜污泥属于生产过程中产生的废弃物、残余物，含有大量重金属物质，应作为危险废物处置。同时，三分院还委托上海市价格认证中心对该票"洋垃圾"的无害化处置费用进行评估，确定了标的金额为人民币1 053 700元。

三分院于2019年4月28日发出公告，督促有关机关和社会组织提起民事公益诉讼，公告期限届满后，有关机关和社会组织未起诉，遂由三分院作为公益诉讼起诉人起诉。

### 二、提起民事公益诉讼

三分院于2019年6月27日向上海市第三中级人民法院(以下简称三中院)

提起民事公益诉讼，要求四被告连带偿付非法进口固体废物（铜污泥）的处置费用人民币 1 053 700 元。庭审中，三分院邀请了华东师范大学生态与环境科学系教授作为专家辅助人协助办案。

### （一）四被告应连带承担公益诉讼损害赔偿责任

H 公司、M 公司、黄某、薛某在明知铜污泥系国家禁止进口的固体废物的情况下，共同商议、分工合作，由 H 公司确认进口货物并支付了货款，薛某在境外组织货源，M 公司制作虚假报关单证，黄某负责报关和国内运输，各被告在购买和进口固体废物中都起到了不可或缺的作用。根据《中华人民共和国侵权责任法》第 8 条的规定，四被告应认定为共同侵权者，须承担连带责任。

### （二）公益诉讼请求依法、合理

本案“洋垃圾”虽未入境，但具有损害社会公共利益的重大风险，同样属于检察公益诉讼的受案范围，被告应承担消除危险的民事责任。涉案走私废物无法退运，根据相关法规应进行无害化处置，并且必然发生处置费用。行为人不应当因无法退运而免除排除环境污染风险的法律责任，否则会产生无法退运滞留境内情形下的责任反而比能够退运情形下的责任更小的悖论。上海市固体废物管理中心和上海市价格认证中心对处置费用的意见系专业机构出具，资质健全、程序合法、结果公正，应予认定。

### （三）承担民事公益诉讼侵权责任不以追究刑事责任为先决条件

刑事责任与民事责任是两种相互独立的责任形式，华远公司虽未在走私废物犯罪案件中被判处刑事责任，但不代表其无需在公益诉讼中承担民事责任。通过相关证据可充分认定，H 公司与 M 公司、黄某、薛某之间存在合意，具有共同的侵权故意，符合共同实施污染环境民事侵权行为的构成要件，系共同侵权，H 公司应承担民事赔偿责任。

2019 年 9 月 5 日，三中院经审理，当庭判决四被告连带赔偿非法进口铜污泥的处置费人民币 1 053 700 元。H 公司不服提起上诉，三分院出庭应诉，上海市人民检察院也派员出席庭审。经上海市高级人民法院审理后判决驳回上诉，维持原判。现本案已经执行到位，该批固体废物也已无害化处置完毕。H 公司、M 公司和相关当事人都表示今后要吸取教训，合法、合规经营。

## 【典型意义】

### 一、综合运用检察职能,践行最严格的生态环境保护制度

本案立足大局,在对刑事案件分析后,鉴于刑事案件和民事案件的责任范围、构成要件、举证规则的不同,提出民事公益诉讼调查核实不限于刑事案件被告范围,而是根据民事侵权责任的构成要件开展全面取证。检察官对涉案“洋垃圾”供货、收购、进口、物流报关等环节调查收集证据,将实际进口“洋垃圾”者列为民事公益诉讼被告,使刑事责任与民事公益侵权责任相衔接,从刑事程序和公益诉讼程序全面追究了走私“洋垃圾”的犯罪和违法责任,从源头上打击相关企业进口“洋垃圾”非法牟利的行为,让违法者付出应有的代价。

### 二、探索滞港“洋垃圾”无害化处置的检察公益诉讼模式

无法退运的“洋垃圾”滞留港区一直是政府、海关面临的执法难题,由于缺乏让行为人承担相关费用的执法依据,高额的处置费用对公共利益造成了巨大损失。检察公益诉讼紧盯社会治理的痛点、难点、堵点,将非法进口“洋垃圾”纳入公益诉讼视野,提出“洋垃圾”处置的检察方案:对于能够退运的“洋垃圾”,积极联系货主或船公司进行退运,退运情节可作为走私犯罪定罪量刑的考量因素;对于无法退运的“洋垃圾”,由检察机关依法向走私废物的企业、个人甚至是源头企业提起民事公益诉讼,追究这些违法企业和个人的民事责任,加大违法成本,让纳税人的钱不再为违法个体“买单”。本案确定对于非法入境的国家禁止进口的固体废物,即使因被查扣尚未造成实际的生态环境损害也具有污染生态环境的重大风险,符合提出公益诉讼的条件,侵权行为人仍负有消除危险的民事责任。同时,对于非法入境而滞留境内的固体废物,无害化处置费用是消除危险的必要措施,相应的处置费用可以通过公益诉讼由侵权行为人承担,而非纳入执法成本,由政府承担。

### 三、积极开展跨行政区划公益诉讼,服务保障长三角一体化发展

本案四被告罔顾国家法律法规,企图通过伪报的方式将“洋垃圾”引入国内,并跨境运输、非法提炼,以牺牲环境的代价赚取蝇头小利,造成了长三角地区环境污染的重大风险。涉案“洋垃圾”的海运目的港和物流报关在上海,单证制作

在浙江宁波，内陆运输目的地在安徽宣城。货物运输、报关、加工跨越“长三角”不同省市，所产生的环境风险具有跨行政区划特性。本案依靠各地检察机关、政府部门的支持配合，顺利开展调查取证，既是长三角检察公益诉讼一体化协作机制的有益探索，也是检察机关服务保障长三角一体化战略、建设法治政府的重要途径。

## 【专家点评】

检察机关作为我国的法律监督机关，长期以来主要作为刑事诉讼中的侦查、控诉机关，其他职能的发挥较为有限。

随着监察体制改革和“以审判为中心”的刑事诉讼制度改革的全面推进与落实，检察机关职能的探索与完善被视为非常紧迫的任务。面对新时期社会主要矛盾的变化，人民群众对民主、法治、公平、正义、安全、环境等方面的要求日益提高，检察机关有责任在供给侧方面满足人民群众的上述需求。最高人民检察院注意到各地检察机关面临的困境，以内设机构改革为契机，一改此前检察机关重刑轻民的传统，提出了刑事检察、民事检察、行政检察和公益诉讼检察“四大检察”全面协调发展的目标，其中公益诉讼检察的历史最短，是检察机关职能的最新拓展与完善，但相对于民事、行政检察的被动性，公益诉讼检察较少受到其他国家机关的影响，在国家利益、社会公共利益受损的情况下具有补充诉讼的主动性，未来将是“四大检察”中最有潜力的职能。不仅如此，公益诉讼检察主要集中在生态环境、社会建设等方面，契合了经济建设、政治建设、文化建设、社会建设和生态文明建设“五位一体”总体布局的要求，是“五位一体”总体布局得以实现的司法保障，在我国社会经济发展中具有重要的地位。

本案通过对滞留港口的非法进口“洋垃圾”污染环境提起公益诉讼，体现了新时期检察机关尽职履责的担当。案件处理中的几个特点非常具有代表性：一是检察机关“以人民为中心”，严格依法保护国家利益和社会公共利益。我国于2018年发布《进口可以用作原料的固体废物环境保护控制标准》，明确禁止多种“洋垃圾”的进口，但由于一些地方重发展、轻环保，部分企业和个人为谋取非法利益，置人民群众身体健康与国家利益于不顾，“洋垃圾”非法入境问题仍时有发生。以海关、刑事检察等为主进行的首轮刑事打击后，经常遗留有后续问题有待处理，目前仍然缺乏明确的机制。本案办案机关直面困境，充分研究案件事实和法律适用，对供货商、收购商、进口商、物流报关方等所涉主体进行全链条的责任追究，真正将对国家利益、社会利益保护的法律屏障激活起来、扩展开来，起到了“办理一案、警示一片”的效果。

二是将跨区域办案与多方面协作灵活运用在司法实践中。本案虽然是在上海发现并由上海地方公安机关启动刑事责任追究的，但案件涉及华东多省多个主体，部分主体并不需要追究刑事责任，在公益诉讼的处理上需要办案机关自行调查核实。不仅如此，对于长期以刑事案件为主的检察机关，这起民事公益诉讼不仅涉及诸多民事实体法律的规定，而且还有对废弃物、残余物中重金属的危害大小、处理方式、价格认定等多领域的专业问题。办案机关利用自身长期跨行政区划办案的经验，多次派人到安徽、浙江等地行政机关、企业进行实地调查，并走访了上海海关、市固体废物管理中心、市价格认证中心、司法鉴定科学研究院等专业机构，为案件处理提供了扎实的证据基础与专业基础；庭审中，检察机关更是大胆邀请专家辅助人参与庭审，体现了办案人员缜密的办案思维和优秀的法律素养。虽然此案经历了被告公司的上诉，但上级法院仍然予以维持，案件处理的效果较好，并被最高人民检察院收录为第二批服务保障长江经济带发展的典型案例，且是唯一的民事公益诉讼案件，也是“洋垃圾”污染环境领域的代表性案例。

三是发挥司法的引领作用。由“洋垃圾”引起的环境污染是显而易见的，不仅有国家法律的明确禁止性规定，而且有“洋垃圾”滞留港口造成的管理、处置的环境破坏。然而，“洋垃圾”污染环境类公益诉讼案件是新型案件，国内没有能够参照的案例。有关机关和社会组织应对经验不足，可能存在一定的懈怠思想，这也为“洋垃圾”进口产业链的诸多企业留下了违法犯罪的缺口，这也成为造成“洋垃圾”非法进口案件屡禁不绝的重要原因。相对于当下一些国家机关、社会组织面对新问题的“等靠要”与消极的不作为、缓作为，甚至上交问题，三分院的办案人员不畏困难、敢于亮剑，以这种新型案件为突破口，克服多地调查的艰辛与专业不足的缺陷，为其他机关、社会组织和企业对于这类案件的处理提供了经验，设置了标杆。在我国推进国家治理体系与治理能力现代化过程中，这种发挥司法引领社会治理的作用特别值得推广。

---

**一审案件承办人：**

徐燕平，上海市人民检察院第三分院检察长

张守慧，上海市人民检察院第三分院第五检察部主任

季刚，上海市人民检察院第三分院第五检察部副主任

汪杰，上海市人民检察院第三分院第五检察部检察官助理

**二审案件承办人：**

屠春含，上海市人民检察院第八检察部主任

张守慧，上海市人民检察院第三分院第五检察部主任

季刚，上海市人民检察院第三分院第五检察部副主任

汪杰，上海市人民检察院第三分院第五检察部检察官助理

**案例撰写人：**

季刚，上海市人民检察院第三分院第五检察部副主任

**案例审核人：**

张守慧，上海市人民检察院第三分院第五检察部主任

**案例编审人：**

林竹静，上海市人民检察院法律政策研究室检察官

**案例点评人：**

陈海锋，上海社会科学院法学研究所副研究员

**上海市人民检察院第三分院徐燕平检察长出庭支持本案诉讼**

（2019 年 9 月 5 日由王建浩拍摄）

# 嘉兴J智能电器有限公司、朱某某假冒注册商标案[①]

## ——企业合规跨区域协作助推营商环境一体化建设

### 【案例要旨】

本案针对涉案企业注册地、生产经营地和犯罪地分离的情况，上海检察机关与浙江检察机关依托长三角区域检察协作平台，联合探索建立企业合规异地协作工作机制，合力破解异地社会调查、监督考察、行刑衔接等难题，以检察机关企业合规工作协同化，推动长三角营商环境一体化建设，为企业合规异地检察协作提供参考和借鉴。

### 【案情概要】

嘉兴J智能电器有限公司（以下简称嘉兴J公司）成立于2016年1月，住所地位于浙江省嘉兴市秀洲区，公司以生产智能家居电器为主，共拥有专利124件，有效注册商标3件。2017—2019年被评定为浙江省科技型中小企业、国家高新技术企业。

2018年8月，上海T智能科技有限公司（以下简称上海T公司）与嘉兴J公司洽谈委托代加工事宜，约定由嘉兴J公司为上海T公司代为加工智能垃圾桶，后因试产样品未达质量标准，且无法按时交货等原因，双方于2018年12月终止合作。为了挽回前期投资损失，2018年12月—2019年11月，被不起诉人朱某某（嘉兴J公司股东及实际控制人）在未获得商标权利人上海T公司许可的情况

① （2020）沪0115刑初2786号。

下，组织公司员工生产假冒上海 T 公司注册商标的智能垃圾桶、垃圾盒，并对外销售获取非法利益，涉案金额达 560 万余元。案发后，嘉兴 J 公司认罪认罚，赔偿权利人 700 万元，并取得谅解。

2020 年 12 月 14 日，上海市公安局浦东分局以被不起诉单位嘉兴 J 公司、被不起诉人朱某某涉嫌假冒注册商标罪移送上海市浦东新区检察院审查起诉。经审查案件材料，2021 年 4 月，浦东新区检察院根据沪浙苏皖四地检察院联合制定的《长三角区域检察协作工作办法》有关规定，向上海市检察院呈报《长三角区域检察协助申请函》，由浙江省检察院协调企业所在地的浙江省嘉兴市检察院、秀洲区检察院协助开展企业合规社会调查。同年 6 月 1 日，嘉兴市检察院、秀洲区检察院完成协作调查事项，并移送调查材料。同年 7 月 1 日，浦东新区检察院决定启动企业合规试点工作并委托嘉兴市检察院及秀洲区检察院商请当地第三方机制管委会启动第三方机制，第三方考察小组于同年 7 月 5 日成立，并对企业合规计划及整改情况进行监督考察，同年 9 月 5 日考察期限届满，企业合规整改被评定为合格。同年 9 月 10 日，浦东新区检察院经实地考察验收后召开企业合规不起诉听证会，经公开听证后，依法对嘉兴 J 公司、朱某某作出不起诉决定。

## 【履职情况】

### 一、三级纵横联动，开启长三角跨区域企业合规“绿色通道”

一是充分论证，加强纵向请示汇报。浦东新区检察院对企业情况、案件基本情况、适用条件多次向上海市检察院相关部门请示汇报，结合案发背景、主观恶性、认罪悔罪态度及社会效果评估等，既从保护和预防的角度充分论证适用企业合规试点的必要性与可行性，也从新冠疫情防控需求、节约司法资源和提升办案效率的角度，充分论证了开展异地合规考察的优越性与可行性。

二是上下联动，程序启动及时有效。浦东新区检察院根据沪浙苏皖四地检察院联合制定的《长三角区域检察协作工作办法》有关规定，向上海市检察院呈报《长三角区域检察协助申请函》，申请启动长三角跨区域协作机制，明确协作主体、协作事项及具体要求，确保程序启动的及时有效。

三是明确分工，横向沟通高效协同。经沪浙省(市)检察院多次协调，确定由办理案件的同级人民检察院浙江省嘉兴市检察院协助浦东新区检察院开展试点案件的企业合规试点工作，并由嘉兴市检察院指定企业所在地的秀洲区检察院具体配合开展社会调查及监督评估相关工作，形成“上级—平级—下级”三级检察院联动配合机制，成立跨区域合规工作专班，有效提升跨区域合规案件办案质效。

## 二、把握工作重点，发挥主导作用，防止社会调查“一托了之”

采取“事前详尽调查提纲——事中实地走访——事后专项研讨”的“递进式”推进方式，确保社会调查重点明确、调查结果全面客观。

一是事前详尽调查提纲。浦东新区检察院重点围绕涉案企业对当地经济社会发展的贡献度、企业发展潜力、市场前景、涉案企业及人员的社会评价等方面列明调查事项，要求在考察企业的同时一并考察企业家的一贯表现，确保社会调查结果全面客观。

二是事中加强沟通协调。两地检察机关多次就协作调查事项开展集中研讨，就调查方式、调查内容及相关要求达成共识，形成办案合力。秀洲区检察院协调市场监管、人社、税务、工商联及相关行业协会，通过实地走访、座谈交流、调取资料等方式，对涉案企业及个人的社会综合评价情况进行全面调查。

三是事后进行专项研讨。调取全部调查材料，并就社会调查情况进行专项研讨，就调查方式、调查内容、调查结论进行审查。经调查，涉案人员朱某某系嘉兴J公司等10余家企业实际控制人，管理在编员工2 000余人，年纳税总额1亿余元，其本人及集团下属公司在稳经济、保就业及履行社会责任等方面均有突出贡献。

## 三、找准角色定位，动态衔接，实现异地监管“同频共振”

浦东新区检察院、嘉兴市检察院与秀洲区检察院各司其职、密切协作，确保异地监督评估实现无缝衔接。

一是引导合规，当好合规进程的“掌舵者”。为进一步促进企业合规建设，充分发挥办案检察机关案件介入早、案情了解深、合规风险把握全等优势，浦东新区检察院结合办案中发现的经营管理漏洞，向涉案企业制发《合规风险告知书》，从合规风险排查、合规制度建设、合规运行体系及合规文化养成等方面提出整改建议,引导J公司做出合规承诺,有效提升企业制作合规计划的针对性和有效性。

二是厘清职责,当好合规监管的“驱动者”。两地检察机关签订《第三方监督评估委托函》,明确委托事项及各方职责,确立了“委托方发起”“受托方协助”“第三方执行”的合规考察异地协作模式。秀洲区检察院会同区人大办、政协办、科技局、司法局、市场监管局、工商联成立第三方监督评估组织,涉及行政监管部门、专业人员及律师等,确保第三方组织的专业性与客观中立性。

三是实时跟进,当好合规考察处理的“判断者”。浦东新区检察院制作《企业合规监督考察反馈意见表》,实时动态跟进监督评估进度,对第三方组织成员组成、合规计划执行、企业定期书面报告、申诉控告处理等提出意见建议,同时及时与企业、第三方组织保持沟通听取意见,确保信息通报及时、线索移送便捷、沟通反馈高效,为后期考核结果运用、公正处理案件打好基础。

## 四、充分调查评议,确保监督考察及处理结果“公平公正”

检察机关通过听取汇报、现场验收、公开评议等方式对监督考察结果的客观性充分论证,并依法作出不起诉决定。

一是实地验收,确保考察结论客观公正。考察期限届满后,浦东新区检察院会同嘉兴市检察院、秀洲区检察院召开专项会议,重点围绕监督考察方式、考察经过及评估结论依据等听取第三方组织现场汇报,并结合企业提交的合规计划、定期报告及第三方组织考察报告等赴企业进行实地核查验收。

二是着眼长效,督促合规举措持续有效运行。经调查核实及回访,涉案企业分别从合规组织体系的建立、合规政策的制定、合规程序的完善及合规文化建设等方面有效执行合规计划的落实,做到企业合规的全面覆盖及全员参与,企业外聘专业团队定期进行法律风险全面体检,确保了合规体系运行的长效性。

三是多方监督,保障处理结果公平公开公正。2021年9月10日,浦东新区检察院邀请人民监督员、侦查机关、第三方监督评估组织、异地检察机关代表等就合规考察结果、不起诉决定进行公开听证。经评议,人民监督员等各方对检察机关服务大局、积极适用企业合规试点工作给予了充分肯定,并一致同意对涉案企业及个人作出的不起诉决定。

## 五、一体化协同推进，实现异地合规协作“多赢共赢”

一是凝聚思想共识，强化协作理念。浦东新区检察院制定《跨区域涉案企业合规检察协作备忘录》，通过与协作检察院签署备忘录的形式，以个案办理为切入点，机制创新为着力点，在合规理念引领、合规流程规范、合规标准统一、合规人才培养方面达成共识，形成“1＋1＞2”的跨区域检察合力，放大总体工作质效。

二是规范办案流程，提升协作质效。制定区域合规检察协作工作流程图，规范检察协作申请、受理反馈等协作文书，推进跨区域企业合规检察协作常态化、制度化、规范化。同时，加强信息互通、数据共享、经验互鉴，合力破解企业注册地、生产经营地、犯罪地分离对企业合规社会调查、监督考察、刑行衔接等带来的实践难题，推进跨区域企业合规检察协作系统集成。

三是协同机制创新，共享协作成果。秀洲区检察院联合13个部门出台《关于共同推进企业合规法律监督工作的意见(试行)》，探索构建“双组六机制”的工作模式，提升合规协作监管的公信力。浦东新区检察院出台一系列配套文件，为企业合规及第三方机制规范化运行建章立制，并制作《企业知识产权合规风险提示》，探索建立区域性企业合规法律风险分析和防范应对机制，并同步推进知识产权合规标准体系，适时在长三角区域推广，实现跨区域企业合规检察经验共用、共享，积累更多可复制、可推广的工作经验和协作成果。

## 【典型意义】

为有效推进企业合规试点工作，平等保护各类经济主体，检察机关充分发挥区域协作联动性与高效性，依托长三角区域协作机制，积极探索异地合规监督考察协作机制，降低司法办案成本，提升办案质效，为平等保护异地企业开拓实践思路，协同推进长三角营商环境一体化建设。同时，通过个案办理推进跨区域企业合规检察协作机制创新和系统集成，优化跨区域企业合规检察协作方案和工作机制，为建立健全跨区域企业合规建设和行业合规标准体系、推动区域企业行业现代化治理提供了决策参考和样板借鉴。

## 【专家点评】

企业合规改革试点是最高人民检察院借鉴国外企业合规暂缓起诉、不起诉等制度理念，结合我国实际情况，自2020年3月开始推进的一项改革举措。该项工作是检察机关全面贯彻习近平法治思想、充分发挥能动司法作用、服务保障经济社会高质量发展、助力推进国家治理体系和治理能力现代化的重要创新举措。

本案办理过程中，检察机关积极适用企业合规及第三方机制，充分依托长三角一体化检察协作机制，整合区域优质检察资源，合力破解异地社会调查、监督考察、行刑衔接等难题，通过个案办理推动异地合规建章立制，携手实现案件异地社会调查、监督考察的“同频共振”，保障了跨区域涉案企业合规案件处理的一致性与协同性。

长三角区域民营企业众多，跨区域企业合规机制的建立有助于实现跨区域企业的平等保护，引导和促进各类市场主体守法合规经营，积极参与公平、透明、有序的市场竞争，营造一流法治化营商环境，激发企业活力和发展动力。检察机关作为国家法律监督机关，在企业合规改革试点工作中积极发挥主导作用，通过督促第三方监督评估机制依法有序运行，以企业合规刑事激励机制督促企业积极进行合规整改，建立现代化公司治理结构，保障经济社会高质量发展。本案的成功办理系检察机关立足于长三角区域一体化发展战略，将企业合规检察协作作为服务保障长三角区域经济发展的重要体现，对企业合规异地检察协作具有重要的指导意义。

---

**案件承办人：**

逄政，浦东新区人民检察院副检察长

任志伟，浦东新区人民检察院检察官助理

**案例撰写人：**

严忠华，浦东新区人民检察院检委会专职委员

任志伟，浦东新区人民检察院检察官助理

**案例审核人：**

逄政，浦东新区人民检察院副检察长

**案例编审人：**

林竹静，上海市人民检察院法律政策研究室检察官

**案例点评人：**

石磊，最高人民检察院理论所信息部主任

**浦东新区人民检察院就本案召开企业合规不起诉听证会**

（2021 年 9 月 10 日由任志伟拍摄）

# 曾某某、乔某等人假冒注册商标案[①]

## ——延伸检察触角、拓展检察职能、建构法治化营商环境

### 【案例要旨】

对于在我国境内合法注册且在保护有效期内的商标，商标权利人依法享有的商标专用权受我国法律保护。未经商标所有人许可，在同一种商品上使用与其注册商标相同的商标，情节严重，构成犯罪的，依法追究刑事责任。本案，上海市青浦区人民检察院严格贯彻宽严相济刑事政策，做到依法打击侵权“不手软”，依法保护企业“不缺位”，落实宽严相济的刑事政策，坚持“能不捕的不捕、能不诉的不诉、能不判实刑的就提出适用缓刑建议”，充分发挥检察职能作用，保障企业发展，优化法治营商环境。

### 【案情概要】

2018 年 1 月—2020 年 8 月，被告人曾某某为非法谋取利益，在未经注册商标权利人许可的情况下，在上海市青浦区赵巷镇赵重公路 1765 号、沪青平公路 3581 弄 30 号、华纪路 155 号等处受宁某某(另案处理)、被告人乔某、罗某某等人委托，以私自更换包装的方式为宁某某、乔某、罗某某等人制造假冒“TI-PURE”等注册商标的钛白粉。其中，乔某委托曾某某制造假冒注册商标的钛白粉共计 36 吨，并销售给海宁某鞋材有限公司，货值金额 797 300 元；罗某某委托曾某某假冒注册商标的钛白粉共计 7.3 吨，并销售给昆山某油墨有限公司，货值金额 187 880 元；宁某某委托曾某某假冒注册商标的钛白粉共计 37 吨，并销售

① 沪青检刑诉〔2021〕38 号。

给上海某化工有限公司，货值金额 810 300 元。

2020 年 6 月—8 月，被告人艾某为谋取非法利益，在未经注册商标权利人许可的情况下，在上海市青浦区华新镇华纪路 155 号等处，受被告人曾某某委托或自行以私自更换包装的方式，制造假冒“TI-PURE”注册商标的钛白粉。2020 年 8 月 5 日，执法人员在青浦区华新镇华纪路 155 号查获 8 吨成品“TI-PURE”钛白粉 320 袋。其中，5 吨“TI-PURE”钛白粉系被告人艾某采用上述方式假冒，并准备以 1.4 万元/吨，合计 7 万元的价格对外进行销售；3 吨“TI-PURE”钛白粉系被告人乔某委托被告人曾某某，再由曾某某转委托被告人艾某采用上述方式制造假冒“TI-PURE”注册商标的钛白粉，准备以 65 400 元的价格销售给海宁某鞋材有限公司。经商标权利人鉴定，上述查获的 320 袋钛白粉均系假冒注册商标的商品。

2020 年 8 月，被告人乔某、刘某、吴某某、刘某某为非法谋取利益，在未经注册商标权利人许可的情况下，由乔某委托刘某制造假冒“TI-PURE”“Talen”等注册商标的钛白粉。此后，刘某又转委托于吴某某，在吴某某位于上海市嘉定区浏翔公路 6388 号 5A 租赁仓库内，由该仓库负责人刘某某以私自更换包装的方式制造假冒“TI-PURE”钛白粉 3 吨和“Talen”钛白粉 5 吨，并分别销售给海宁某鞋材有限公司、浙江某塑胶有限公司，货值金额分别为 65 400 元和 44 500 元。

案发后，被告人乔某、艾某、吴某某自动至公安机关投案，并如实供述上述事实；被告人曾某某、刘某、刘某某、罗某某也如实供述了上述事实。

## 【履职情况】

2020 年 12 月 8 日，上海市公安局青浦分局（以下简称青浦分局）以被告人曾某某、乔某、罗某某、刘某、吴某某、艾某、刘某某涉嫌假冒注册商标罪向上海市青浦区人民检察院（以下简称青浦区检察院）移送起诉。案件受理后，青浦区检察院重点开展以下工作。

一是厘清“杜邦”品牌与“科慕”品牌关系，准确认定被侵害权利人。本案中，科慕化学（上海）有限公司系 2015 年从杜邦公司拆分，承接杜邦公司钛白粉业务，在中国区域销售以 Ti-Pure 为商标的钛白粉产品。杜邦牌钛白粉为红色和黑色印刷 Ti-Pure 字体，2017 年之后不再生产；科慕牌钛白粉为蓝色印刷 Ti-Pure

字体。两种均为25千克/袋,官方售价均为25 233元/吨。本案的被侵害权利人为科慕化学(上海)有限公司(以下简称科慕公司)。

二是综合考量量刑情节,提出适当量刑建议。根据假冒注册商标罪的特点,在以销售金额作为提出基准刑的前提下,结合各被告人假冒商品种类、数量、市场流通情况、非法获利数额、主从犯等因素作为量刑情节,在辩护人或值班律师的见证下,7名被告人均自愿认罪认罚,认可检察机关指控的全部犯罪事实和罪名,接受检察机关提出1年—3年9个月不等的有期徒刑(包括有期徒刑缓刑),罚金5 000～200 000元不等的量刑建议。2021年1月8日,青浦区检察院以被告人曾某某、乔某、罗某某、刘某、吴某某、艾某、刘某某构成假冒注册商标罪向上海市青浦区人民法院提起公诉,并经上级法院指定由上海市普陀区人民法院(以下简称普陀区法院)审理该案。

三是政府职能部门搭建平台,检察机关实地走访调研。鉴于该案系侵犯企业注册商标类刑事案件,权利人既有外国知名企业,也有行业内本国新兴企业,相较之前司法机关被动等企业上门,青浦区检察院化被动办案为主动出击,与青浦区工商联等政府职能部门对接,排摸梳理出本区钛白粉企业名单,承办人至域内多家钛白粉企业进行实地调研,在此过程中,承办人员了解到钛白粉广泛应用于涂料、油墨、纸张、日化、医药、食品等众多行业领域,与人们的衣食住行息息相关。早期钛白粉行业被国际企业所垄断,市场上对国际知名品牌的认可度与信任度较高,导致相关产品的需求量较大,这也给国内一些不法商人提供了换装假冒知名品牌的可乘之机。通过实地走访调研,检察机关一方面了解更多钛白粉行业发展现状与相关企业生产经营过程中的痛点、难点、堵点问题;另一方面,也通过政府职能部门搭台认识更多企业。

四是释法说理与品牌保护相得益彰,犯罪预防与企业合规同步推进。青浦区检察院及时与本案外国权利人科慕公司取得联系,并根据《最高人民检察院关于实行检察官以案释法制度的规定》,承办人采用远程视讯的方式适时、主动对该企业进行释法说理工作。对该案的事实认定、法律适用和办案程序等问题进行答疑解惑,并开展相关法治宣传教育,保障权利人的合法权利,做到案结事了。针对办案中发现国内钛白粉企业管理漏洞及合规风险点,及时与区工商联、辖区内的钛白粉企业有关人员取得联系,深入探究问题产生的原因,并在实地走访调研的基础上向钛白粉企业提出相关对策,并会同区工商联帮助涉案钛白粉企业开展行业法律风险排查，进行法律健康检查，促进辖区内的钛白粉企业建章立制。承办人主动至辖区内的相关企业开展企业法治培训和犯罪预防相关工作，深入一线企业倾听司法需求，切实帮助钛白粉企业提升法律风险防控能力，督促相关企业合规经营。辖区内上海某知名钛白粉企业负责人对青浦区检察院的工作表示感谢，并表示已在企业内建立合规内控机制，以风险防控作为企业经营的出发点，以产品质量作为企业经营的落脚点，严把产品质量关，建立与检察机关的沟通联系机制，做一家守法律、讲信誉、重品质、有责任的钛白粉民族企业。

2021 年 5 月 13 日，普陀区法院作出一审判决，以假冒注册商标罪分别判处被告人曾某某、乔某等 7 人 1 年—3 年 9 个月不等的有期徒刑，对部分被告人适用缓刑，并对曾某某等 7 人各处 5 000～200 000 元不等的罚金。

## 【典型意义】

中共中央、国务院《法治政府建设实施纲要（2021—2025 年）》提出，紧紧围绕贯彻新发展理念、构建新发展格局，打造稳定公平透明、可预期的法治化营商环境。青浦区检察院充分发挥司法能动性，在深入审查证据的基础上，对于定罪证据存在缺失和金额认定存在瑕疵的部分，坚持存疑有利于被告人的原则，切实维护被告人的合法权益。结合案件办理，深入企业走访调研，为被侵权企业“把脉问诊”，延伸检察触角、拓展检察职能，为辖区企业提供优质的检察产品和法律服务，为经营者消除后顾之忧，为企业的发展保驾护航。本案系青浦区检察院在履行知识产权保护职能的过程中的一个缩影，多措并举实现了案结事了，注重国际品牌与国内品牌同等保护，为企业提供多角度、全方位的法律服务，为企业发展注入活力，实现多方共赢，既达到了社会效果与法律效果的统一，又优化了青浦区的营商环境。

## 【专家点评】

本案的成功办理为检察机关在优化营商环境、构建知识产权保护格局方面提供了可遵循且宝贵的方法与经验。

第一，全面收集证据，准确认定案件受害人。青浦区检察院严把案件的事实关，在全面调查并收集证据的基础上，准确区分“杜邦”品牌与“科慕”品牌，从而认定案件受害人为科慕化学（上海）有限公司，为该品牌提供了强有力的法律保护。

第二，坚持中外知识产权主体合法权益的平等保护。青浦区检察院对被侵犯注册商标的外国企业坚持同国内企业的同等保护，不仅向社会传递出检察机关严惩侵犯知识产权犯罪的司法态度，而且为国际著名商品、商标提供了良好的司法保障，成功地向世界表明了“中国态度”。

第三，注重宽严相济，认真落实认罪认罚从宽制度。青浦区检察院积极履行主导责任，综合考虑涉案企业的犯罪数额、犯罪情节、生产经营状况等因素，对7名被告人均适用认罪认罚制度，并依法提出了适用缓刑的量刑建议，既依法惩治了妨害营商环境建设的知识产权犯罪，又充分保障了民营企业的健康发展，从而将“法治是最好的营商环境”的理念真正落到了实处。

第四，延伸司法触角引导非公经济良性发展，将法律监督与基层治理巧妙融合。青浦区检察院紧紧抓住本案产生的源头，主动走进钛白粉企业，开展行业法律风险排查、促进企业建章立制等工作，不仅帮助涉案企业迈入了良性发展轨道，而且促使其他民营企业增强了法律意识，充分发挥助力小微企业发展的积极作用，为全市经济社会发展提供了强有力的司法保障。

**案件承办人：**

乔青，上海市青浦区人民检察院第三检察部副主任、检察官

薛博文，上海市青浦区人民检察院第三检察部检察官助理

**案例撰写人：**

薛博文，上海市青浦区人民检察院第三检察部检察官助理

**案例审核人：**

张昌明，上海市青浦区人民检察院第六检察部检察官

**案例编审人：**

林竹静，上海市人民检察院法律政策研究室检察官

**案例点评人：**

李振林，华东政法大学刑事法学院副院长、副教授、法学博士

**上海市青浦区人民检察院承办检察官提前介入该案，并与公安机关共同研判案情**

（2020 年 11 月 6 日由薛博文拍摄于上海市青浦区华新派出所会议室）

# 上海铁路运输检察院督促铁路京沪线（昆山段）沿线约10万平方米非法侵占铁路用地问题整治行政公益诉讼案[①]

## ——非法侵占铁路用地整治，保护铁路企业合法权益

### 【案例要旨】

铁路安全是公共安全的重要组成部分，铁路沿线环境综合整治也是社会治理的一个重要方面。本案中，某建筑企业长期非法侵占铁路用地，并擅自改变用途和违规转租，不仅侵害了铁路企业的合法权益，而且对铁路运行安全带来了严重的安全隐患。检察机关积极发挥行政公益诉讼职能，与铁路监管单位、属地行政主管部门及各相关主体进行沟通、磋商，督促行政机关在明确职责后依法履职，推动问题的解决。经过一年多的努力，于2020年12月31日，在各方协作配合下，涉案整治地块现场违法建筑拆除和整治工作全部完成，切实维护了铁路企业的合法权益和铁路运行安全。

### 【案情概要】

上海铁路运输检察院（以下简称上海铁检院）接到铁路部门反映，京沪线（昆山段）沿线一处约10万平方米的铁路用地被长期非法占用，现场存在私搭乱建、堆放易燃易爆物品等情况，部分私自搭建的建筑物位于铁路安全保护区，对铁路运行安全造成了严重的安全隐患。

上海铁检院随即开展线索初核工作，经调查发现，涉案地块位于铁路京沪线

① 沪铁检五部行公立〔2020〕2号。

昆山站—正仪站(K1395+400—K1396+300),属于铁路划拨用地,由中国铁路上海局集团有限公司委托其下属的上海工务段(以下简称铁路上海工务段)负责管理。2013年7月—2014年12月,铁路上海工务段与昆山某建设公司签订了《铁路用地临时借用协议》,将该地块中29 800平方米的土地临时租借给该建设公司使用,协议期满后,该公司仍长期非法占用该地块,未支付土地租金,且擅自突破协议用地范围,改变用途并转租,实际占用面积约10万平方米,先后转租超过100家。经调查,现场地块管理混乱,部分私自搭建的建筑物位于铁路安全保护区,存在较为严重的安全隐患,既影响了铁路运行安全与周边市容环境卫生,也损害了铁路企业的合法权益,致使国家利益和社会公共利益受到侵害。

## 【履职情况】

### 一、依法履行检察公益诉讼职责,推动历史遗留问题的解决,维护铁路企业合法权益

#### (一) 厘清法律关系,以诉前磋商督促行政主管部门依法履职

上海铁检院审查后认为,该线索符合开展公益诉讼的条件,遂于2020年6月17日立案审查,并先后赴铁路上海工务段、涉案某建设公司调查了解情况,详细核实问题产生的原因,摸清来龙去脉,并收集、固定了相关证据。同时,由于铁路系统改制后,除国家铁路监督管理局等部门保留了铁路安全、运营等方面的行政监管职责外,大部分行政监管职责划归属地行政主管部门,上海铁检院经过充分调研,明确了各行政机关的职责。

鉴于本案中的问题形成时间比较久远,再加上转租行为涉及利益主体多元,当事人诉求复杂。上海铁检院在对案件中的法律关系进行梳理、充分调查核实的情况下,对非法侵占铁路用地、私搭乱建、堆放易燃易爆品等影响铁路运营安全的情况,通过行政公益诉讼督促铁路监管单位、属地行政主管部门依法履职,及时整治,对其中涉及的民事法律纠纷等建议当事人通过民事诉讼解决。

同时,鉴于本案涉及的地域面比较广,在行政管辖上呈现跨区划的特点,上海铁检院及时将案件情况向南京铁路运输检察院(以下简称南京铁检院)进行了通报。为推动问题尽快得到解决,上海铁检院、南京铁检院多次会同上海铁路监督管理局、昆山市交通运输局、昆山高新区管理委员会、昆山市巴城镇人民政府及铁路上海工务段等单位进行磋商,并就现场整治工作召开圆桌会议,研究确定整治方案。

### (二) 完成整治，有效维护铁路企业合法权益

根据属地管理职责和磋商会议确定的整治方案要求，自2020年8月起，在昆山市人民政府相关职能部门的大力支持下，由昆山市交通运输局统一协调，昆山市巴城镇和高新区先后启动辖区内地块整治工作。在整治过程中，针对部分当事人不理解、不配合的情况，检察官逐一上门开展释法说理，说明违法性与整治的必要性。2020年12月31日，在各方协作配合之下，现场违法建筑拆除和整治工作全部完成，这也是江苏省铁路沿线违法建设单体总量与造价最高的一起案件。上海铁检院在办案中加强与有关单位的沟通与协作，通过依法履行公益诉讼职责，助力铁路沿线长期存在的历史遗留问题得到解决，有效维护了铁路企业的合法权益，保障了国民经济大动脉的运行安全，维护了社会公共利益。

## 二、延伸办案效果，开展专项整治活动，建立长效机制

上海铁检院作为铁路专门检察机关，聚焦铁路运行安全、铁路企业权益保护，根据上级部署先后开展了“维护高铁沿线安全专项检察监督活动”“铁路线下安全隐患深化巩固年”等活动，延伸检察职能，突出维护公益，推动隐患整治，为铁路安全运行和铁路企业健康发展贡献检察力量。

### (一) 深入沿线排查非法侵占铁路用地隐患点

上海铁检院成立专项检察监督工作组，先后走访多家铁路单位，全面排摸辖区内非法侵占铁路用地隐患点18处，其中重大隐患点有4处：除上述京沪铁路(昆山段)隐患点外，还有北杨线蕰藻浜处隐患点，占地面积约950平方米，违法搭建31间危棚简屋；黄封线处隐患点，占地面积约15 000平方米，存在违法搭建、违法停车、堆放易燃易爆物品等严重安全隐患；嘉定区惠平路99号处隐患点，占地面积为8 000多平方米。目前，排摸到的18处非法侵占铁路用地安全隐患点已经全部整治完毕，并通过绿植覆盖、加装围栏和电子监控设备等方式确保整治成效，有效维护了铁路企业的合法权益。

### (二) 依法履行检察监督职责，推动路地协作共同开展整治

聚焦检察监督主责主业，运用法律手段督促整改。针对排查出的安全隐患，上海铁检院协调相关部门进行磋商，分清成因、找准责任，从检察监督角度提出可行性解决方案。综合运用监督履职、立案监督、检察建议等多种检察监督手

段，督促隐患整改。对于影响广、阻力大、困难多的隐患点，由院领导直接办理，解决“中梗阻”问题。

铁路沿线隐患区域广、成因复杂、整治难度大，需要铁路、地方多家单位合力推进。上海铁检院结合检察专项监督，为铁路企业、属地行政主管部门“搭建桥梁”，整合多方资源，制定整治方案，明确时间表和督促责任人，合力推进整治工作。针对整治过程中相关人员不理解、不配合的情况，充分、耐心地做好释法说理工作，最大限度地争取当事人支持。

### (三) 做好“回头看”工作，确保整治成效

为防止已经整改完毕的隐患问题再次反弹，上海铁检院结合工作实际和回访中发现的问题，与铁路企业和属地行政主管部门研究建立了一系列长效工作机制，并采取了定期回访和不定期走访相结合的方式，对已经整治完成的隐患点现场进行回访调研，积极搭建属地行政主管部门、检察机关和铁路企业配合协作的工作平台，确保整治成效。

### (四) 巩固深化，建立常态化协作机制

为不断健全和完善推动解决隐患点整治的沟通协调机制，上海铁检院建立了与铁路企业、铁路监管部门、属地行政主管部门之间的信息互通、资源共享、协调联动、工作检查机制，定期通报隐患点情况，联合开展安全隐患排查。会同铁路企业、铁路监管部门、属地行政主管部门等建立铁路隐患整治协调机制，及时协调解决有关隐患问题，探索构建铁路长效管理机制，对于已完成整改的安全隐患，回访复查，防止反弹和新的问题出现。

### (五) 智慧检务推动办案

上海铁检院充分发挥检察职能，借助设置在本院微信公众号上的“公益诉讼随手拍”，随时接收群众发现的各类公益诉讼案件线索，进一步推进铁路沿线环境综合整治的社会参与度，维护铁路企业合法权益和社会公共利益，让铁路沿线成为一道美丽的风景线。“公益诉讼随手拍”推进了公益诉讼与信息化的深度融合，有效解决了公益诉讼线索来源渠道不足和取证困难的问题，而且提供多渠道举报途径。通过这种全民互动模式，全方位收集案件线索，及时回应群众关切，激发群众参与的积极性，在一定程度上提高了检察工作的社会参与度。

## 【典型意义】

铁路是国民经济和交通运输的大动脉,铁路安全已经成为公共安全的重要内容,铁路沿线环境综合整治也是社会治理的一个重要方面,因此,铁路企业的合法权益需要加强保护。从办案实践来看,非法侵占铁路用地问题一般涉及的地域面比较广,在行政管辖上呈现跨区划的特点,而且这些问题的形成一般时间比较长久,涉及的利益面也很复杂,为整治工作带来了一定的困难。铁路部门改制后大部分的行政职责划归到属地行政主管部门,但部分行政机关在观念上还没有及时转变,对自身职责认识不明确,致使问题长时间得不到有效解决。

上海铁检院以行政公益诉讼为抓手,积极探索长三角一体化协作办案,积极跨省与铁路监管部门、属地行政主管部门、检察机关沟通和磋商,督促行政机关在明确职责后依法履职,推动问题解决。同时在整治中也不简单、机械地执法,既要考虑问题的违法性和侵害性,同时也要保护各方当事人的合法权益,在认真履职的同时做好释法说理工作,在工作中争取当事人的理解及行政机关的支持,形成工作合力,推动问题解决,实现双赢、共赢、多赢的社会效果,为维护铁路企业合法权益和社会公共利益贡献检察力量。

## 【专家点评】

铁路在国民经济发展中发挥着十分重要的作用,铁路部门改制后,由于行政执法权逐渐向属地行政主管部门移交,在相关职责划分还不是特别明确的情况下,铁路企业在维权方面也面临着比较多的现实困难,尤其是在解决一些历史遗留问题的过程中,这种情况更为明显。

本案检察机关发挥行政公益诉讼职能,厘清了案件中的法律关系和铁路企业、铁路监管部门、属地行政主管部门的职责,会同各单位形成合力,共同推动了非法侵占铁路用地问题的解决,有效维护了铁路企业的合法权益。办案效果良好,办案的思路也值得借鉴,特别是跨区域协作办案的模式为开展长三角一体化检察协作办案探索了很多有价值的经验。同时,检察机关在办案中善于巩固和延伸办案效果,在办案和工作中形成的一套铁路沿线环境综合整治检察监督新模式,为后续开展相关工作积累了宝贵的经验,具有借鉴意义。

**案件承办人：**

邵维伦，上海铁路运输检察院第五检察部主任

郭惠敏，上海铁路运输检察院第五检察部检察官助理

王剑，上海铁路运输检察院第五检察部检察官助理

**案例撰写人：**

王剑，上海铁路运输检察院第五检察部检察官助理

**案例审核人：**

邵维伦，上海铁路运输检察院第五检察部主任

**案例编审人：**

林竹静，上海市人民检察院法律政策研究室检察官

**案例点评人：**

李建勇，上海大学法学院教授

**京沪线(昆山段)沿线约10万平方米铁路用地非法侵占现场航拍图**

(2020年8月10日由上海铁路运输检察院技术人员顾海荣使用无人机拍摄)

# 上海铁路运输检察院协同当地检察机关，督促江苏省南通市海门区农业主管部门履行生猪屠宰检疫职责行政公益诉讼案[①]

## ——推进民营企业合规建设，助力企业复工复产

### 【案例要旨】

扎实推进长三角一体化发展是党和国家的重大战略部署，检察机关在其中也应当勇于担当、主动作为。在这起生猪屠宰、销售跨越沪苏两地的跨区域食品安全领域行政公益诉讼案件中，上海铁路运输检察院（以下简称上海铁检院）与江苏省南通市海门区人民检察院（以下简称海门区检察院）一体化协作办案，共同开展调查核实工作，联合向江苏省南通市海门区农业主管部门（以下简称海门区农业主管部门）制发了《行政公益诉讼诉前检察建议书》（以下简称《检察建议书》）。海门区农业主管部门高度重视，深刻剖析问题，及时对相关问题进行了整改。在办理涉民营企业案件时，上海铁检院充分考虑民营企业的实际情况，在依法办案的同时，也为企业提出防治对策，堵塞制度漏洞，增强了企业的法治意识和风险意识。涉案企业在行政主管部门和检察机关的指导下完善了公司管理制度，进行了一系列合规建设，确保合法、合规经营。

### 【案情概要】

2020 年 7 月，上海铁检院在办理一起涉嫌销售不符合安全标准食品的刑事案件中发现，涉案江苏省南通市海门区某民营肉制品公司生猪屠宰检疫不规范，导致

---

① 海检五部行公建〔2020〕10 号。

部分不符合安全标准的猪肉进入上海市场流通，存在损害社会公共利益的情况。

经调查，该肉制品公司是海门当地一家规模较大的民营企业，经营范围主要为畜禽肉批发和零售；生猪养殖、收购、销售、屠宰等，日均生猪屠宰量为800～1 000头。2020年6月8日—6月9日，该肉制品公司在未经驻场官方兽医检疫的情况下，私自“急宰”本应无害化处置的一批生猪，而后驻场官方兽医违规为其开具动物产品检疫合格证明，导致不符合食品安全标准的猪肉进入上海市场流通。

另查明，海门区农业主管部门派驻在该肉制品公司的官方兽医人数未达到规定标准，且驻场兽医长期存在生猪屠宰过程中未做到全程在场监督、对检疫不合格的猪肉违法违规开具动物产品检疫合格证明、混开“屠宰通知书”和“急宰通知书”、放任该肉制品公司的私自“急宰”、生猪进场未达到静养时间即被屠宰和私自在猪肉上盖肉品动物检疫章等行为的情况，生猪屠宰检疫工作监督管理不到位。

针对上述问题，上海铁检院联合海门区检察院向海门区农业主管部门制发了《检察建议书》。对方收到检察建议后依法履职，及时对相关问题进行了整改。

## 【履职情况】

食品安全是事关人民群众身体健康的大事，经过对案件线索进行评估，上海铁检院认为，这是一起跨越上海、江苏两地的食品安全领域公益诉讼案件。在办理刑事案件的同时，上海铁检院第一时间成立了公益诉讼专案组，多次召开案件讨论会，制定案件办理方案。同时，鉴于案件涉及海门当地民营企业，为开展长三角跨区域检察协作行政公益诉讼办案探索，该院及时将相关情况向行政属地的海门区检察院进行了通报。两院达成共识，联合成立公益诉讼专案组协作办案，开展了以下工作。

### 一、联合调查取证，发现监管漏洞

专案组通过到上海市农业主管部门、市场监管部门等单位走访调研，了解到按照规定，外省市猪肉要进入上海销售，一般需要经过生猪养殖、生猪屠宰、向上海市农业主管部门提出入沪申请、审核备案后经指定道口运输入沪，然后再进入市场流通5个环节。而本案主要是生猪屠宰环节的检疫工作出现了问题，按照相关法律规范的规定，负有监管职责的行政机关是海门区农业主管部门。专案组先后查阅了刑事卷宗材料，赴案发现场进行勘验，赴相关行政主管部门调取书证，询问当事人及证人。经两家检察院调查发现，海门区生猪屠宰检疫工作的监督管理不到位，存在诸多问题和漏洞，这是本次案发的一个重要原因。

## 二、联合组织召开磋商会，制发检察建议

2020 年 8 月 20 日，上海铁检院和海门区检察院联合组织召开海门区生猪屠宰检疫工作磋商会。会议邀请了海门区相关行政主管部门和生猪屠宰企业代表参加，在完善生猪屠宰检疫工作、保障猪肉品质等方面进行了充分的交流。两院围绕尽快制定和落实整改方案、完善生猪屠宰检疫工作的日常监督管理、进一步提升管理水平、适当增加生猪屠宰企业驻场官方兽医数量、督促企业落实主体责任等方面向海门区农业主管送达了《检察建议书》。《检察建议书》制发之后，海门区农业主管部门主要负责人表示，感谢检察机关对其工作的指正与支持，下一步会按照《检察建议书》的要求，尽快制定整改方案，推动相关问题的整改，帮助企业复工复产，服务好确保猪肉供应稳定这个大局。

2020 年 10 月 13 日，两院收到海门区农业主管部门关于检察建议的回复——《关于加强畜牧兽医领域检疫监管的检察建议的整改报告》。海门区农业主管部门表示对《检察建议书》中提出的问题高度重视，多次召开会议部署整改工作，深刻剖析问题、扎实落实整改；加强制度建设、强化规范管理；加强警示教育、绷紧纪律红线；强化监督检查、严肃纪律问责；责令涉案企业停业整顿、监管从严从紧。未来，将进一步按照《生猪屠宰管理条例》和《生猪屠宰检疫规程》的要求，从监督企业落实主体责任、规范动物屠宰检疫流程、严肃生猪屠宰监督检查、加强队伍管理、强化考核问责等五个方面切实加强生猪屠宰管理，履行好监管责任。

## 三、推进民营企业合规建设，助力企业复工复产

根据上海市农业农村委员会执法总队提供的数据，2016—2020 年，外省市入沪的猪肉每年基本保持在 40 万～60 万吨，以保障入沪猪肉产品供货充足。上海铁检院和海门检察院在办案中发现，涉案肉制品公司是当地一家集生猪养殖、收购、屠宰、销售等于一体的较大规模的民营企业，本次主要是代宰环节出现了问题，因为公司管理上的漏洞，导致问题的发生。该公司的猪肉有很大一部分是供应上海的，这次事件发生后，公司被要求停业整顿，根据外省市动物产品入沪的相关要求，以及当地农业主管部门的意见，案发后，上海市农业主管部门也停止了该肉制品公司生猪产品入沪。

《检察建议书》制发之后，上海铁检院和海门区检察院会同上海、江苏两地农业主管部门赴该肉制品公司实地走访调研，督查落实情况，并现场召开生猪屠宰检疫工作座谈会，研究讨论企业问题整改后的复工复产问题。会上，当地农业主管部门负责人介绍了整改方案，并表示已经加强了对该肉制品公司生猪屠宰检疫工作的日常监督管理，增加了驻场官方兽医数量，要求驻场兽医在生猪屠宰过程中全程监督，并督促企业严格落实主体责任，企业存在的问题已经得到整改，可以启动复工复产工作。上海市农业主管部门相关负责人也表示，如果相关问题整改到位，当地农业主管部门审查没有问题，司法机关也认同的话，可以按照规定流程重新提出入沪申请。

在上海和江苏两地检察机关、农业主管部门以及当地政府的共同协调下，该肉制品公司已经于 2020 年 11 月 24 日复工复产，并在行政主管部门和检察机关的指导下，完善了公司管理制度，进行了一系列合规建设，以加强警示教育，确保合法合规经营。

### 四、延伸办案效果，建立公益诉讼协作办案机制

以本次协作办案为契机，上海铁检院与海门区检察院会签了《关于加强环境资源保护和食药品安全等领域公益诉讼协作的工作机制》，共同探索环境资源保护和食品药品安全等领域的跨区域公益诉讼协作模式。

一是加强办案协作。明确双方及时移送在办案中发现的对方涉环境资源、食品药品安全等公益诉讼线索，对两地互涉公益诉讼案件，经上级批准后双方开展联合办案，在调查取证、专业鉴定、办案场所与技术装备等方面相互提供协助。

二是加强工作创新。针对在办理相关案件中发现的生态修复或行业治理问题，双方共同探索跨流域生态环境修复标准、跨区域食品药品行业治理联动模式等，为创新跨区域、跨流域检察协作提供可借鉴样本。

三是加强学习交流。定期召开联席会议，研讨公益诉讼证据标准、法律适用难点等问题，并互派业务骨干交流授课，共享专家智库及学习资源，共同提高公益诉讼专业化水平。通过建立长效机制，加强协作办案，共同维护好社会公共利益。

## 【典型意义】

本案刑事案发地在上海，但是行政监管问题发生在海门，这类跨区域的行政

公益诉讼案件,如果只有行政属地检察机关一方办理,则一般很难对案件进行全面的评估和判断,在调查取证方面也会存在一定的困难,因此更加适合两家检察机关跨区域协作办理。上海铁检院作为集中管辖上海市危害食品药品安全领域一审刑事案件和刑附民公益诉讼案件的专门化检察院,承担着跨区划检察改革的重要使命,本次与海门区检察院协作办理行政公益诉讼案件,积极通过具体案件的办理,为长三角跨区域检察协作一体化办案探索了更多可复制、可推广的经验。

精准服务、保障民营企业权益、促进其优化管理和健康有序发展是检察机关的重要使命。在办理涉民营企业案件时,要充分考虑民营企业的实际情况,在依法办案的同时,也要为企业提出防治对策,堵塞制度漏洞,增强企业的法治意识和风险意识。本案在这方面是一次很好的探索,具有一定的借鉴意义。

## 【专家点评】

目前,检察机关已经成为维护社会公共利益的重要力量,食品安全领域的公益诉讼案件很多时候呈现跨区域的特点,检察机关在办理该类案件中可以加强协作。上海铁检院作为集中管辖上海市危害食品药品安全领域一审刑事案件和刑附民公益诉讼案件的专门检察院,承担着跨区划检察改革的重要任务,在长三角一体化检察协作办案方面进行了很多的探索。本案的办理在这方面就很具有典型性,办案的方式、思路具有创新性,办案效果良好。案件线索来源于刑事案件,公益损害后果发生地在上海,但案件起因又在江苏,两地检察机关联合成立专案组协作办案,既符合行政公益诉讼的办案规则,又有利于对案件进行全面审查,提高办案效率,及时维护受损社会公共利益。

本案的办理在精准服务民营企业方面也是一次很好的探索,很有借鉴意义。在案件办理的同时注重延伸办案效果,分析案发的深层原因。涉案的肉制品公司因为管理上的疏忽和官方驻场兽医监督不到位,导致在“代宰”环节出现了问题,检察机关经过全面调查核实,精准监督,在督促解决问题的同时也积极会同行政主管部门助力企业复工复产,为企业提出防治对策,帮助企业建章立制,完善管理制度,促进企业合法、合规经营。

两地检察机关会签了协作办案的长效机制,为以后进一步加强办案协作打下了良好的基础。本案通过宣传扩大了办案影响,很好地实现了检察公益诉讼“办案一件,治理一片”的效果。

**案件承办人：**

吴云，上海铁路运输检察院检察长

邵维伦，上海铁路运输检察院第五检察部主任

王剑，上海铁路运输检察院第五检察部检察官助理

**案例撰写人：**

王剑，上海铁路运输检察院第五检察部检察官助理

**案例审核人：**

吴云，上海铁路运输检察院检察长

**案例编审人：**

林竹静，上海市人民检察院法律政策研究室检察官

**案例点评人：**

李建勇，上海大学法学院教授

**上海铁路运输检察院会同南通市海门区人民检察院联合组织召开海门区生猪屠宰检疫工作座谈会**

（2020 年 9 月 16 日由上海铁路运输检察院外宣人员马燕娜拍摄）

# 胡某、苏某销售假冒注册商标商品罪[①]

## ——瞒天过海，伪造授权委托书　知名商场售卖假货；执法必严，打击犯罪嫌疑人　国家机关高效执法

### 【案例要旨】

知识产权犯罪取证难、报案难、立案难、证据认定标准高是办理知识产权刑事案件过程中普遍遇到的难点，特别是对侵害众多消费者利益、引发社会广泛持续关注的情形，办案难度更大、阻力更多。在我国全面强化知识产权保护的大背景下，各级公检法机关在加强知识产权刑事保护方面进行了有益探索。最高人民检察院与九省市检察院相继组建知识产权检察办公室，整合刑事、民事、行政检察职能，形成了检察办案监督合力，加大对知识产权犯罪行为的打击力度，不断提升知识产权刑事司法保护能力。

### 【案情概要】

#### 一、案情简介

2020 年 5 月—6 月，被告人苏某某将从他人处购买的假冒“CONVERSE”品牌鞋类商品出售给另一被告人胡某。经统计，苏某某向胡某销售该品牌鞋类商品的销售金额共计 17 万余元。然后，被告人胡某通过伪造销售授权委托书的方式，自 2020 年 6 月 13 日起在上海市杨浦区闸殷路 1599 号国华国际广场 1 楼、2020 年 6 月 25 日起在上海市杨浦区翔殷路 1099 号合生汇 B2 层设摊，将从被

---

① (2020)沪 0110 刑初 1432 号。

告人苏某某处购得的上述假冒“CONVERSE”品牌鞋类商品对外出售，并分别通过其招聘的员工郭某某、杨某某的微信和支付宝账户收取钱款。郭某某、杨某某通过微信、支付宝账户共计收取上述假冒“CONVERSE”品牌鞋类商品货款25万余元。警方在合生汇商场现场查获标有上述假冒注册商标标识的鞋子共计834双，在上海市杨浦区国华国际广场1楼查获标有上述假冒注册商标标识的鞋子共计162双，货值金额分别为24万余元和3万余元。

本案被告人胡某、苏某某明知是假冒注册商标的商品仍予以销售，被告人胡某销售数额和未销售的货值金额巨大；被告人苏某某销售金额较大，两人行为均已构成销售假冒注册商标的商品罪。

### 二、处理结果

1. 被告人胡某犯销售假冒注册商标的商品罪，判处有期徒刑3年(实刑)，并处罚金人民币30万元。

2. 被告人苏某某犯销售假冒注册商标的商品罪，判处有期徒刑1年6个月，缓刑1年6个月，并处罚金人民币10万元(已预缴)。

3. 责令被告人胡某退缴违法所得。

4. 扣押在案的违法所得，查获的假冒注册商标的鞋类商品及犯罪工具手机、电脑主机等均予以没收。

## 【履职情况】

### 一、及时报案，公安机关依法立案调查，严厉打击知识产权犯罪

被害人发现本案犯罪嫌疑人伪造授权委托书在知名商场售卖假冒知名品牌的产品后，立即委托代理人启动维权程序。代理人接受委托后立即整理报案材料，向侵权行为所在地的上海市杨浦区公安局依法报案。经过审核，杨浦区公安局考虑到被害人的实际经营场所也同时位于杨浦区，本着对辖区经营者负责的态度，立即对案件展开侦查，并固定证据，依法逮捕侵权经营者后，将案件移送至杨浦区人民检察院审查。

### 二、认真审查，检察机关依法告知权利人诉讼权利义务，依法保障其合法权益

检察院在审查起诉过程中发现被害人的主体授权材料已经到期，故要求被

害人继续补充相关授权材料。由于境外受新冠疫情影响，导致使领馆无法在短期内提供相关证明材料。杨浦区检察院与被害代理人(律师)多次沟通，指导其依据最高人民法院于2020年实施的《关于知识产权民事诉讼证据的若干规定》第8条的要求补充了新的主体材料，使得案件避免了刑事司法保护的中断，从而最终对犯罪嫌疑人依法提起公诉。

### 三、公正审理，法院以证据为依据，以事实为基础，依法认定犯罪行为、性质和情节

案件进入审判阶段后，代理人认真梳理相关案件材料，结合被害人的意见向杨浦区法院提交了《被害人法律意见书》，最终相关法律意见得到了上海市杨浦区法院的认可，对两名犯罪嫌疑人根据其具体的犯罪情况、悔罪情况、赔偿情况等依法作出公正判决，得到了被害人的认可。

## 【典型意义】

在侵犯知识产权刑事案件的司法实践中，检察机关代表国家追究被告人刑事责任，被告人的程序权利和实体责任必然成为诉讼焦点，而作为犯罪结果承受者的知识产权的权利人，在强大的公权诉讼面前却显得无足轻重，其诉讼地位与一般证人相似。侵犯知识产权刑事案件的根源是权利人的智力成果被侵害，其应当享有相当的刑事诉讼地位，但由于受多年司法惯性的影响，办案机关提倡的“做犯罪的追诉者和无辜者的保护者”理念更多地体现在被告人的人身权和程序权的维护方面，对于权利人的诉讼地位明显关注不够。虽然现行《刑事诉讼法》关于被告人的权益保护的规定占据大量篇幅，涉及法条多达130多条，无不彰显对被告人的地位重视，但权利人通常扮演着报案人和证人的角色，在诉讼中处于从属性地位，导致知识产权权利人权益的救济程度远低于其他刑事案件。

尽管我国建立了一套知识产权刑事司法保护体系，以刑法专节立法为主，并结合三个知识产权刑事司法解释，对侵犯知识产权犯罪及相关行为认定作出了系统规定，但随着市场经济的高速发展，我国侵犯知识产权的犯罪数量、形式以及手段等呈现快速发展，犯罪主体趋向高学历、年轻化，犯罪手段呈现多样化。因此，对知识产权权利人而言，寻求刑事保护有两个担心：一是法律没有相关规定；二是门槛特别高。

本案是实践中较为少见的知识产权权利人委托代理人全程配合司法机关查明犯罪事实、出具法律意见，最终使得犯罪嫌疑人被成功定罪量刑的典型案例。虽然犯罪嫌疑人瞒天过海，伪造销售授权委托书，公然在知名商场以特卖形式进行销售，但由于专业代理人代表权利人积极参与办案流程，使本案留下了诸多亮点。

第一，从案件严重性角度分析，第一被告人胡某伪造销售授权委托书，以昂贵的价格出售假冒鞋品，造成相关假冒鞋品的混淆性极强，对权利人的负面影响极大。相比其他售假案件的罪犯多通过微信朋友圈等途径低价出售，该案的犯罪性质更为恶劣。

第二，从办案时期的特殊性角度分析，本案办理期间正值境外新冠疫情暴发，检察院在认定权利主体时充分考虑了疫情对权利人主体资格认证程序的影响，参考适用最新知识产权证据司法解释，有效保护了权利人的知识产权。

第三，从程序正义而言，杨浦区检察院同意被害人以诉讼代理人身份参加刑事审判程序，给予权利人表达意见的机会，并充分考虑了被害人的法律建议，这在知识产权刑事案件审理中是很大的突破。

第四，从执法高效性角度分析，本案办理过程高效有力，充分体现了上海政法机关对于创造营商环境的高度重视，对于辖区内外资企业予以平等保护，有力维护了权利人的知识产权。

第五，从社会影响角度分析，该案件社会影响广泛，第一被告在知名商场出售假冒鞋品并被当场抓获，商场内众多顾客围观，多家自媒体予以报道。犯罪嫌疑人依法被判处实刑，对于其他相关知识产权犯罪嫌疑人起到了强有力的震慑作用，在一定程度上起到了净化市场的积极作用。

## 【专家点评】

知识产权刑事保护是知识产权保护中最严格的方式，既需要检察院和法院严格依法审核认定证据，又需要丰富的办案经验，综合考虑犯罪情节依法予以定罪量刑。本案是上海市杨浦区检察院和杨浦区法院依法打击知识产权刑事犯罪的典型案例，办案过程既考虑了辩护人的法律意见，又能充分兼顾被害人的利益，给予被害人发表法律意见的机会，从而在司法裁判中可以充分结合事实证据，依法定罪量刑，既实现了判决事实和法律的统一，又实现了法律效果和社会效果的统一，将对未来上海的知识产权刑事司法保护起到很好的示范作用。

**案件承办人：**

曾涛，上海市律师协会知识产权业务研究委员会委员、上海汉盛律师事务所律师

**案例撰写人：**

陈蕾，上海汉盛律师事务所律师

**2020 年 6 月 26 日，民警在上海市杨浦区合生汇广场内查封销售假冒商品店铺，并控制多名涉案人员**

“上海五角场合生汇折扣区卖假匡威鞋　商场致歉承认有租赁关系　网友点名其他商场”，https：//mp.weixin.qq.com/s/djssAa_8wb03mlbAVJKBnQ.

**案例审核人：**

刘峰，上海市律师协会知识产权业务研究委员会主任、北京大成（上海）律师事务所律师

**案例编审人：**

朱小苏，上海市律师协会长三角律师业一体化促进委员会主任

**案例点评人：**

刘峰，上海市律师协会知识产权业务研究委员会主任

# 刘某涉嫌生产、销售假冒伪劣产品案[①]

## ——创新型企业的刑事保护思维

### 【案例要旨】

律师办理涉及新型产品的案件时要有创新思维，对涉案产品的技术要求进行实质性审查判断，不能拘泥于现有的标准规定。在办案模式上，对涉嫌犯罪的企业家通过涉及创新的争议案件，可以推动办案部门通过听证方式开展审查，对专业性问题，充分听取行业意见和专家意见，使案件取得良好效果，促进完善相关行业领域标准。

### 【案情概要】

刘某，A公司法定代表人。2017年11月—12月，刘某经营的A公司，通过研发创新产品MINIWALK（智能平板健走跑步机），并以跑步机的名义进行销售。经宁波出入境检验检疫局检验检疫技术中心检验，该产品未根据“跑步机附加的特殊安全要求和试验方法”加装“紧急停止开关”以及“安全扶手”，且其“脚踏平台”不符合国家强制标准，被判定为不合格。该产品总体销售金额为700万余元。2018年9月，B市公安局以刘某涉嫌生产、销售伪劣产品罪对其立案侦查，并采取刑事拘留强制措施。

### 【履职情况】

案发后，刘某委托刘华英律师团队为其进行辩护。辩护人接受委托后，第一

① 永检公诉刑不诉〔2019〕120号。

时间会见了案件当事人刘某，了解到刘某所经营的A公司系当地纳税优胜企业，也是国内生产跑步机的知名品牌，而涉案的“智能平板健走跑步机”是该公司历经三年研发成功的新产品，拥有10余项专利。

作为辩护人，要判定本案是否构成生产、销售假冒伪劣产品犯罪，首先需要了解涉案产品的工作原理以及技术标准，才能更好地找准辩护观点。因此，辩护人特意走访了刘某所在的A公司，详细了解了产品的生产和研发过程，实地亲身体验了涉案产品MINIWALK，发现这款产品系一款新型产品，其与传统跑步机不同的是，其通过用脚控制健走机的快慢，其最高时速仅有8 km/h，并没有达到正常人的跑步速度，而传统跑步机的最高时速根据国家标准可达20 km/h，可见MINIWALK产品的最高时速远低于常规跑步机国家标准，其产品适用标准不应当简单照搬跑步机的国家标准。与此同时，辩护人还发现淘宝“平板跑步机”词条搜索记录显示，目前网上仍有大量无扶手健走跑步机正处于销售状态，而且所售产品也称为跑步机，参数与A公司MINIWALK几乎一致，该类产品是可以进行合法销售的。MINIWALK到底是创新产品还是不合格产品的主要的争议焦点在于以下几个因素。

第一，目前国内只有跑步机的强制性国家安全标准，而对于低速的走步机、健走机等新型产品并没有国家标准，那么作为健走机的新型产品MINIWALK是否应该直接适用跑步机的标准。

第二，如果不能适用跑步机的标准，则应当以什么标准来判断新型产品是否属于合格产品。

通过阅卷，辩护人了解到认定MINIWALK产品系伪劣产品的依据是宁波出入境检验检疫局检验检疫技术中心出具的一份鉴定报告。其认定“智能平板健走跑步机”为不合格产品的主要依据是该产品没有根据跑步机的国家强制标准加装紧急停止装置、安全扶手、脚踏平台等特殊安全配置。也就是说，宁波的检验机构是根据跑步机的标准对MINIWALK进行检验。而根据当事人刘某的叙述，该产品是他们公司三年以来的一个研究成果，是一种创新型产品，其参数与跑步机有显著区别，安全系数也比传统的跑步机高，这类创新型产品没有相对应的国家强制性标准和行业标准。公司依据其产品的实际情况专门制定了相应的企业标准，并上传至“企业标准信息公共服务平台”进行审批。2017年11月通过审批并公示，公司以此规范生产、保证产品质量，这些涉案产品的实际性能参数完全符合企业制定的标准。

2017年11月23日，该公司将上述产品委托国家体育用品质量监督检验中心进行质量检测，检测报告依据GB17498.1－2008和企业标准，做出了“智能平板健走跑步机”检验结果合格的结论。因此，根据相关标准，A公司生产的创新型智能健走机是合格产品。

考虑到刘某系企业负责人和核心技术人员，为保障企业的正常生产经营，辩护人接受委托后首先向办案机关提出对刘某变更强制措施的法律意见。2018年10月16日，公安机关决定对刘某改为取保候审。与此同时，为避免引起消费者对产品性能的误解，辩护人建议A公司在官网发出以跑步机名义销售的MINIWALK召回通知，并对已购客户及时进行电话回访。最终该结果显示，召回的产品只有3台，而通过电话回访了解到，消费者对该产品的质量投诉为零，普遍反映该产品使用便捷安全，未造成人身伤害和财产损失等不良后果。辩护人将上述情况收集记录后整理成册，交与办案机关。

后该案移送检察院审查起诉，期间辩护人向检察院提交书面法律意见，详细阐述下述观点。

## 一、本案中，犯罪嫌疑人刘某生产、销售的是一款新型运动产品，与跑步机存在较大差异，不能依据跑步机的生产、销售标准来认定其生产、销售的是伪劣产品

### （一）MINIWALK属于创新型产品，不能直接套用跑步机的国家生产标准

本案中，认定犯罪嫌疑人刘某犯生产、销售伪劣产品罪的依据是刘某管理的A公司所生产、销售的一款名为“健走机”的机器扶手及急停装置的设置不符合跑步机国家生产标准。通过阅卷以及会见犯罪嫌疑人刘某，辩护人了解到，这款机器实质上是对于传统跑步机的一种创新。据了解，传统跑步机的开关都是使用按钮，其最高时速可达20 km/h，而犯罪嫌疑人刘某所生产的机器对于传统跑步机进行了创新，用户可以通过自己的脚来控制开关以及速度的快慢，其最高时速也仅有8 km/h，可以说，远远低于常规跑步机的时速。

辩护人认为，跑步机的国家生产标准要求设置安全扶手以及急停装置的最大因素是因为其速度可达20 km/h，存在较大的危险性，因此需要设立安全扶手及急停装置来保护用户的使用安全。而健走机的最高时速仅达到8 km/h，相当于平时快走的速度，远低于跑步机的时速，且机身贴近地面，无明显落差感，与跑步机相比要安全许多，这也是该产品区别于传统跑步机的重要因素。正因为如

此,其对于扶手以及急停装置的需求并没有传统跑步机那么高。因此,辩护人认为,健走机与跑步机并不是同一种运动机器,其生产标准必然不一样,不能机械地套用跑步机的国家生产标准而忽略产品的实质性区别。犯罪嫌疑人刘某生产、销售的是健走机,而非跑步机,不能依据跑步机的生产标准来认定其生产、销售的是伪劣产品。

### (二) 网上销售产品名录中没有“健走机或者健步机”类别

为了产品销售,A 公司只能将其归入跑步机类别,且目前网上仍有大量无扶手健走机在销售,不能直接依据以“跑步机”命名而认定其为伪劣产品。根据犯罪嫌疑人刘某供述以及其员工等人的证言,MINIWALK 智能平板健走机主要通过天猫、京东等平台进行销售。而所有在天猫、京东平台上架的产品均先在产品类目中选出自己的产品种类,然后才能将该商品进行销售。MINIWALK 智能平板健走机属于创新型产品,并不属于跑步机类别,也不属于其他运动器材种类,但公司考虑到销售问题,因该产品与跑步机类似,便以跑步机种类进行售卖,但实际上,该产品是“智能平板健走机”,并非故意混淆视听,更不是以跑步机的名义售卖健走机。

此外,通过对淘宝“平板跑步机”词条搜索记录显示,目前网上仍有大量无扶手跑步机正处于销售状态,且也未修改为“健走机”,其参数与 MINIWALK 智能平板健走机近乎一致。该网络平台的数据能够清晰显示该类产品是可以进行销售的。如今 A 公司也已将“MINIWALK 智能平板跑步机”更名为“MINIWALK 智能平板健走机”。

## 二、在没有国家标准以及行业标准的前提下,A 公司自行制定了企业标准,符合我国的相关规定

根据企业标准,MINIWALK 产品经过检测显示合格。《中华人民共和国标准化法》第 20 条规定:“国家支持在重要行业、战略性新兴产业、关键共性技术等领域利用自主创新技术制定团体标准、企业标准。”A 公司历时 3 年研发了属于自己的创新型产品 MINIWALK,该产品并没有相应的国家标准或行业标准。公司根据其产品的实际情况,结合相关规定,制定了企业标准,并于 2017 年 11 月 29 日上传至“企业标准信息公共服务平台”进行审批,同年 11 月 30 日通过审批并公示。根据国家体育用品质量监督检验中心依据 GB 17498.1－2008和企业标准检验,

并于2017年11月23日所作出的关于"智能平板健走跑步机"检验检测报告显示,检验结果合格。虽然检验顺序有瑕疵,但并不影响该文件的规范性以及检验结果的真实性。

辩护人认为,创新是一个从无到有的过程,只有鼓励创新才能推动行业的发展。在创新的同时,标准必然是滞后的,不能因为滞后的标准而阻碍创新的步伐。认定创新依赖的是产品本身的改变,而不是产品名称。MINIWALK智能平板跑步机从销售到停产,再到重新销售,其实质并没有改变,变的仅仅是名称,MINIWALK智能平板跑步机不能直接认定为伪劣产品。而犯罪嫌疑人刘某在生产、销售MINIWALK智能平板跑步机时,也是本着创新的理念制造出此类产品,并非明知不符合跑步机标准,为了节约成本而制造偷工减料的产品。虽然本案客观上对MINIWALK智能平板健走机是否属于跑步机范畴有争议,但犯罪嫌疑人刘某主观上并没有生产、销售伪劣产品的故意。因此,辩护人认为,犯罪嫌疑人刘某并不构成犯罪,恳请法院查清事实,对刘某做无罪处理。

经过与检察院不断沟通,检察院决定在2019年3月11日对本案进行听证。该听证会邀请了侦查机关人员、人大代表、辩护律师、相关职能部门代表和跑步机协会代表共20余人参加。听证会上,辩护人发表意见,认为MINIWALK是企业创新产品,从消费者使用体验和技术参数分析,使用该产品不存在现实的安全隐患,按照企业本身制定的标准进行生产销售并不违反法律的规定。在该类新型产品国家标准出台前,不应以跑步机的强制标准为依据认定其为不合格产品。经评议,与会听证人员一致赞同辩护律师的观点,认为涉案"智能平板健走跑步机"作为一种行业创新型产品,不能直接套用跑步机的产品质量标准判定为不合格产品,本案不应当以生产、销售伪劣产品罪追究刑事责任。最终检察院听取上述听证意见后,也认为刘某生产、销售涉案产品的行为不构成犯罪,依法对刘某作出不起诉决定。

## 【典型意义】

该案被最高人民检察院列为第二十三批指导性案例,对全国检察机关办理相关案件提供了一定的借鉴。创新是一个从无到有的过程,只有不断鼓励创新才能推动行业的发展。我们的辩护也是如此,必须亲身体验,了解案件的每一份实质性证据,才能达到最好的辩护效果。对于我们来说,本案只是一个普通案件,但对当事人来说可能事关一生的命运。通过我们的工作使案件有个圆满的结局,不仅挽救了一名优秀的企业家,而且保护了一家注重创新的民营企业。

## 【专家点评】

本案以创新型产品与伪劣产品的区分为切入口,从案件的定性本身寻求突破口,借助于产品行业标准的确定对企业产品作出了重新定义,既为企业避免了刑事法律风险,也为该类案件的办理提供了新的思路,取得了良好的法律效果和社会效果。检察机关及辩护人依法、充分履职是本案取得良好效果的关键。法治是最好的营商环境,作为最高人民检察院指导性案例,优化营商环境也对检察机关及律师在办理涉企案件时提出了新的要求和期待。

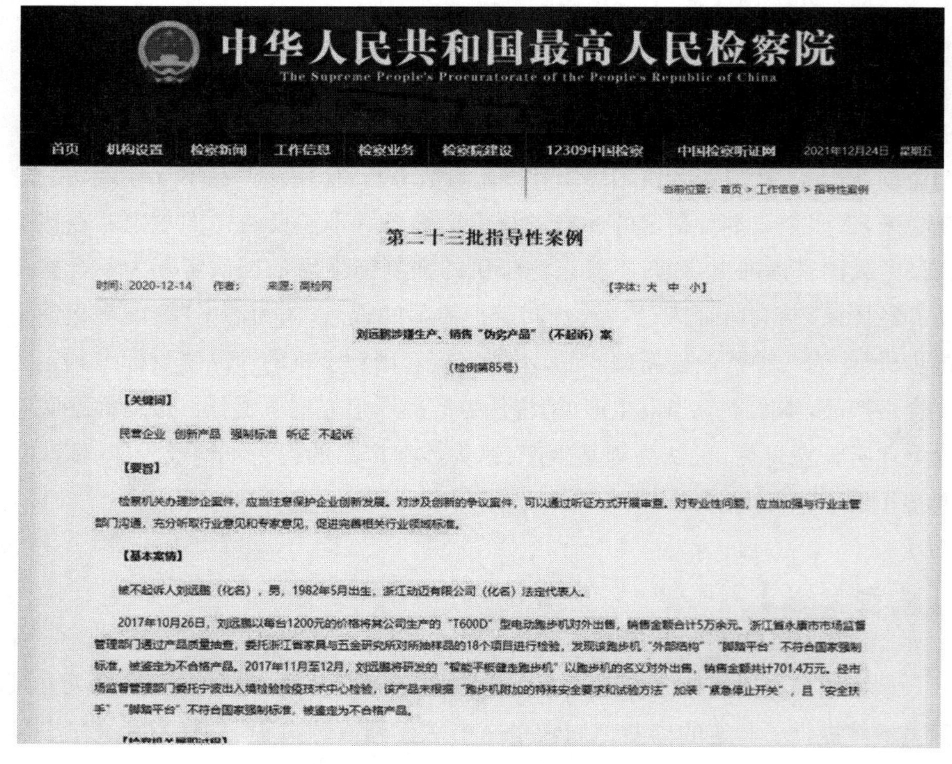


**最高人民检察院将本案列为第二十三批指导性案例**

中华人民共和国最高人民检察院官网,https://www.spp.gov.cn/jczdal/202012/t20201214_488891.shtml.

**案件承办人、案例撰写人：**

刘华英，上海市律师协会刑诉法与刑事辩护业务研究委员会委员、北京国枫（上海）律师事务所律师

**案例审核人及点评人：**

王思维，上海市律师协会刑诉法与刑事辩护业务研究委员会主任、上海博和汉商律师事务所律师

**案例编审人：**

朱小苏，上海市律师协会长三角律师业一体化促进委员会主任

# 某公司破产重整案[1]

## ——摆脱“卖壳式重整”路径依赖，以市场化方式招募投资人的上市公司破产重整案

### 【案例要旨】

上海市第三中级人民法院受理的某公司破产重整案实行市场化重整，准许债务人在有效监督下自行管理财产和营业事务，依法、高效、有序地推进破产程序，通过发挥破产制度保护功能，为债务人及时“止血”并进行“救护”。重整的成功为上市民营企业纾困解难，使得企业主营业务完整保留并具有良好发展前景，有效解决了债权人以及上下游供应链、产业链等相关主体的债权债务困境，保住了职工就业，维护了社会公众和股东的权益。

### 【案情概要】

自2018年以来，某公司受到国内宏观经济下行的影响，又连续遭遇重要在建项目买方违约、前期收购项目业绩大幅下滑等诸多不利事件，陷入严重的债务危机，经营业务几乎难以正常开展。虽然公司多次尝试债务重组、引入战略投资者等自救措施，但由于面临大量债务争议，潜在战略投资者望而却步。2018—2019年发生连续亏损，公司股票出现被暂停上市的风险。因公司无法清偿到期债务并且明显缺乏清偿能力，经债权人申请，法院裁定受理某公司重整一案。

在新冠疫情暴发、前期投资方临时放弃投资、各项工作开展均受限的大背景下，法院和管理人顶住压力、团结协作。在法院的指导下，通过管理人监督债务

[1] （2020）沪03破46号。

人自行管理财产和营业事务的方式，管理人与某公司共同推进债权申报及审核、资产调查、信息披露、舆情监测、重整投资人招募、重整计划的论证和制定、债权人会议的组织和召开等各项重整相关工作，最终在破产受理后6个月内完成资产审计、投资人招募、遴选、重整计划制作等一系列工作，并在重整计划批准后的4个月内完成债权清偿、公积金转增、股票分配等工作，真正通过市场化、法治化方式帮助公司实现“涅槃重生”，并取得债权人、债务人、投资人、中小股东等多方共赢的理想效果。

## 【履职情况】

首先，某公司进入重整程序之初，法院即准许在管理人监督下自行管理财产和营业事务。为履行监督职责，管理人特制定《某公司重整期间自行管理财产和营业事务监督办法》，充分利用某公司正在使用的协同管理办公平台，以最快速度和最低成本，通过信息化手段构建了“线上＋线下”协同的监督模式。重整期间，管理人在法院的指导下对债务人共计863项申请进行监督审批，其中审批通过803项，审批拒绝60项，实现了在监督条件有限的情况下，尽可能拓展监督工作的广度与深度，最终保证了监督计划的有效落实、切实执行。

其次，某公司破产重整案摆脱了以往上市公司“卖壳式重整”的路径依赖。作为首批创业板上市公司之一，管理人在法院指导下对企业债务危机原因和核心重整价值进行了深入分析，并总结其他上市公司重整案的经验，最终确定本案必须摆脱上市公司“卖壳式重整”的路径依赖，转而保留公司核心资产和业务板块，通过市场化的方式招募产业投资人，真正提升公司持续经营能力。从效果上来看，产业投资人的引入明显提振了资本市场的投资人信心，并有效消除某公司在重整前因为业绩指标而面临的潜在退市风险。

再次，做好信息披露和信息监测工作。由于债务人系上市公司，其信息披露工作至关重要。重整期间，管理人与上市公司开展了具体监测工作，以便第一时间掌握市场动向，并及时处理网络上的利空消息、不实谣言。为做好信息披露工作，防范内幕交易，管理人从团队内部和公司层面着手做好相关工作。

在内部，管理人制定了《保密及防止内幕交易管理制度》，并内设信息披露小组负责办理因履行具体管理职责而知悉上市公司内幕信息的管理人团队成员的登记、报备工作，以及保管内幕信息知情人登记资料，同时严格督促管理人团队成员遵守我国《证券法》等相关法律法规的要求，在内幕信息依法披露前，不得擅自以任何形式对外泄露、报道、报送，不得利用内幕信息买卖上市公司证券，或者建议他人买卖上市公司证券；不得利用内幕信息为本人、亲属或他人谋利，从而有效地避免了上市公司内幕信息的泄露。

上市公司层面，管理人督促上市公司按照《深圳证券交易所创业板上市公司规范运作指引》等法律规定以及上市公司相关内部管理制度严格遵守内幕信息知情人登记管理制度，明确内幕信息知情人的保密义务、违反保密规定责任，通过签订保密协议和禁止内幕交易告知书等方式将有关事项告知相关人员；对于重整期间上市公司拟公告年度报告、半年度报告等事项，管理人积极配合上市公司在向交易所报送信息披露文件的同时，报备包括管理人团队成员在内的相关内幕信息知情人登记档案。

最后，管理人反复多次与公司管理层沟通，对每户债权人的情况进行详细摸底和充分协商，在合法框架内针对不同类别的债权人制定了个性化的清偿方案。从效果上来看，重整计划草案经债权人会议和出资人会议一次性表决通过，通过率高达99.99%。债务人和某公司原第一大股东亦对重整计划草案内容表示支持。

## 【典型意义】

### 一、法院批准债务人在管理人监督下自行管理，切实保障公司重整期间正常经营

某公司主营业务包括海洋工程装备设计与建造、防务装备研制、清洁能源应用等三大领域，截至重整受理之日处于持续经营状态，仅正在执行的船舶与海洋工程设计订单和正在履行的制造合同金额约2亿元，并有部分国防重点项目正处在关键施工阶段，专业性强，需要较高的技术和专业背景。

鉴于此，为更好发挥重整制度对困境企业的积极拯救功能，也为了维护客商关系、增强市场信心，法院在依法审理的前提下，积极指导管理人落实监督方案，并通过多方协调努力，最大限度地保障了重整期间债务人各项经营活动的有序推进。正是因为重整期间主营业务的维持，保证了某公司执行项目的连续性，使资本市场广大中小投资者放心，最大限度地维系了公司的核心价值，为最终成功

招募到战略投资人创造了坚实的条件。

## 二、采用灵活开放的市场化招募方式，将公开招募与居间方引入相结合

某公司在申请破产重整期间，已经与一些有意向的潜在重整方进行接触，包括某央企下属防务装备基金、某地方政府下属大型国资控股企业、数家地方政府国资平台、从事海洋油气开采装备业务的民营企业等，但受新冠疫情暴发影响以及前期部分投资人因国资审批程序受阻等原因，在法院裁定受理公司重整后均放弃参与投资意向。因此，管理人和债务人只能和重整程序“赛跑”，采用更为市场化的方式招募意向投资者。

管理人于2020年3月初即准备了某公司重整推介材料，并于2020年4月在破产重整案件信息网、法院破产法庭公众号、上市公司信息披露渠道、船舶行业相关论坛等多个平台正式发布《某公司意向投资者招募公告》，面向社会公开招募投资者，以求化解公司债务，助力主营业务重回健康发展轨道。同时还积极发动债权人包括质押权人推荐意向投资人，与债务人、债权人定期沟通投资人引入情况。除公开招募外，管理人还开放引入专业居间方来协助寻找合适的意向投资人，并在与居间方签署的居间协议中采用分段付费的方式，激励居间方推荐潜在的投资者。

截至重整投资招募期结束，管理人累计与21家意向投资人（含中介机构）或居间方进行了实质性沟通并签署《保密协议》，累计与5家居间服务方就委托其引入潜在投资人事宜签署《居间服务协议》，招募成效明显。经过公开招募以及与意向投资人的数十轮沟通，管理人最终确定A公司和B公司为重整投资人。

## 三、在法院的有力主导下，坚持公开、公平、公正的工作机制

从案件受理开始到指定管理人后的各个工作环节，法院均高度重视，主导每个环节，严格把控重整程序中的各个关键节点，要求管理人提前制定每周的工作计划表，并提前模拟重整的多种可能情形，包括重整转和解的方案、招募到投资人的重整方案、未招募到投资人的重整方案等。

在重整过程中，法院坚持每周组织线上或线下的例会，听取管理人工作进展汇报、专项问题专项汇报，并在重要事项上给予管理人必要的指导，对管理人的

履职工作进行实时把关和监督。在自行管理的背景下，法院根据例会讨论事项的情况，同时邀请债务人及债权人委员会共同参加研讨关键事务，确保整个重整程序公开、公平、公正地推进，切实保障各方的合法权益。

此外，考虑到某公司在重整期间不停牌持续交易，法院始终高度重视本案涉及上市公司信披规范和保密要求，要求案件所有参与方在接触上市公司信息前均签署保密协议，确保各方在受保密义务约束的前提下开展工作。

## 【专家点评】

### 一、债务人自行管理的成功案例

我国《企业破产法》对债务人的营业和财产管理采取的是破产管理人接管为原则、债务人（在管理人的监督下）自行管理为例外的经营模式，但在实务中，无论是法院还是破产管理人通常并不倾向于实行债务人的自行管理。个中原因除了对债务人管理层的不信任之外，往往还有管理人报酬方面的考量。然而，基于债务人自行营业连续性的现实需求，以及不少债务人企业的行业专业化特点，管理人接管对维持债务人营业价值往往难以发挥有效的辅助作用。

本案债务人的营业特点是拥有船舶和海洋工程研发设计、总装制造和工程监理等完整的生产链，该生产链可能与重整实务中常见的零售百货、房地产等行业的通用性不同，其行业经营在某种程度上无法脱离原经营团队而具有不可替代的特点。本案管辖法院和破产管理人就债务人的自行管理分别从“内部治理机制是否正常运转”“自行管理能否有效维持债务人营运价值”“营业事务的专业性和客户资源的人合性”“在手项目运营的连续性”“管理层成员的诚信记录”等方面，对债务人自行管理的可行性、必要性等进行了专项审查，并结合“债务人董监高独特的专业履历”，在制定和实施《自行管理财产和营业事务监督办法》的基础上，成功地采取了债务人自行管理财产和营业的重整营业模式。本案就这个模式所采纳的“事先的周密审查”加上管理人的有效监督，为实现债务人自行管理的理想目标提供了扎实的规则保障。

此外，本案中的重整债务人系上市公司，法院对管理人团队的选任提出了明确要求，例如增加具备证券市场经验和专业能力的团队成员，这都为重整的顺利推进提供了坚实的保障基础；加之上市公司重整中对信息披露的合法性、专业性和时效性要求颇高，本案采取债务人自行管理的做法也保障了上市公司信息披露这一特殊工作的连续性。

## 二、尊重债权人和投资人市场化选择的成功案例

最高人民法院于2018年发布的《破产审判会议纪要》提出了对申请重整的企业进行破产重整识别的具体要求，但在重整价值和重整可能性的识别方面，法院往往并不具有明显的判断优势。本案的特点之一是债权人申请对债务人进行破产重整而非申请破产清算，这说明债权人对债务人企业的营运价值持肯定态度。在这样的背景下，管理人能够在法院指导下，通过线上公开招募、线下拓展接触，并“不厌其烦”地与意向投资者进行反复磋商，其勤勉尽责的用心程度是重整成功的又一关键因素。

本案在市场化重整方面值得关注的至少有这样几个亮点：一是本案确定两名共同投资人的做法颇具互补性，增加了重整投资的安全系数，能够有效防范重整期间仅有一家投资人可能出现的迟延履行等违约风险因素的发生。二是如果管理人提出的重整计划获得利害关系人表决组的高票通过在实务中并不鲜见的话，本案中债务人自行管理并基于自身利益所提出的重整计划能够获得各表决组的高票通过则既能体现出重整计划的中立性，还能反映出自行管理和重整计划提出过程中管理人和法院对债务人实施监督的有效性。三是如果重整实务中重整投资的迟延到位或者不足额到位并不鲜见的话，本案投资人投资额的提前到位则同时反映了本案法官、管理人和重整债务人对投资人的适格性和投资能力，以及投资积极性的选择及把握的精准和专业。四是为了防止同行业竞争者以意向投资者之名行打探行业商业秘密之实的现象发生，本案管理人与各意向投资者签订了保密协议。这一做法也足见管理人的专业性。

## 三、通过信息化节省办理破产成本的成功案例

根据世界银行营业环境评价中对我国办理破产成本的评估，我国办理破产的费用成本和时间成本仍有较大的提升空间。本案无论债权申报、债权核查，还是两次债权人会议的召开都采取了线上方式进行，既保证了债权申报和债权审查的高效，又节省了召开债权人会议的费用成本，还为重整期间法院和管理人肩负疫情防控的繁重工作压力提供了有效的办案模式。

此外，本案债务人在自行管理重整模式下，管理人与重整债务人之间在重整

事务上的合理分工也很好地结合了信息化手段，有利于管理人对重整程序的有效把控和监督。

**案件承办人：**

李凯、刘一苇等，上海市方达律师事务所律师

**案例撰写人：**

何慕，上海市方达律师事务所律师

**案例审核人：**

李凯，上海市律师协会破产与不良资产业务研究委员会主任、上海市方达律师事务所律师

陈冠兵，上海市律师协会破产与不良资产业务研究委员会委员、上海市方达律师事务所律师

**上海市第三中级人民法院俞秋玮副院长带领合议庭和管理人前往天海融合防务装备技术有限公司视察重整计划执行情况**

（2020年9月由黄潜律师拍摄）

**案例编审人：**

朱小苏，上海市律师协会长三角律师业一体化促进委员会主任

**案例点评人：**

韩长印，上海交通大学凯原法学院教授、中国商法学研究会常务理事、中国法学会保险法学研究会副会长、上海市法学会破产法学研究会会长

# 中华环保联合会诉张某某环境公益诉讼案[①]

## ——律师与检察官携手谱写公益诉讼新篇章

### 【案例要旨】

对于非法排污行为造成的环境污染和生态破坏，除依法追究刑事责任外，还应由排污者承担环境治理和修复的民事责任。检察机关作为支持起诉方，支持符合条件的环保社会组织以污染者为被告向人民法院提起环境民事公益诉讼。环境律师作为专业法律服务者，以其高度的责任心和使命感，充分发挥法律与环境相结合的专业特长，与检察机关携手，谱写了公益诉讼新篇章。

### 【案情概要】

2014年2月7日—3月13日，被告张某某在昆山市玉山镇某厂房内非法电镀，将未经处理的含有重金属铬、铅等的废水违法排放至外环境，造成严重环境污染。昆山市环境监测站监测报告显示，其排放的废水中，重金属六价铬、总铬和铅的含量分别为396 mg/L、421 mg/L和0.54 mg/L，分别超过国家《电镀污染物排放标准》(GB21900－2008)的3 000余倍、800余倍和5.4倍。

根据最高人民法院、最高人民检察院《关于办理环境污染刑事案件适用法律若干问题的解释》(法释[2013]15号)：非法排放含重金属、持久性有机污染物等严重危害环境、损害人体健康的污染物超过国家污染物排放标准或者省级人民政府制定的污染物排放标准三倍以上的，应当认定为“严重污染环境”，以及《刑法》第338条的规定，应以污染环境罪追究张某某的刑事责任。

① (2015)苏中环公民初字第00001号。

2014 年 8 月 13 日，昆山市人民检察院向当地法院提起公诉，指控被告人张某某犯污染环境罪。2014 年 11 月 28 日，昆山市法院作出(2014)昆环刑初字第 0003 号判决，认定被告人张某某违反国家规定，排放有毒物质，严重污染环境，其行为已构成污染环境罪，判处有期徒刑 1 年，并处罚金人民币 20 000 元。对于污染环境的行为，由上述生效的判决作为证据，被告对此无异议。

被告的上述污染环境行为，已经对环境造成污染，被污染的场地需要修复治理。为此，中华环保联合会在江苏省昆山市人民检察院的支持下，由上海市金茂律师事务所吴荣良律师作为代理律师，在前期充分准备的基础上，吴荣良律师于 2015 年 7 月向江苏省苏州市中级法院提起环境公益诉讼，要求被告赔偿场地污染修复费用、场地调查费用(含检测费)、原告律师费等合计 15.6 万余元，并要求由被告承担诉讼费。

针对本案场地修复方案及修复费用，以及场地调查费用(含检测费用)和合理的律师费是否应当由被告承担这两个争议焦点，苏州市中级法院经过证据交换、质证、专家出庭、辩论等多个环节，经审理后认为，原告提供的《修复方案》等证据显然更有利于达到场地修复的目标，决定采纳吴荣良律师提出的场地修复方案及修复费用的意见，同时根据环境民事公益诉讼的相关司法解释，支持原告请求由被告承担检验、鉴定费用和合理的律师费的请求。

苏州市中级法院依据《环境保护法》第 64 条、《侵权责任法》第 65 条、最高人民法院《关于审理环境民事公益诉讼案件适用法律若干问题的解释》第 18、20、22 条的规定，于 2015 年 12 月 23 日作出(2015)苏中环公民初字第 00001 号判决：被告张某某支付场地污染修复费用 106 662.5 元，场地调查费用(含检测费) 29 628.6 元，律师费 10 000 元，合计人民币 156 291.1 元。

## 【履职情况】

作为本案环境公益律师，吴荣良律师始终秉持着高度的责任心和敬业精神。从诉讼准备、证据材料收集、起诉状撰写，到立案、受理和开庭，仔细审阅每一份书面材料，走好每一步法律流程。用律师应有的敬业精神，尽到法律服务工作者应尽的职责。本案标的额虽小，但是对于昆山市人民检察院、苏州市中级人民法院而言，都是环境公益诉讼的第一案，因此非常谨慎。证据交换、质证、修复方案比价、法庭辩论等各个环节都体现了吴荣良律师高度的专业性和职业精神。

场地修复方案和修复费用的确定是本案的争议焦点之一。原告方出具了由具备相应资质和技术能力的江苏某环境科技股份有限公司的场地污染情况调查报告，对受污染的土壤面积、土壤中所含的污染物种类和浓度进行了检测。方案采用原位修复方式，对受污染的土壤及地表污染积水分别采用化学固化/稳定化＋物理隔离法、氧化还原沉淀法予以修复。修复费用包括药剂费用、工具及材料费、机械费用、监测费用、人工费用、管理费用、技术费用及税费等，合计人民币10.6万余元。

而被告认为上述修复费用过高，另行委托另一家公司提供修复方案。该公司采用异位修复方案，即将受污染的土壤挖出，外运到无锡市的一家水泥公司采用水泥窑焚烧的方法进行处理，处理费用报价为人民币7.56万元。

针对原被告提供的修复方案，本案代理律师充分发挥其工科和法律复合教育背景和曾经在企业长期从事环境管理的丰富经验，发挥环境专业律师的优势，向法庭充分阐述了两个技术方案的优劣。特别是针对被告提出的方案，指出其存在以下几个关键问题。

一是受重金属污染的土壤属于危险废物，处理危险废物需要环保部门颁发的《危险废物经营许可证》，而被告方没有提供该水泥厂是否具备《危险废物经营许可证》的信息。

二是根据当时的《固体废物污染环境防治法》（以下简称《固废法》）规定，危险废物跨市转移需要事先取得输出方和接收方环保部门的审批（该规定在2020年9月1日施行的新《固废法》中改为跨省转移处置需要事先审批）。本案需要将危险废物从苏州市转移到无锡市，被告方没有提供任何环保部门的同意信息。

三是运输过程中存在的二次污染问题。由于受污染场地没有合适道路，大型车辆无法进出；假如需外运受污染土壤，必须通过小车转运，该过程存在污染扩散的风险。

四是该方案仅提出将受污染的土壤挖出处理，没有提及再次监测验证修复后土壤的修复治理效果。

经过开庭审理，苏州市中级法院最终接受本案代理律师的观点，认为本案所涉的环境修复方案必须保证受污染场地得到完全修复，同时兼顾经济成本。为了确保公平和公正，法院依法传唤原被告就污染场地修复费用进行竞价。原告委托的环境修复公司主要负责人到庭，而被告委托的公司代表并未到场。综合以上因素，法院最终采纳了原告方提出的修复方案和修复费用意见。

关于场地调查费用(含检测费用)和合理的律师费是否应当由被告承担是本案的第二个争议焦点。本案中,昆山市检察院与昆山市环境保护局、昆山市环境保护公益联合会协商,以昆山市环境保护公益联合会名义,委托江苏某环境科技股份有限公司进行场地调查,确定环境污染范围、修复方案和修复费用。受托方取样检测、编制调查报告和修复方案会产生相关费用;中华环保联合会委托上海市金茂律师事务所环境专业律师代理此案亦需要支付相应的律师费。

《最高人民法院关于审理环境民事公益诉讼案件适用法律若干问题的解释》第22条规定:"原告请求被告承担检验、鉴定费用,合理的律师费以及为诉讼支出的其他合理费用的,人民法院可以依法予以支持。"《最高人民法院关于全面加强环境资源审判工作为推进生态文明建设提供有力司法保障的意见》(法发〔2014〕11号)第14条规定:"环境公益诉讼的原告请求被告赔偿预防损害发生或恢复环境费用、破坏自然资源等生态环境造成的损失以及合理的律师费、调查取证费、鉴定评估费等诉讼支出的,可以根据案件审理情况予以支持。"因此,代理律师提供由被告承担包括检测费用在内的场地调查费用以及合理的律师费的主张于法有据,最后也都得到了法院的支持。

吴律师自执业以来,结合其工科教育背景和在知名外企从事环境健康和安全(EHS)管理的丰富实践经验,将环境健康和安全法律服务作为其专业领域,并长期坚持不懈。从环境法律研究到环境法律宣传;从环境合规管理到环境争议解决;从建设项目审批、竣工验收和排污许可证到企业运营中的法律问题咨询,金茂所合伙人吴荣良律师及其团队始终致力于提供专业的环境健康安全法律服务。

## 【典型意义】

本案是新《环境保护法》实施以来,昆山市检察院与中华环保联合会合作的第一个环境公益诉讼案件,也是苏州市中级法院受理并以判决形式结案的第一个环境公益诉讼案件,对长三角地区环境公益诉讼制度的进一步探索具有重要意义。本案是作为法律职业共同体组成部分的律师与检察机关、环保机关、环保组织通力合作的典范。本案的经验值得总结和推广。

多年来,包括中华环保联合会、自然之友、中国绿发会等在内的环保社会组织积极投身于环境公益诉讼。律师作为法律专业人士,充分发挥了自身的专业优势，并积极参与其中，特别是环境律师，不仅要对一般的法律法规和法律技能有充分掌握，而且还要熟悉环境保护相关的法律法规，更要具备对环境相关的标准和专业知识的了解，才能代理好环境案件。

检察机关作为法律监督机关，近年来根据法律授权，充分发挥自身优势和积极性，办理了不少公益诉讼案件，取得了很好的效果。同时，以支持起诉的方式参与环境公益诉讼也是检察机关发挥自身优势的体现，对于环保组织开展环境公益诉讼活动和律师从事环境诉讼代理工作都起到了积极的支持作用。法律共同体的多方合作，对推动生态文明建设具有积极的意义和作用。

## 【专家点评】

本案是以环保组织为原告、检察院支持起诉的环境公益诉讼案件。本案针对当地非法电镀等导致环境污染状况采取了有力措施，对立足预防和落实“谁污染、谁治理”的原则、树立绿色发展理念、助推绿色发展具有宣示性的意义。

本案的争议焦点是污染场地修复费用的确定，这也是所有环境案件的重点和难点。场地修复费用的确定需要鉴定机构、专业公司和技术专家的介入，需要多方参与，共同努力。

从本案到“常州毒地环境公益诉讼案”，每一起公益诉讼案件的办理都有环境专业律师的身影，也需要人民检察院、环保行政机关、环保社会组织、环境专家的通力合作，需要充分发挥检察院、公益组织和环境律师参与公益事业的热情及专业特长，助力公益诉讼质效提升。

长三角一体化发展已经上升为国家战略，生态环境是长三角发展一体化的重要议题，是长三角高质量一体化发展的内在要求。人民对美好生活的向往，对环境质量提出了更高的要求，需要法律共同体一起努力，共同践行“绿水青山就是金山银山”的理念。

期待长三角一体化的继续深入推进，期待法律共同体的携手同行。

---

**案件承办人：**

吴荣良，上海市律师协会环境资源与能源业务研究委员会主任、上海市金茂律师事务所律师

**案例撰写人：**

杨晓凤，上海市金茂律师事务所律师

**案例审核人：**

毛惠刚，上海市金茂律师事务所主任

**案例编审人：**

朱小苏，上海市律师协会长三角律师业一体化促进委员会主任

**案例点评人：**

赵绘宇，上海交通大学凯原法学院副教授

中华环保联合会
All-China Environment Federation
大中华 大环境 大联合
请输入您要查询的内容! 搜索
热词： 污染投诉 环保智囊 环境与发展论坛
首页 联合会概况 联合会动态 内设机构 相关机构 党风廉政 专题专栏

当前位置 > 首页 > 联合会要闻 > 正文

我会与昆山市检察院合作提起的第一个民事公益诉讼案公开判决

时间：2016-01-08 来源：未知 作者：admin 点击：278 次

近日，原告中华环保联合会诉张建春环境民事公益诉讼纠纷案在江苏省苏州市中级人民法院正式宣判。被告张建春被判支付场地污染修复费、调查费等，合计人民币156291.1元。江苏省昆山市检察院作为支持起诉机关支持起诉。

据悉，该案是新《环保法》实施后，昆山市检察院与中华环保联合会合作，提起的第一个公益诉讼案件，苏州市中级法院首次以判决方式认可了原告全部诉讼请求。

2014年2月至3月期间，被告张建春在昆山市玉山镇某厂房内非法电镀，并将含有重金属铬的废水未经处理非法排放，造成严重环境污染。同年8月，昆山市检察院以张建春涉嫌污染环境罪向昆山市人民法院提起公诉。11月，张建春被判有期徒刑一年，并处罚金人民币两万元。

由于该案环境污染行为影响整个社会的环境公共利益，为此，检察机关除了对污染环境的犯罪嫌疑人追究刑事责任外，对其污染环境行为造成的环境损害进行追责。检察机关通过提供法律咨询、协助调查取证、提交支持起诉书等方式支持社会组织提起环境民事公益诉讼，要求污染者承担环境污染修复和生态补偿等民事责任。

中华环保联合会作为国务院批准、民政部注册的非营利性社会团体，于2015年7月，以原告身份向苏州市中级法院提起环境民事公益诉讼，请求判令被告张建春赔偿场地环境污染修复等费用156291.1元。昆山市检察院派员出庭发表意见。原、被告双方针对场地修复费用是否过高，场地调查费用、律师费用是否应当由被告承担等争议焦点进行辩论。

根据《中华人民共和国环境保护法》、《中华人民共和国侵权责任法》、《最高人民法院、最高人民检察院关于办理环境污染刑事案件适用法律若干问题的解释》等相关规定，苏州市中级法院最终全部采纳原告诉求，判决被告张建春向昆山市环境保护公益金专用专户支付场地修复费用、场地调查费、律师费用，合计人民币156291.1元。

热点新闻
- 厦门国际环保产业创新技术展览会
- 关于开展2020年度中华环保联合会
- 关于公示2020年度科学技术奖评审
- 关于召开第十四届环境与发展论坛
- 中华环保联合会发展中心 中环联
- 关于征集“第十届环境与发展论坛
- 关于举办挥发性有机物(VOCs)污染治
- 适应环保新常态 引领发展绿色化
- 2016年全国中小学生环境作文大赛
- 关于开展“守护蓝天碧水”倡议活
- 关于举办第三届全国中学生环境保
- 全国中小学生环境作文大赛征稿通
- 中华环保联合会关于举办“第二期
- 中国环境友好企业联盟
- 关于发布《中华环保联合会科学技

相关新闻
- 中华环保联合会为联合国人权理事
- 生态环境部气候司向我会发来感谢

**“我会与昆山市检察院合作提起的第一个民事公益诉讼案公开判决”，中华环保联合会官网，http：//www.acef.com.cn/a/news/2016/0108/18892.html.**

# 江苏省

# 法治案例

# 曹某某社区矫正检察监督案[①]

## ——督促司法行政机关批准企业家外出复工复产

### 【案例要旨】

检察机关办理社区矫正对象因生产经营需要外出申请监督的案件，应当结合法律规定、司法政策、社会效果等准确判断是否“正当”，对符合规定条件的，监督司法行政机关及时批准。在对个案监督的同时，对发现的涉民营企业社区矫正对象外出申请中存在的普遍性问题，应注重运用检察建议的方式加强监督纠正，保障民营企业复工复产。检察机关需充分发挥法律监督职能，推动《社区矫正法》《沪苏浙皖社区服刑人员外出管理办法(试行)》等实施，为社区矫正对象更好地回归融入社会和民营企业顺利开展生产经营提供优质的司法保障。

### 【案情概要】

江苏某石化建设集团有限公司法定代表人曹某某因犯故意伤害罪，于2019年12月31日被扬州市江都区法院一审判处拘役五个月，缓刑六个月。社区矫正地在扬州市江都区，矫正期限自2020年1月11日—2020年7月10日。

2020年，新冠疫情暴发，曹某某以赴新疆开工、签合同为由向江都区司法局请假外出，未获批准。随着国内疫情防控形势持续向好，各地企业陆续复工复产。曹某某根据企业经营需要，于2020年3月初再次向江都区司法局申请，提出需到新疆安排数个“一带一路”相关工程开工、新项目签约事宜。江都区司法局将此事提请区政法委召开公检法联席会议进行协商。江都区检察院进行了充

① (2019)苏1012刑初826号;扬江检建〔2020〕1号。

分调查，了解到该企业年产值约 6.5 亿元，年纳税 3 800 万元，现有员工 1 200 余人，为复工复产需要，近期采购了大量口罩、测温仪、消毒液等防护物资，并制定了较为科学的疫情防控工作预案，且已取得复工备案证明，具备复工复产的条件，此外还向红十字会捐赠 120 万元及相关物资用于防疫。

江都区检察院就曹某某外出问题，从原判刑罚、矫正表现、外出必要性、企业经营状况、保障民营经济发展五个方面提出精准监督意见，认为《沪苏浙皖社区服刑人员外出管理办法（试行）》（以下简称《管理办法》）中的“外地”不应进行限缩解释，建议区司法局可以批准曹某某申请，同时以电话通信、手机定位、实时视频等方式实施监管，掌握其日常活动。

## 【履职情况】

### 一、线索来源

2020 年 3 月初，曹某某因复工复产需求紧迫，向司法行政机关申请外出经营，同时向检察机关提出监督申请。江都区检察院经初步审查，认为积极有序推进复工复产是增强经济回升的动力，因与司法行政机关对《社区矫正实施办法》等一系列法律法规、会签文件存在理解分歧，遂决定受理监督申请。

### 二、调查核实

为查明曹某某请假外出的必要性、紧迫性和风险性，江都区检察院通过调取卷宗、实地走访、询问谈话等方式开展系列调查：一是对曹某某原判刑罚全面考量。调卷查明曹某某故意伤害致人轻伤，系初犯、偶犯且自愿认罪、认罚，因积极赔偿取得被害人谅解。结合被害人在矛盾升级中的责任占比，曹某某的社会危害性较小。二是对曹某某矫正表现精准评估。经询问社区矫正工作人员、走访当地镇政府，证实其在接受矫正期间表现良好，积极参加社区服务，向红十字会捐赠 120 万元用于防疫。三是对企业生产经营状况进行全面了解。该企业年产值约 6.5 亿元，年纳税 3 800 万元，现有员工 1 200 余人，已做细、做足准备，具备复工复产条件。四是对曹某某外出必要性认真斟酌。发包方等相关人员的证言证明企业一直由曹某某负责生产经营，工程承揽合同证实 8 个项目开工在即，标的 3 000 余万元，涉及 1 000 余名工人复工就业，且工程项目远在新疆，即曹某某欲请假前往的目的地。

为全面了解情况，检察机关对辖区内13家司法所逐一巡查，发现共计40余名涉民营企业的社区矫正对象不了解相关法律规定，导致有实际需求的人员未能及时申请外出生产经营，不利于疫情防控环境下的复工复产。

## 三、案情分析

本案争议焦点在于：(1)《社区矫正实施办法》中规定的申请外出事由是否包括“生产经营”；(2)《管理办法》中“民营企业社区服刑人员因生产经营需要确需本人赴外地处理”的“外地”是否仅限于该四省(市)区域内。

2020年1月—3月，对社区矫正对象请假外出批准事项可以适用的法律是最高人民法院、最高人民检察院、公安部、司法部于2012年1月下发的《社区矫正实施办法》(以下简称《实施办法》)第13条规定：社区矫正对象请假离开居住地的事由包括“就医、家庭重大变故等原因”；江苏省可以适用的规范性文件还包括2019年12月沪苏浙皖四省(市)检察机关、司法行政机关共同签署的《管理办法》第7条第(五)项规定：“民营企业社区服刑人员因生产经营需要，确需本人赴外地处理的”；待生效施行的法律包括全国人大常委会于2019年12月28日通过、2020年7月1日起施行的《中华人民共和国社区矫正法》(以下简称《社区矫正法》)第27条规定：“社区矫正对象离开所居住的市、县应当报经社区矫正机构批准，对于有正当理由的，应当批准。”

司法行政机关认为不能批准曹某某请假外出的主要理由包括：一是在常规普遍适用的《实施办法》中未罗列生产经营事项。二是四省(市)的《管理办法》虽规定了外出申请的适用主体包括生产经营者，但去向的目的地应限于四省(市)，不能进行扩大解释。三是《社区矫正法》虽未作任何限制性规定，但当时未及施行，若批准曹某某请假于法无据。

检察机关经认真甄别、逐级请示后认为，对曹某某请假的必要性、紧迫性均不持异议，对法律规范的解读和适用也应考虑以下几点：首先，《社区矫正实施办法》中的“等”应包括与“就医、家庭重大变故”相当的其他事项。疫情之下涉及上千人生计的生产经营项目与上述事项重要性相当。其次，四省(市)《管理办法》的出台是为适应活跃的经济发展需求。在可申请外出的人员上已经细化范围，在去向的目的地上虽未明确规定，但不应进行狭义的解释，否则不符合制定初衷。再次，从《社区矫正法》条文表述中可看出立法原意。当时虽未施行，但

“监管从严、批假从宽”的理念已经充分体现，对曹某某请假事项应当予以批准。

为确保社区矫正对象外出期间的安全性，检察机关同时提出了社区矫正机构以电话通信、手机定位、实时视频监管、司法行政机关派员异地监管、检察机关同步监督等可行性意见。

### 四、监督意见

2020年3月9日，江都区检察院在区政法委会商案件时给出明确监督意见；3月18日，区司法局批准曹某某外出经营申请；3月27日，江都区检察院依据前期调查发出类案检察建议，指出扬州市江都区司法局在贯彻落实四省(市)管理办法方面存在不足，会签文件未有效落实，社区矫正对象同省异地复工复产尚未得到批准，不利于保障疫情期间企业生产经营，未能体现司法护航经济发展，应从组织学习、及时审批、精准监管三方面予以整改。

### 五、监督结果

2020年4月14日，江都区司法局提交《关于检察建议书答复函》，反馈已组织全区司法所分片区召开研判会，专门强调经营性外出相关工作，已要求各司法所及时依规审批，扩大社区矫正对象活动范围。曹某某在赴新疆后，企业生产经营迅速恢复，累计新签订合同3 000余万元，其活动范围全部在社区矫正机构监管之下平稳渡过缓刑考验期。江都区40余名涉民营企业的社区矫正对象均被告知应有权益，74次外出经营申请获得批准。

## 【典型意义】

### 一、对司法行政机关未依法精准履行社区矫正职责的，检察机关应当依法监督纠正

依法申请外出是社区矫正对象合法权益，有助于其顺利融入社会。检察机关在办理社区矫正对象外出申请监督案时，应当综合考量立法本意、刑事政策、原判刑罚、矫正表现、外出必要和风险等因素，评估外出正当性，厘清法律规定。司法行政机关因对法律条文、会签文件把握不精准导致未依法履职的，检察机关应及时提出监督意见。本案中，司法行政机关对申请外出事由是否包括“生产经

营”、对外出目的地是否应进行限缩性解释等未予以正确把握，检察机关依法监督，督促其批准曹某某外出申请，保障企业复工复产。

## 二、检察机关应当加强客观证据收集，加强对社区矫正对象申请外出的必要性审查

检察机关在办理社区矫正监督案件中，对涉及民营企业的，应当灵活运用监督措施，建立多元化审查模式，通过实地走访、询问谈话、调取刑事卷宗和矫正档案等形式，对社区矫正申请进行必要性审查。本案中，检察机关对社区矫正对象申请资料进行实质审查，重点查看企业纳税申报表、财务状况报表、企业职工名册、薪酬发放凭证、工程合同等，判明申请材料的真伪及证明力，证实社区矫正对象外出的必要性。

## 三、检察机关应当通过对个案的精准监督，实现对类案的普遍监督

人民检察院通过研究法律、搜集证据、查清事实实现对个案精准监督，同时，检察机关应坚持在监督中办案、在办案中监督，对工作中发现的需要依法监督的问题，进行案件化办理。对多个同类问题，可以发出类案监督意见。本案中，检察机关通过对曹某某外出申请监督案件的办理发现，本地社区矫正还存在权益告知不到位的问题，有一些符合条件的社区矫正外出申请未及时获得批准，遂依法立案受理、开展调查，并制发类案检察建议督促相关部门纠正。

## 四、检察机关可以通过制发检察建议，促进《沪苏浙皖社区服刑人员外出管理办法(试行)》实施运用，服务保障“六稳”“六保”工作大局

《管理办法》系江浙沪皖四省(市)检察、司法行政机关针对社区矫正对象外出管理的会签文件，目的是加强和规范社区矫正对象外出管理，促进其回归融入社会，服务长三角地区经济一体化，其中针对外出事由、日常活动范围进行了尝试性扩展，有利于满足社区矫正对象正常生活、工作、学习需要。由于各部门对文件宗旨、规定把握程度不一，导致文件适用率不高，在社区矫正对象中普及度也偏低。检察机关作为刑事执行监督机关，通过深入调研，充分发挥了检察职能，制发具有针对性的检察建议，促进该办法广泛运用，保障了社区矫正对象的生活、学习需要，助推了疫情期间民营企业的全面复工复产，体现检察机关在服务保障“六稳”“六保”中的重要作用。

## 【专家点评】

这是一起检察机关在社区矫正中精准监督的案件，是一起在司法工作中创新思路、灵活运用会签文件的典型案件，更是一起为民营企业保驾护航、疫情期间助力复工复产的典型案件，我真心为检察机关点赞。通过中央电视台《焦点访谈》的专题介绍，更能感受到承办单位所付出的辛劳。司法机关只有多动脑筋、多出精品，才能真正“让人民群众在每一个司法案件中感受到公平正义”。

**案件承办人：**

邹庆庆，扬州市江都区人民检察院检察官

刘钦洋，扬州市江都区人民检察院检察官助理

**案例撰写人：**

顾广绪，扬州市人民检察院法律政策研究室检察官助理

**江苏省扬州市江都区检察院承办检察官向涉案企业主介绍监督执行方案**

（2020 年 4 月 10 日由扬州市江都区人民检察院工作人员拍摄）

张雯雯,扬州市人民检察院办公室副主任

刘钦洋,扬州市江都区人民检察院检察官助理

**案例审核人:**

王旭,扬州市江都区人民检察院党组书记、检察长

**案例编审人:**

任晓,扬州市人民检察院法律政策研究室主任

**案例点评人:**

周善红,全国人大代表、江苏万顺机电集团有限公司党委书记、董事长

# A公司、B公司骗取调解书虚假诉讼监督案[①]

## ——检察抗诉实现涉企民事虚假诉讼监督

### 【案例要旨】

行为人恶意串通、虚构债务骗取法院调解书，并在执行过程中通过以物抵债的方式逃避债务、侵害其他民营企业合法权益的，构成虚假诉讼。检察机关可以从交易和诉讼中的异常现象出发，查明虚假诉讼行为，依法通过抗诉等方式予以监督，保护民营企业合法权益。

### 【案情概要】

2012年9月，A公司持两张借条、38张付款凭证向镇江市中级法院提起诉讼，要求B公司归还借款4 800余万元及利息。2012年11月，法院对A公司与B公司借贷案件作出民事调解，内容如下。

(1) B公司欠A公司借款本金4 800余万元，B公司于2012年11月15日前偿还A公司500万元，次月起每月归还300万元，直至本金还清。

(2) B公司按照月息2%支付相应利息。

(3) 如果B公司未能按上述期限足额还款付息，A公司有权就B公司所欠全部本金及利息申请法院强制执行。

因B公司分文未还，A公司随即向法院申请强制执行。法院对B公司名下的国有土地使用权及两幢房产予以查封，并进行司法拍卖，因无人登记竞买而流

---

① 苏检民(行)监[2017]3200000090号。

拍。后B公司与A公司达成以物抵债协议,一致确认截至2014年3月,B公司欠A公司本金、利息、诉讼费共计7 000余万元,双方愿以上述财产按流拍价5 000余万元抵偿相应数额的债务;对于剩余债权,A公司同意暂不继续执行B公司的其余资产,待其经济好转后再偿还。

2014年4月,法院作出执行裁定,内容如下。

(1) 将B公司所有的上述财产作价5 000余万元,交付A公司抵偿民事调解书确定的相应数额的债务。财产权自裁定送达A公司时起转移。

(2) A公司可持裁定书到有关机构办理相关产权过户登记手续。

(3) 本次执行程序终结。待B公司经济状况好转,有财产可供执行时,A公司可以重新申请强制执行。

经审查,2017年11月28日,江苏省检察院向江苏省高级法院提出抗诉。2020年5月13日,江苏省高级法院采纳检察机关的抗诉意见,认为检察机关提供的证据足以证实A公司与B公司之间不存在真实的借贷关系,本案构成虚假诉讼,裁定撤销A公司与B公司借贷案件的民事调解书,驳回A公司的起诉。

## 【履职情况】

### 一、线索发现

2016年,镇江市检察院接到案外人C公司举报,称C公司为B公司建设了一幢房产,因B公司欠付工程款,C公司于2013年5月诉至法院,镇江市中级法院于2014年12月判令B公司赔偿C公司损失1 000余万元。C公司对其建造的房产本享有优先受偿权,但B公司早已通过虚假诉讼将全部财产转移给A公司,导致C公司债权未获清偿,请求检察机关依法对B公司与A公司之间的虚假诉讼行为予以监督。

### 二、审查情况

经查阅A公司与B公司调解案件的审判及执行卷宗,检察机关梳理出如下疑点:一是该案诉讼标的巨大,但A公司与B公司均为代理律师出庭,双方法定代表人未参加庭审。二是庭审无对抗性,B公司对A公司主张的事实、证据及诉讼请求全部认可,庭审过程异常简单,双方代理人均请求法庭调解结案。三是案件快速进入执行程序,最终以以物抵债方式结案。

## 三、调查核实

案件受理后,镇江市检察院主要从以下几个方面开展调查核实工作:一是查询涉案企业工商及税务信息,发现A公司注册资本仅为50万元,成立后未实际开展经营活动,并无出借4 800余万元款项的能力。二是调取涉案企业银行流水清单并委托司法鉴定,发现A公司与B公司的资金流水中,有4 500余万元源于B公司法定代表人江某控制的其他公司账户,该笔款项经10余家关联公司账户流转后,最终有4 300余万元返回了原账户,200余万元进入了江某个人账户。三是通过公安机关协助调查涉案人员社会关系,发现江某及其亲属、员工系多家关联公司的法定代表人和股东。四是询问A公司的代理律师朱某,朱某称:"自始至终未与委托人A公司有过接触,该案系B公司代理律师赵某交由其代理。两家公司的调解协议在起诉前就已达成,诉讼过程只是走形式。"检察机关经审查认为,A公司与B公司之间的借款关系并未真实发生,其双方恶意串通,虚构借贷债权债务关系,骗取法院调解书,意图转移资产以逃避公司债务,其行为构成虚假诉讼。

## 四、提起抗诉

2017年1月11日,镇江市检察院就镇江市中级法院作出的民事调解书向江苏省检察院提请抗诉,江苏省检察院支持抗诉,并于2017年11月28日向江苏省高级法院提出抗诉。2020年5月13日,江苏省高级法院采纳检察机关的抗诉意见,认为检察机关提供的证据足以证实A公司与B公司之间不存在真实借贷关系,本案构成虚假诉讼,裁定撤销A公司与B公司借贷案件的民事调解书,驳回A公司的起诉。后检察机关将本案中涉嫌虚假诉讼罪的刑事案件线索移送公安机关,并推动法院作出执行回转裁定。

## 【典型意义】

### 一、对于利用虚假诉讼骗取法院民事调解书以逃避债务、损害民营企业合法权益的,检察机关应当依法予以监督

法治是最好的营商环境。检察机关应当积极履行民事检察职能,加大对涉

民营企业债务纠纷等案件的民事审判监督，加大对虚假诉讼、恶意诉讼监督力度，防止民营企业财产受损。本案中，行为人恶意串通、虚构债务骗取法院调解书，利用法院的审判权转移资产，以逃避对C公司的合法债务。检察机关及时研判虚假诉讼线索，依照《民事诉讼法》的相关规定提出抗诉，使得法院撤销原民事调解书，并作出执行回转裁定，查封了涉案土地和房产，及时挽回了民营企业的财产损失。

### 二、检察机关在审查涉企虚假诉讼案件时，可以针对交易、诉讼异常现象开展调查核实，查清案件真相

虚假诉讼具有较强的隐蔽性和欺骗性，尤其是在市场经营活动中，行为人往往利用签订合同等正常的经营行为掩盖自身虚假诉讼的目的。对此，检察机关可以从案中异于常理的现象着手，有针对性地开展调查，例如合同约定和合同履行明显不符合惯例和常识的交易异常、庭审过程明显缺乏对抗性、双方当事人在诉讼过程中对主张的案件事实和证据高度一致的诉讼异常等。本案检察机关通过审查案件材料，发现存在庭审无对抗性、双方代理人均请求调解结案、案件快速进入执行程序等疑点，综合运用查询工商信息、纳税情况、户籍资料，调取银行流水清单，委托鉴定，询问知情人等措施，有步骤地开展调查核实工作，最终查明虚假诉讼的事实。

### 三、充分发挥民事检察监督职能，助力法治化营商环境建设

为助推民营企业复工复产，切实维护民营企业合法权益，本案再审改判后，检察机关一方面主动与法院沟通联系，共同商讨案件执行回转事宜；另一方面，将相关涉嫌虚假诉讼犯罪的案件证据移送公安机关。在检察机关的推动下，法院已作出执行回转裁定，查封了涉案土地和房产，公安机关也已立案侦查。检察机关通过依法办理涉及民营企业权益的民事诉讼监督案件，并注重后续跟进监督，努力为民营经济健康发展提供有力的司法保障。

## 【专家点评】

本案检察机关善于发现疑点，对虚假民事调解书依职权主动进行监督，案件成功获得改判，保障了企业合法权益，维护了司法公正。检察监督有方法、有思

路，通过上下联动、刑民结合，充分运用法律赋予的调查核实权开展调查工作，查明事实真相，体现了能动司法，特别是案件改判后，检察机关继续跟进监督，督促法院及时作出执行回转裁定，帮助企业挽回了财产损失，维权保护到位，履职有实效。这起案件具有典型性和借鉴性，为优化法治营商环境起到了很好的示范作用。

**案件承办人：**

万冰兵，镇江市人民检察院第五检察部副主任、一级检察官

**案例撰写人：**

万冰兵，镇江市人民检察院第五检察部副主任、一级检察官

游若望，镇江市人民检察院法律政策研究室副主任

**案例审核人及编审人：**

鲍建武，镇江市人民检察院检委会专职委员

**案例点评人：**

封孝权，江苏省人大代表、江苏汇典律师事务所主任

**江苏省镇江市检察院承办检察官到市场监督管理局调查取证**

（2016年9月6日由崔鹏拍摄）

# 某港务公司污染环境民事公益诉讼案[①]

## ——探索非对抗性公益诉讼方式高效保护环境资源

### 【案例要旨】

检察机关办理环境民事公益诉讼案件，为防止公益损害持续扩大，可在诉前对侵权人进行公益诉讼风险告知，督促其停止侵害并承担生态修复责任。如果公益损害数额不大、侵权人自愿履行赔偿责任和修复义务的，检察机关可以就公益损害修复与其诉前磋商。侵权人履行环境修复责任、受损公益得到全面修复的，检察机关可以依法终结审查案件。

### 【案情概要】

侵权人如皋某港务公司(以下简称某港务公司)，住所地如皋市长江镇，主营码头货物装卸、仓储等业务。

某港务公司在长江主航道长青沙西岸有1—4号泊位，其中3、4号泊位位于长江饮用水水源地准保护区内。如皋市交通运输局、行政审批局审发的《中华人民共和国港口经营许可证》《项目环境影响报告书批复》明确3、4号泊位经营范围为钢材、木材、纸浆(固体)、件杂货。2020年11月—2021年2月，该公司违反上述规定，利用3、4号泊位违法装卸煤炭、矿砂等散货，且堆场长期露天储存大量煤炭，对水源地生态环境造成污染风险，危及水源地服务区250万人口的饮用水安全，损害了社会公共利益。

后经侵权人积极整改，2021年4月20日，如皋市检察机关对本案终结审查。

---

① 皋检三部民公立〔2021〕8号；皋检三部民公终查〔2021〕9号。

## 【履职情况】

### 一、线索发现

为拓展检察公益诉讼线索渠道，如皋市检察院建立了“雉水公益随手拍”举报平台及举报奖励制度，鼓励社会公众共同参与公益保护。2021 年 1 月 23 日，如皋市检察院接到群众举报，反映某港务公司 3、4 号泊位违反规定装卸散货煤炭、矿砂，极易污染长江水源地取水口，影响群众饮用水安全。

### 二、调查核实

检察机关受理举报后，派员至涉案码头初查，发现 3 号泊位正在装卸散货煤炭。承办检察官运用执法记录仪、无人机航拍，对码头违法装卸作业现场拍摄取证。后又多次派员赴现场调查核实，发现 3、4 号泊位存在持续违法装卸散货煤炭、矿砂的情形。

为查明侵权主体某港务公司基本情况和环境侵权损害的具体行为，检察机关走访相关行政机关调查了解水源地管理规定，发函调取某港务公司环评批复与经营许可证等书证，并至某港务公司查阅相关财务账据、核查违法装卸散货的时间与品种数量。在此基础上，委托第三方机构实地勘测 3、4 号泊位与水源地取水口的准确距离，查清 3、4 号泊位确实处于饮用水水源地准保护区内，自 2020 年 11 月—2021 年 2 月装卸煤炭和矿砂等散货共计 98 万吨、堆场长期露天储存大量煤炭的违法经营事实。

为进一步查明某港务公司违法行为造成的生态环境损害结果，检察机关聘请水环境领域专家开展了专门评估论证。专家意见认为，某港务公司 3、4 号泊位超范围经营的煤炭、矿砂等货物易于产尘，产生的尘粒含有微量重金属等污染物质，尘料颗粒物可通过风力、降水等途径进入水体，污染水源地水质。经评估，超范围经营期间码头装卸及露天煤场产生的颗粒物排放总量合计为 162.17 吨，环境污染损害数额为 359 703 元。鉴于江域水流自净特性，专家建议采取替代性修复方式，在码头附近植树造林，从而起到防风抑尘、涵养水源的环境功效。

检察机关于 2021 年 2 月 20 日对某港务公司污染环境民事公益诉讼立案，

并在正义网进行了诉前公告，公告期满无其他机关、社会组织提起诉讼。

## 三、风险告知

2021 年 3 月 4 日，在查清事实、明确责任后，检察机关依据《江苏省人大常委会关于加强检察公益诉讼工作的决定》相关规定，向某港务公司制发《检察公益诉讼风险告知书》，并附专家评估意见，向某港务公司进行当面送达，重点告知了以下三方面内容：一是检察机关立案时间、事由及查明的超范围经营、污染环境、损害公益的事实。二是违法行为造成的环境损害后果及面临的诉讼风险。三是督促其立即停止侵害，履行环境损害赔偿修复责任。某港务公司接到告知书后，主动到检察机关递交承诺书，表示全部接受告知书内容，已停止违法装卸行为，并自愿承担损害赔偿责任，履行修复义务。

## 四、诉前磋商

鉴于某港务公司自愿修复受损生态环境，为尽快实现修复目的，检察机关同意就水源地环境修复问题与其磋商，并商请负有监管职责的生态环境局、交通运输局派员一同参与，磋商采取座谈协商与公开听证相结合的方式。在 2021 年 3 月 5 日的磋商座谈会上，检察机关首先释明长江水源地水流自净功能的特性及生态修复的多种模式，同时善意告诫该公司在生产经营中只有依法依规、守住生态保护的底线、扛起应尽的社会责任，企业才能行稳走远。某港务公司负责人表示将牢记检察机关的告诫，以此案为戒，强化公司合规管理与风险排查，对前期违法装卸散货、设置露天煤场造成长江生态环境损害，愿意通过植树造林的方式进行替代性修复，并编制替代性修复方案。

根据环境专家评估意见及林业专家指导意见，结合区域水、土等环境要素，方案初步确定在长江北汊江边建造生态公益林、平整荒滩 28 亩、种植中山杉 2 000 棵、播撒草籽 600 公斤，修复期限为 1 个月，养护期限 3 年，从而起到防风抑尘、涵养水源的替代性修复功效。

### (一) 首次公开听证

为尽快修复环境、减轻企业讼累，检察机关同意就水源地环境修复问题与该公司磋商，并决定于 2021 年 3 月 9 日召开听证会，对替代性修复方案是否科学可行公开审查。

第一，替代性修复不同于支付赔偿金或污染修复，其修复方式、修复效果无统一模式可循，且水源地生态环境事关百姓利益，检察机关根据本案特点制定了听证方案，提前3天函请人大代表、政协委员、人民监督员、社区群众代表、林业专家等7位听证员参会，并请行政监管部门派员列席。听证会在如皋市人民检察院听证室举行，由院领导主持，全程同步录音、录像。

第二，承办检察官介绍案情后，港务公司负责人对违规经营、污染环境的行为深刻反省，公开赔礼道歉，并宣读承诺书及陈述替代性修复方案。根据环境专家评估意见及林业专家指导意见，该方案计划在码头附近长江北汊建造生态公益林、平整荒滩28亩、种植中山杉2 000棵、播撒草籽600公斤，修复期限1个月，养护期限3年，从而起到防风抑尘、涵养水源的替代性修复功效。

第三，听证员分别就港务公司内部经营管理、环保督查、修复实施细节、养护举措等方面向港务公司负责人提问了解，同时告诫企业在谋求“经济效益”的同时应不忘“社会公益”。

经评议，与会人员一致认同该方案，林业专家提出应抓紧春季黄金时机植树造林。2021年3月12日植树节前后，某港务公司组织实施了植树造林。

### （二）二次公开听证

修复期限届满后，为评估修复效果，检察机关决定函请首次参加听证会的听证人员进行公开审查评议。2021年4月19日，检察机关组织听证员赴替代性修复现场，实地查看修复效果。听证人员依据修复方案，对公益林树木的品种、数量、规格、成活率及地表草坪覆盖率逐项查验。随后，举行第二次公开听证，就修复效果、后期养护措施及对港务公司是否起诉等事项听证评议。经评议，与会人员确认港务公司履行了承诺、林草成活率高、后续养护有保障、受损公益得到及时和全面修复，一致建议检察机关对港务公司不再提起民事公益诉讼。

2021年4月20日，经如皋市检察院检委会审议，依法对本案终结审查。

## 【典型意义】

### 一、检察机关办理环境民事公益诉讼案件，可以在诉前对侵权人进行风险告知

办理环境民事公益诉讼案件，应树立生态保护优先、修复为主的理念，以尽

快修复受损公益为目的。诉前向侵权人进行公益诉讼风险告知，旨在督促其及时采取有效措施主动修复受损公益，防止公益损害持续扩大。风险告知应在查清事实、明确责任的前提下进行，确保所告知的事项依法有据、事实清楚、说理充分。具体可以包括三个方面内容：一是检察机关查明的侵权事实以及相关证据；二是侵权人可能面临的公益诉讼风险；三是侵权人应当承担的环境修复责任。本案中，检察机关通过自行调查核实，查明某港务公司超范围经营、污染长江饮用水水源地环境的损害结果，依法向某港务公司进行了风险告知，督促其自愿承担侵权责任，依法高效地解决了受损环境的修复问题。

## 二、公益损害数额不大、侵权人自愿承担修复责任的，检察机关可与其进行诉前磋商

诉前磋商是一种非对抗性的纠纷解决方式，有利于检察机关与侵权人高效达成赔偿修复协议、及时进行生态修复。在环境民事公益诉讼中，灵活运用诉前磋商能有效减轻当事人讼累、降低司法履职成本、加快修复进程，以最快速度、最小代价、最大限度地保护公益。磋商应坚持公开透明、公正公信、不随意让渡公共利益的原则，并应具备三个前提条件：一是完成环境损害调查与损害鉴定评估，且公益损害数额不大；二是生态环境需要修复的，根据专家意见，初步编制赔偿方案或替代性修复方案；三是侵权人自愿积极履行修复义务。本案检察机关在三个前提条件同时具备的情况下，与侵权人开展磋商，就替代性修复总体方案、具体细节达成一致意见，并督促某港务公司全面履行修复方案，抓住春季黄金时机植树造林，完成替代性修复，实现了公共利益的有效保护。

## 三、替代性修复效果经相关部门、专家评议认可的，检察机关可以在起诉前依法对案件终结审查

诉前实现保护公益目的是最佳的司法状态。侵权人全面履行修复方案、受损公益得到有效修复、诉讼目的诉前实现的，检察机关可以不再提起诉讼。生态环境修复应因案施策、因地制宜。实践中，由于替代性修复不同于现金赔偿，相关修复方式、修复效果的评判标准无统一公式可循，需要借助权威部门、专家力量予以评估。本案中，因长江水流自净功能，检察机关与侵权人商定采用植树造林开展替代性修复。修复完成后，检察机关通过组织人大代表、政协委员、行政主管部门代表、林业专家实地查看并座谈评议，认定受损公益得到了全面有效修复。检察机关据此依法对案件终结审查，既保护了公益，又兼顾了企业发展。

## 【专家点评】

本案的典型意义在于如皋市检察院紧扣公益诉讼的根本目标和职能，面对复杂的环境公益损害，创新公益保护措施，以非对抗的诉前磋商方式和最小的司法成本既让受损公益得到有效修复，又维护了企业的稳定与健康发展。此举拓展了检察公益诉讼诉前程序的内容和功能，确保了法律的严肃性、权威性，注重了法律实施的社会效果，兼顾了国家利益、社会公共利益和企业的合法、正当权益，具有典型性和示范性。

首先，检察民事公益诉讼的功能在实现对受损公益的补救、赔偿的同时，更多地显现出对违法侵害公益行为的制裁、惩罚、预防。检察机关作为法律监督机关充分履职，监督、促进各方主体遵守法律，维护法律所保护的公共利益，使因民事侵权行为对公共利益造成的损害得以补救，同时也对侵害公共利益的当事人以适当的方式追究其法律责任。如皋市检察院通过自行调查、制发风险告知书，及时发现、制止企业的违法行为，再通过鉴定评估确定了企业违法行为造成的损害后果，程序公正、合法，充分体现了民事公益所追求的维护法律秩序、保护公共利益的正义追求，并为本案的后续处理特别是公共利益的恢复奠定了坚实的基础。

其次，虽然诉讼是维护正义的最后一道屏障，但毕竟也只是众多民事纠纷解决的方式之一。相对于对抗性的诉讼来说，非对抗性的和解、调解等方式具有成本更小、效果更好的优势。检察机关作为社会公共利益的守护者和诉讼担当人，可以与侵害社会公共利益者进行磋商和解。如皋市检察院商请负有监管职责的行政机关一同参与磋商，督促企业主动承担责任，植树造林替代修复，既让违法企业以适当的方式承担了法律责任，同时又避免了企业被起诉后所面临的讼累以及可能造成的负面影响。当然，磋商和解是否有效地维护了社会公共利益，需要通过一定的方式予以确认。如皋市检察院通过以邀请行政机关、社会各界代表、涉案企业等参与听证、实地检验等方式确保了替代性修复对受损环境的恢复，消除对饮用水的安全风险，体现了公平、公正、公开的法律精神。就纠纷解决方式的选择来说，本案可以作为范例予以推广。

总之，如皋市检察院在本案中的做法切实体现了公益诉讼“胸中有公益、措施有公议、效果有公论”的价值追求，这也正是建立公益诉讼制度的目的所在，体现了新时代依法治国战略中检察院作为法律监督机关的应有担当和责任。

**案件承办人：**

章艾华，江苏省如皋市人民检察院四级高级检察官

**案例撰写人：**

章艾华，江苏省如皋市人民检察院四级高级检察官

**案例审核人：**

吴晓栋，江苏省如皋市人民检察院党组书记、检察长

**案例编审人：**

张傲冬，江苏省南通市人民检察院法律政策研究室主任

**案例点评人：**

邹荣，中国行政法研究会常务理事、华东政法大学社会治理研究院常务副院长

**江苏省如皋市检察院会同林业部门组织某港务公司组织植树造林**

（2021年3月12日由徐登月拍摄）

# 某建设集团有限公司等11家单位、陈某等30人串通投标案①

## ——注重起诉必要性审查，正确区分涉罪企业行为性质

### 【案例要旨】

检察机关办理涉企串通投标案，可以从企业资质、信誉、承揽工程质量、解决就业状况等方面评估办案影响，最大限度地降低司法办案对企业正常生产经营可能造成的影响。注重起诉必要性审查，对造意者、组织者、主要受益者依法从严惩处；对没有犯罪前科、参与陪标、收取少量好处的，可以依法作出不起诉处理。针对办案中发现的招投标行业监管漏洞，应当制发《检察建议书》，促进相关部门整改。

### 【案情概要】

被不起诉单位某建设集团有限公司（以下简称某建设公司），法定代表人：刘某某。另有其他10家被不起诉单位，单位情况略。

被告人陈某，男，1969年11月出生，个体建筑工程从业人员，2014年因犯寻衅滋事罪被判处有期徒刑1年6个月，缓刑两年。另有杨某等其他5名被告人和王某等24名被不起诉人，基本情况略。

2017年7月，被告人陈某等5人获悉江苏省启东市农村道路9个标段提档升级工程的招标信息后，通过被告人杨某等4名中间人介绍，组织某建设公司等11家有资质的企业串通投标。陈某组织专门人员负责标书的统一制作和投标

① 启检二部刑诉〔2020〕15号；启检二部刑不诉〔2020〕11号。

报价，上述 11 家企业各委派公司项目经理、资料员予以配合，最终中标两个标段，中标项目金额共计 3 900 万余元。事后，陈某等 5 人支付 4 名中间人和参与投标的企业报酬 114 万余元。中标路段后由被告人陈某、张某华分包施工。工程于 2018 年年底竣工验收，并投入使用。

2020 年 5 月，经启东市检察院检委会讨论决定，依法对某建设公司等 11 家串标单位和 24 名串标参与人作出相对不起诉处理。同年 7 月 7 日，陈某等 6 名被告人被启东市人民法院判处拘役两个月至有期徒刑 8 个月不等，并处罚金人民币 20 000～80 000 元不等，其中 4 名被告人适用缓刑。

## 【履职情况】

2018 年 6 月，接实名举报，启东市公安局以某建设公司等 11 家单位、陈某等 30 名参与人涉嫌串通投标罪立案侦查，2020 年 2 月 25 日，移送启东市检察院审查起诉。

### 一、审查起诉阶段

检察机关经审查发现，本案单位犯罪的证据不充分，违法所得未扣押，遂将案件退回公安机关补充侦查。经进一步查证，违法所得 114 万余元被依法扣押，其中 83.26 万元被涉案 11 家企业分得，其余分给 30 名参与人。检察机关认为，上述企业和个人串通投标报价，数额较大，涉嫌串通投标罪。

本案审查起诉时正值新冠疫情防控及企业复工复产关键时期，为维护企业正常生产经营活动，检察机关开展了以下调查核实工作。

一是了解工程质量等情况。检察机关多次前往涉案标段实地踏勘、走访。从现场来看，道路状况良好；从道路所在乡镇、村委会了解到涉案标段是农村主干道升级工程，改造后由 4.5 米拓宽为 7 米，会车更通畅、安全；周边村民反映，对道路质量和施工过程表示满意；从交通行业主管部门处证实，工程已通过竣工验收，质量合格。

二是进一步了解涉案企业经营状况。检察机关逐一调查核实企业承揽工程资质、信誉、疫情防控及复工复产等情况。

(1) 涉案 11 家企业均在外地，都具备较高的工程施工承包资质，已完成项目质量优良，获得业界肯定。

(2) 涉案企业均是当地的纳税、用工大户，吸纳就业累计3万余人，近3年纳税总额累计近6亿元，在建项目累计达300多个。

(3) 多家企业在疫情期间捐款捐物，助力经济复苏。

(4) 涉案人员多为企业管理人员或业务骨干，其中3人为企业主要负责人。

根据本案的犯罪情节和后果、犯罪主体在共同犯罪中的作用，并结合实地踏勘、调查核实结果，检察机关经审查认为，对构成犯罪的企业和个人不能简单一诉了之，应坚持惩罚和保护并重，并从以下几个方面对全案进行起诉必要性审查。

首先，陈某等5名被告人以牟利为目的提起串标犯意，借用有资质的企业积极组织实施围标，通过不正当竞争的方法中标，获取中标工程的主要收益，在共同犯罪中起主要作用，严重扰乱了招投标市场秩序，应当从重处罚。另有1名被告人虽为围标参与人，但具有犯罪前科，符合起诉条件。

其次，某建设公司等11家工程企业有合格的工程资质，系受他人所邀被动参与串标活动，收取少量的“出场费”，违法所得少，在共同犯罪中起次要辅助作用。对于其他24名串标参与人均为企业负责人、管理人员和业务骨干，或受单位安排制作标书，或在本案中起帮助或者次要作用，犯罪情节较轻，对其作出相对不起诉处理有利于企业的复工复产。

## 二、举行公开听证会

考虑到本案涉案企业和人员众多，且道路系政府民生工程，在当地有重大影响，检察机关认为应当及时回应社会关切。2020年4月30日，启东市检察院召开拟不起诉案件公开听证会，邀请5名熟悉农村道路工程和具有法律知识背景的人大代表、政协委员、人民监督员作为听证员，参加案件评议。对受疫情影响无法至现场的人员采取远程视频连线方式保障同步参与听证。经评议，听证员一致认为检察机关对企业和个人的拟不起诉处理意见有法律和事实依据，同时充分考虑了企业生存状况，有利于企业的复工复产和社会稳定。

## 三、推动综合治理

串通投标本质上属于不正当竞争行为，在道路建设领域尤为多发，不仅严重扰乱招投标程序和市场秩序，而且损害了其他投标人的合法利益。另外中标企业往往按照约定收取一定管理费，将施工权给其他企业，无法有效保证工程质量。因此，针对本案处理决定和招投标行业监管难的问题，检察机关向行政主管部门提出以下建议和意见：一是对被不起诉单位和个人进行行政处罚，没收串通投标违法所得；二是加强招投标行业监管，完善市场信用体系建设；三是加大对工程建设企业的常态化警示教育。目前，行政主管部门已完善了相关监管制度，并对参与串通投标的被不起诉企业和个人作出没收违法所得的行政处罚决定。另外，启东市检察院向涉案企业制发《刑事风险提示函》，助力完善合规管理制度，经回访考察，目前涉案11家企业均已步入依法经营、复工复产、持续发展的轨道。

## 【典型意义】

### 一、检察机关办理涉企犯罪案件可以积极开展办案影响评估，最大限度地减少因司法办案对企业正常经营的不利影响

企业是重要的社会组织，背后承载着很多企业员工的生计和希望。因此，办理涉企业案件时可以积极开展办案影响评估，依法全面调查、稳妥作出决定，最大限度地减少对企业发展和就业稳定产生的不利影响。本案中，首先，检察机关实地走访，听取涉案标段主管单位、当地政府意见。其次，通过资信查询、社会贡献度调查等方式，充分评估涉案企业的缴纳税收、吸纳就业、经营规模等运行状况。检察机关经调查评估后认为，可以从有利于保企业、稳就业等角度依法作出办案决定，尽量减少刑事办案对企业正常生产经营可能造成的负面影响。

### 二、检察机关办理涉案主体较多的串通投标案件时，应当依法强化起诉必要性审查，正确区分企业行为性质

通常串通投标等涉企犯罪案件的涉案主体较多，简单地提起公诉“一刀切”不利于企业发展和社会稳定。检察机关在审查案件时，可以根据犯罪的情节、后果、共犯责任的大小，结合办案影响评估情况，贯彻“轻轻重重”的司法办案理念，采取分类处置的办法，将依法打击和保护发展放在同等重要的位置。本案中，检察机关对提起串标犯意、积极组织串标并获取工程大部分收益的陈某等5人依法提起公诉；对受邀出借资质、制作标书参与个别或部分标段围标，或仅为围标提供帮助，作用相对较小的11家企业和24名企业负责人、管理人员、业务骨干

作相对不起诉处理，取得了较好的办案效果。

### 三、检察机关办理涉企案件应结合办案中发现的社会问题，通过制发《检察建议书》促进源头治理

制发《检察建议书》是检察机关参与社会治理、服务经济社会工作大局的重要履职手段。本案中，检察机关结合司法办案，针对道路建设串标围标中暴露出的问题向行政主管部门制发《检察建议书》，推动其进一步加大执法力度，保持打击串通投标行为及其他违规、违法行为的高压态势。同时，检察机关创新招投标行业监管手段，强化标后合同履行情况监管，解决招投标与合同履行脱节问题，对不起诉的企业和个人作出行政处罚、没收全部违法所得的检察意见，依法惩戒违法行为，健全完善市场诚信体系，维护了公平有序的市场竞争环境和企业的合法权益。

## 【专家点评】

江苏省启东市检察院坚守法治思维，在办理该案中贯彻宽严相济司法政策，充分考虑民营企业经营现状，尤其在疫情防控关键时期，精准把握依法打击和平等保护的尺度，通过实地踏勘、综合评判和公开听证，对组织策划围标的人员依法起诉，对被动参与的企业和个人依法不起诉，保障了企业正常的生产经营活动，维护了企业员工就业和正常生活，最大限度地降低了办案活动对企业经营可能带来的负面影响，既打击和惩治了犯罪，又促进了经济社会的发展。在办理案件后，检察机关还向主管部门发送了检察建议和检察意见，向企业制发了《刑事风险提示函》，以促进源头治理，充分展现了检察机关在优化法治营商环境、全力维护社会稳定等方面的检察担当。

---

**案件承办人：**

袁熊熊，江苏省启东市人民检察院一级检察官

**案例撰写人：**

袁熊熊，江苏省启东市人民检察院一级检察官

戴乐乐，江苏省启东市人民检察院检察官助理

卢玉洁，江苏省启东市人民检察院一级科员

朱风帆，江苏省启东市人民检察院一级科员

**案例审核人：**

何玮，江苏省启东市人民检察院党组书记、代检察长

**案例编审人：**

张傲冬，江苏省南通市人民检察院法律政策研究室主任

**案例点评人：**

周军，江苏省人大代表、北京市盈科（南通）律师事务所管委会主任、江苏省律师协会常务理事、南通市律师协会副会长

**启东市检察院召开拟不起诉案件公开听证会**

（2020年4月30日由韩晨拍摄）

# 某县应急管理局与某食品科技公司行政处罚非诉执行争议实质性化解案[①]

## ——两级检察院多方联动实质性化解涉企行政执行争议

### 【案例要旨】

检察机关化解涉及民营企业的行政非诉执行争议要在审查行政处罚和法院裁定、执行合法正当性的基础上，严格对照法律规定、服务民营企业健康发展司法政策，寻求争议双方能够认可的结合点，依法引导和促成执行和解，既保障企业合法权益，又维护合法行政行为权威公信，达到双赢、多赢、共赢的效果。

### 【案情概要】

2019年1月10日，江苏某食品科技有限公司（以下简称某食品科技公司）发生烧碱烧伤员工事故。2019年4月17日，某县应急管理局以某食品科技公司违反安全生产法律法规，对其作出罚款67 600元以及责令限期整改的行政处罚。某食品科技公司既未在法定期间提出行政复议，亦未提起行政诉讼。经某县应急管理局催告，某食品科技公司未缴纳罚款。2020年2月12日，某县应急管理局向金湖县法院申请强制执行罚款和加处罚款，共计135 720元，被裁定准予强制执行。2020年3月31日，金湖县法院对某食品科技公司账户采取冻结措施。

2020年6月18日，在金湖县法院、金湖县检察院见证下，某县应急管理局与某食品科技公司达成罚款和加处罚款分两年三期履行的书面执行和解协议。经金湖县检察院协调和监督，2020年7月2日，某食品科技公司将执行和解协议

① (2020)苏0831行审4号。

首期内容履行完毕，金湖县法院于第一时间解除了对某食品科技公司账户的冻结。

## 【履职情况】

### 一、线索来源

2020年4月10日，某食品科技公司向淮安市检察院申诉，提出三点申诉理由：(1) 某县应急管理局未对本公司开展日常培训教育和监督管理，导致安全事故发生。(2) 事故发生后，本公司立即进行整改，某县应急管理局对涉案企业应以批评教育为主，直接作出罚款决定明显不当，且罚款、加处罚款数额过高，加重了小微企业复工复产的负担。(3) 撤销行政处罚决定和法院准予强制执行裁定。某食品科技公司还表示，如果不能撤销以及对公司账户解除冻结措施，将组织员工群体上访。同日，淮安市检察院将某食品科技公司的申诉交办给金湖县检察院。

### 二、调查核实

金湖县检察院受案后，重点开展了以下调查核实工作：一是向金湖县法院调阅某食品科技公司行政非诉审查案卷材料，了解法院审查环节公开听证相关情况。二是向某县应急管理局调取对某食品科技公司的行政执法卷宗，听取行政执法人员对行政处罚全过程的陈述。三是实地走访某食品科技公司，了解疫情背景下企业生产经营状况，以及安全生产问题隐患相关整改情况。查明以下事项：(1) 某县应急管理局作出的行政处罚决定和金湖县法院裁定准予强制执行，无论实体还是程序均合乎法律规定，不存在种类、幅度越权情况。(2) 某食品科技公司除未履行罚款义务外，对行政处罚提出的其他安全生产责令限期整改的要求均予以落实。(3) 某食品科技公司注册资本500万元，正常稳定用工规模40人，产品销售渠道畅通，在疫情防控期间又新吸纳部分失业人员再就业，但由于银行账户被法院冻结，账户内近百万元资金无法使用，导致无法对外支付材料款以及足额向工人发放加班工资，影响订单按期交付，企业为维持经营尚需另行融资。

### 三、释法说理

针对调查核实查明的情况，淮安市检察院、金湖县检察院研究确立了“释法说理和疏解冤结并行，依法化解和多方联动并举”的化解思路，成立了工作专班，确保行政争议实质性化解在法律框架内进行。一方面，淮安市检察院、金湖县检察院先后5次深入某食品科技公司，多次对企业负责人开展释法说理，宣传安全生产相关法律法规以及国家政策，阐明企业是安全生产的责任主体，该公司以某县应急管理局事先未对其开展日常安全生产方面的培训教育，进而抗辩不应直接对其罚款的理由不能成立。积极引导该公司纠正认识偏差，由对抗行政处罚决定向逐步接受、主动息诉转变。另一方面，市县两级检察机关主动与应急管理、法院、工商联等部门以及某食品科技公司沟通，阐释检察机关既依法服务保障民营企业复产复工，又不影响安全生产大局的态度，并向各方充分释放检察善意，赢得各方的理解和信任，推动行政争议实质性化解。

### 四、居中磋商

鉴于我国《行政处罚法》第52条未赋予行政机关决定减免罚款的权力，以及全国人大法工委作出的《对行政处罚加处罚款能否进行减免问题的意见》(法工办发〔2019〕82号)明确法院受理行政强制执行申请后，行政机关不宜再对加处罚款予以减免，检察机关围绕罚款以及加处罚款的分期缴纳居中主持、多次磋商，并反复征求双方意见，引导双方达成执行和解，以便在合法框架下既维护安全生产行政处罚的权威，又服务于企业的发展。后来得到双方理解配合，均表示尊重检察机关意见。某县应急管理局还商请检察机关发挥法律监督机关优势，指导双方签订行政非诉执行和解协议。

### 五、争议化解

目前，某食品科技公司正常运营，产销两旺，工人恢复工作岗位。某食品科技公司法定代表人吕某感谢检察机关为企业排忧解难，并表示不再申诉信访。据此，金湖县检察院对某食品科技公司的申诉作出终结审查决定。

## 【典型意义】

### 一、检察机关化解涉民营企业行政争议，要兼顾保障企业正常生产经营和维护合法行政行为权威公信

检察机关对涉民营企业的行政非诉执行申诉要分清是非，秉持客观公正立

场，对行政处罚合法适当的要依法维护，同时还要考虑行政处罚及强制执行对企业生产经营的影响，特别是在统筹疫情防控和经济社会发展的特殊历史时期更应落实善意文明执行理念，注重全面调查了解企业生产经营状况，尽力避免因机械行政和机械司法导致有存活可能的企业陷入严重困境。本案行政机关的行政处罚合法，但法院冻结企业账户严重影响了企业的正常经营。检察机关介入后，坚持统筹兼顾，引导行政机关在法律框架内选择执行路径和方式，促成双方和解，既维护了合法行政行为的权威公信，又减轻了企业负担，帮助企业恢复正常经营。

## 二、在行政行为合法正当的前提下，检察机关通过充分释法说理引导企业理性对待行政处罚

行政非诉执行是人民法院对行政行为进行合法性审查，并赋予无争议的行政行为强制执行效力的法律制度，与行政处罚共同兼具促进政府依法行政、维护公共利益和社会秩序的属性。检察机关作为国家法律监督机关以及公共利益的代表，对合法的行政行为应坚决维护其权威，协同促成国家和社会治理目标的实现。本案中，企业以不正当的理由对抗行政处罚决定和法院强制执行。淮安市检察院、金湖县检察院派员多次向涉案企业法定代表人吕某释法说理，阐释检察机关基于“六稳”“六保”大局居中促成双方和解对企业的现实意义，表明检察机关维护合法行政处罚决定权威的坚决态度，同时联合金湖县工商联、金湖县法院共同对企业开展谈心谈话，引导涉案企业对行政处罚决定由对抗向接受转变，为息诉化解打下了坚实基础。

## 三、坚持和发展新时代“枫桥经验”，让争议双方以双赢共赢的姿态达成和解，有效化解行政非诉执行行政争议，构建法治化营商环境

检察机关不应局限于传统检察职权思维定式，而是要在与其他公权互动、维护当事人合法权益、保护公共利益、构建法治化营商环境等更宽广的视野下审视检察机关职能定位，最终达成多方“共赢”的良好局面。本案中，检察机关通过释法说理，让企业认同行政处罚的合法正当性和达成执行和解对保障企业正常生产经营的现实意义；通过阐释“六稳”“六保”的政策要求，让行政机关理解在法律许可范围内达成执行和解对保护企业存活的重大意义，汇聚达成执行和解的共识。最终在检察机关调处下，争议双方达成分三期履行罚款的执行和解协议，并

由检察机关监督执行到位，既实现了行政处罚目的、节约了司法资源，也缓解了企业资金压力，保障了企业生产经营，实现了双赢、多赢、共赢。

## 【专家点评】

本案行政纠纷正值新冠疫情转入常态化防控以及民营企业全面复工复产的时期，如何统筹兼顾保生产、保安全、保民生大局，考验司法智慧和担当。在检察机关介入前，涉案企业一直对行政处罚决定持对立态度，且因企业账户被人民法院冻结，对企业的正常经营造成了一定影响。检察机关介入后，坚持"一手托两家"，一方面，在分清是非的基础上深入开展释法说理，疏解企业冤结，认真听取企业诉求，了解企业生产经营状况；另一方面，充分兼顾疫情防控、企业复工复产、安全生产等大局，在严格遵守法律规定以及不损害国家和社会公共利益的前提下，居中主持、多次磋商，依法化解行政争议，促成行政机关与涉案企业达成分期履行的执行和解协议，既积极践行检察机关依法服务和保障民营经济健康发展的理念，又充分维护了行政执行权威和安全生产大局，同时也助力企业走上正常经营的轨道。通过释放司法善意促进案结事了政和，从而实现了办案政治效果、法律效果和社会效果的有机统一。

---

**案件承办人：**

姚文武，淮安市金湖县检察院检察长、三级高级检察官

吴东彪，淮安市金湖县检察院副检察长、四级高级检察官

何安林，淮安市金湖县检察院第三检察部主任、三级检察官

**案例撰写人：**

姚文武，淮安市金湖县检察院检察长、三级高级检察官

何安林，淮安市金湖县检察院第三检察部主任、三级检察官

刘桂祥，淮安市金湖县检察院第六检察部主任、一级检察官

**案例审核人：**

周军民，淮安市检察院法律政策研究室主任、四级高级检察官

邹山中，淮安市检察院法律政策研究室副主任

**案例编审人：**

周军民，淮安市检察院法律政策研究室主任、四级高级检察官

**案例点评人：**

李叶红，全国人大代表、盱眙石马山生态农业综合开发有限公司总经理

**淮安市金湖县检察院开展行政争议化解座谈会**

（2020年4月23日由顾善俊拍摄）

# 杨某、宋某侵犯著作权案[①]

## ——刑民联动一体化打击网络盗版侵权

### 【案例要旨】

检察机关在办理侵犯知识产权刑事案件时，对于权利人众多且分散的案件，可以通过网络公告告知权利人诉讼权利义务的方式查找涉案被侵权单位或侵权个人。在办案过程中，应当注重协调适用权利义务告知、认罪认罚、惩罚性赔偿等制度，提升权利人参与度，推动刑事民事纠纷一体化解决。检察机关可以通过提出立法建议、制发《检察建议书》等形式，参与社会综合治理，全链条闭环保护知识产权。

### 【案情概要】

被告人杨某，男，1986 年生，"菠萝小说网""笔趣阁"等 6 个盗版网站负责人。

被告人宋某，男，1985 年生，盗版网站"笔趣阁"负责人。

2017 年以来，被告人杨某通过成立工作室、利用自动化采集工具，非法采集并传播某集团旗下上海某娱乐信息科技有限公司等著作权人享有的独家信息网络传播权的网络小说作品总计 40 余万部，在其经营的"菠萝小说网""读书族""笔趣阁""看毛线""有意思书院"等盗版网站上供他人免费阅读，并在网站上刊登收费广告牟利，点击量总计 21 亿余次，广告收入总计人民币 177 万余元。其中，"笔趣阁"由杨某和宋某分别出资人民币 12 万余元合伙购买，由宋某负责网

① 徐检四部刑诉〔2020〕8 号；(2020)苏 03 刑初 71 号。

站上小说的采集、更新、维护等具体工作，并约定该站的广告收益由二人平分，该站总计传播他人文字作品 6 万余部，点击量 1.4 亿余次，非法经营数额 47 万余元。2019 年 4 月 20 日，杨某、宋某在其工作室内被公安机关抓获。

2020 年 10 月 26 日，徐州市中级法院以被告人杨某犯侵犯著作权罪，判处有期徒刑 3 年，缓刑 5 年，并处罚金人民币 90 万元，没收违法所得人民币 40 万元；被告人宋某犯侵犯著作权罪，判处有期徒刑 3 年，缓刑 4 年，并处罚金人民币 25 万元，没收违法所得人民币 8 万元。

## 【履职情况】

该案由国家版权局、全国“扫黄打非”办公室、公安部、最高检察院联合挂牌督办。2018 年 11 月 16 日，徐州市公安局云龙分局对该案立案侦查。2019 年 7 月 26 日，公安机关以杨某、宋某涉嫌侵犯著作权罪移送至徐州市云龙区检察院审查起诉。因徐州市知识产权刑事案件专属市级院管辖，同年 8 月 26 日该案被移送至徐州市检察院审查起诉。

### 一、审查起诉阶段

检察机关重点从以下方面进行审查。

一是通过公告寻找权利人。针对被侵权人不了解案件信息、难以行使救济权的问题，2020 年 1 月，检察机关通过当面告知报案人某集团，在省、市两级检察院官网、官微上刊发《江苏徐州“菠萝小说网”涉嫌侵犯著作权案权利人诉讼权利义务公告》，以公告送达《诉讼权利义务告知书》等形式告知相关权利人案件信息。“晋江”“纵横”等 5 家单位权利人看到公告后，主动联系徐州市检察院，依法参与刑事诉讼。

二是追加认定犯罪数额。检察机关在审查犯罪嫌疑人供述、证人证言等证据材料以及听取被侵权单位意见时发现，除了公安机关移送的盗版网络小说 5 000 余部、非法广告收入 67 万余元的事实外，盗版网站的经营模式、总侵权部数、点击数、共同犯罪等方面事实不清、证据不足，遂引导公安机关补充查明以下事实：(1) 杨某系通过在网站上传盗版小说供他人免费阅读和刊登广告联盟收费广告的经营模式牟利；(2) 杨某和宋某仅在“笔趣阁”网站侵权行为上存在共同犯罪；(3) 筛查每个盗版网站的收入、侵权部数和点击数，最终认定被侵权小说40余万部，点击量21亿余次，非法经营数额177万余元，仅某集团作品就被侵权12万余部，点击量7亿余次。

三是探索技术取证方式。由于委托第三方鉴定涉案被侵权小说的部数、点击量耗时较长，且鉴定费用高昂，检察机关与侦查机关沟通后，建议侦查机关通过远程勘验提取固定的盗版网站的全部源代码和数据库，采取源站恢复的技术手段，利用数据库分析工具查明盗版网站的采集通道。侦查人员直接从数据库中提取侵权小说的书名、作者名、点击数，通过去重后求和获得相应的侵权部数和点击数，实现了利用技术手段替代第三方鉴定查明犯罪事实的目的。

四是探索"著作权刑事民事纠纷一体化解决新机制"。为制定与惩罚性赔偿相适应的侵权赔偿机制，公告期满后，检察机关通过让权利方参与认罪认罚量刑协商，协同适用权利义务告知、惩罚性赔偿等制度，提出参照违法所得额一倍以上五倍以下罚金的标准，酌情确定赔偿数额，得到双方同意，权利人不经过民事诉讼就实现了维权的经济利益。在检察机关主持下，双方自愿达成了《关于杨某、宋某暨菠萝小说网侵犯著作权案刑事、民事纠纷处置方案》，由杨某按照违法所得的5倍，赔偿侵权损害200万元；宋某按照违法所得的2倍，赔偿侵权损害16万元；杨某、宋某两人在《江苏法制报》上公开道歉，取得了权利人的谅解。鉴于杨某、宋某两人自愿认罪认罚、主动赔偿损失，并取得谅解，检察机关向法院提出变更逮捕强制措施和从宽量刑的建议，获得法院支持。

五是向人大提出"代位追偿权"的立法建议。检察机关在审查中发现，该案有近20万部"孤儿作品"无人主张民事权利，在一定程度上降低了侵权人的违法成本，既使其逃脱了民事侵权的追责惩罚，也不利于打击网络盗版行为。徐州市检察院边办案边调研，借鉴债权的一般原理，会同徐州市版权局、市"扫黄打非"办公室和市中级法院，向中国文字著作权协会(以下简称文著协)发出《关于建议中国文字著作权协会代表江苏徐州"菠萝小说网"侵犯著作权案中部分权利人维权和提出法律意见的函》，商请其提出"增设公告告知权利人制度""代位追偿权"制度等立法建议，推动文著协作为集体管理组织，代表经告知后仍怠于主张民事权利的权利人向侵权人主张"孤儿作品"的民事权利，以加大对侵权人惩处力度。后该协会书面建议全国人大常委会和中宣部版权局在《著作权法》修订时引入该制度。同时，该协会还将通过吸收网络作家会员等多种方式保护网络文学作品的著作权。

2020年2月26日，徐州市检察院以被告人杨某、宋某涉嫌侵犯著作权罪，向徐州市中级法院提起公诉。

## 二、法庭审理阶段

2020年10月26日，徐州市中级法院经公开开庭，被告人及其辩护人均认可检察机关指控的全部犯罪事实和罪名，接受检察机关提出的量刑建议；合议庭对公诉意见和量刑建议予以采纳，当庭判处被告人杨某有期徒刑3年，缓刑5年，并处罚金人民币90万元，没收违法所得人民币40万元；判处被告人宋某有期徒刑3年，缓刑4年，并处罚金人民币25万元，没收违法所得人民币8万元。判决宣告后，被告人杨某、宋某表示认罪服判。

## 【典型意义】

### 一、针对被网络侵权对象较多且分散等问题，检察机关可以通过公告送达《诉讼权利义务告知书》的形式查找权利人

检察机关在办理网络侵犯知识产权犯罪案件时，往往存在涉案权利人众多，且分散在全国各地，证据采集较为困难的情况。此时，可以根据《人民检察院开展侵犯知识产权刑事案件权利人诉讼权利义务告知工作方案》要求，通过公告送达《诉讼权利义务告知书》的形式查找相关权利人。本案中，检察机关向某集团当面送达《诉讼权利义务告知书》，同时在省检察院、市检察院官方网站上公告送达《诉讼权利义务告知书》。通过告知，著作权人及作品数从报案时的1家单位、7 500部小说发展为5家单位、40余万部小说。检察机关以实际行动切实保护知识产权刑事案件权利人诉讼权益，相关工作经验做法多次被国家级、省级媒体报道，被最高检察院写入年度知识产权保护工作报告，并被邀请向其他检察院交流工作经验，取得了链式反应的传播效果。

### 二、检察机关办理网络盗版文学作品违法犯罪案件时，可以通过数据库工具提取的技术手段认定侵权文字作品数量

在以往的司法实践中通常通过第三方鉴定的作品部数来认定侵权行为。本案中，如果通过第三方鉴定一个网站侵权2 500部作品，鉴定费用约3万元，需费时1个月，而且随着鉴材的增多，鉴定费用和时间将成倍增加。此外，鉴定需

要与正版作品进行比对，而正版作品很难全部取得，故通过鉴定的方式很难查明全部被侵权作品的数量。该案在审查起诉阶段，检察机关引导侦查机关，将其通过远程勘验提取固定的盗版网站的全部源代码和数据库采取源站恢复的技术手段，利用数据库分析工具，查明盗版网站的采集通道为起点、晋江、纵横等正版网站，这与杨某、宋某关于盗版作品全部源于互联网自动采集上传的供述相互印证。侦查人员直接从数据库中提取侵权小说的书名、作者名、点击数，通过去重后求和即可获得相应的侵权部数和点击数，推动客观、中立、可重复的技术判断替代第三方司法鉴定，节约因第三方鉴定导致的时间、经济成本，减少当事人讼累，及时、快速打击网络盗版文学作品违法犯罪。

## 三、检察机关可以通过权利义务告知、认罪认罚、惩罚性赔偿等刑民纠纷解决机制，在打击刑事犯罪的同时支持民事侵权救济

检察机关通过刑事民事纠纷一体化解决机制，在当面和公告告知权利人诉讼权利义务后，又积极联络行业协会，多方寻找权利人，并支持权利人及其诉讼代理人参与认罪认罚量刑协商，探索与惩罚性赔偿相适应的合理赔偿机制，主导规范赔偿谅解行为，推动被告人积极赔偿权利人、权利人积极谅解被告人，从而使权利人无需通过民事诉讼程序就能及时实现维权的经济利益，使被告人可以依法获得从宽处理，从而有效节约司法资源、提高诉讼质效，推动案结事了，做到“三个效果”的有机统一。两被告均取得了权利人谅解，检察机关通过公开听证的方式进行羁押必要性审查，向法院提出变更强制措施的建议，获得法院支持。

## 四、检察机关可以通过向文著协制发检察建议，积极参与网络文字著作权保护的社会治理

本案中，检察机关打破常规，边办案边调查研究，并联合徐州市版权局、徐州市“扫黄打非”办公室和徐州市中级法院，向文著协发出《关于建议中国文字著作权协会代表江苏徐州“菠萝小说网”侵犯著作权案中部分权利人维权和提出法律意见的函》，首次提出“代位追偿权”等立法建议，推动文著协作为集体管理组织代表经告知后仍怠于主张民事权利的权利人向被告人主张民事权益，该协会已经正式向全国人大提出该立法建议，并表示将通过完善会员结构等多种方式保护著作权。该案成功创立了“检察主导、各方协同、刑民一体、集约高效、案结事了”的网络文学著作权全链条保护的“江苏模式”。

## 【专家点评】

当前网络著作权侵权案件频发，检察机关打击网络侵权盗版行为的探索很有借鉴意义。该案着力解决的权利人确定难、鉴定成本高等突出问题既是此类案件办理的难点，也是权利人维权的痛点。徐州市检察院创新性地使用公告告知方式通知权利人，并通过客观中立可复制的技术手段解决司法鉴定在著作权侵权案件中的诸多障碍；通过主动联系文著协，运用法治思维和法治方式推动提出公告告知权利人、代位追偿等著作权法律制度，体现了检察担当。

在该案办理中，检察机关及时运用公告告知权利人方式，创新采用源站恢复等技术手段破解知识产权案件取证难、成本高的困境，提高取证质量、效率；充分重视被害人民事权利保护，积极促成被害人和被告人民事赔偿和解，不通过民事诉讼，既使被害人在短时间内实现权利救济，又使被告人得以宽大处理，取得了良好的社会效果；运用系统思维和法治方式及时总结问题并转化为立法建议，体现了司法实践对完善立法的重要作用。

网络文学著作权侵权成本低，盗版速度快，盗版行为隐蔽易扩散。检察机关通过公告送达权利人诉讼权利义务告知书、利用技术手段替代第三方鉴定查明技术事实、探索“著作权刑事民事纠纷一体化解决新机制”等务实举措和有效方式，解决了网络文学盗版取证困难、网络文学作品著作权归属复杂的实际问题，对著作权侵权行为和侵权人责任进行了准确界定，检察机关探索和实践网络文学著作权民事救济与刑事救济有效衔接的做法值得充分肯定。

---

**案件承办人：**

张志远，徐州市人民检察院宣传教育处副处长、第四检察部原一级检察官

**案例撰写人：**

李炜，徐州市人民检察院第四检察部主任、四级高级检察官

张志远，徐州市人民检察院宣传教育处副处长、第四检察部原一级检察官

**案例审核人：**

冯文婕，徐州市人民检察院检察委员会专职委员、四级高级检察官

**案例编审人：**

蔡翠英，江苏省人民检察院第四检察部副主任

**案例点评人：**

车捷，全国人大代表、江苏省律师协会副会长

刘红宇，全国政协委员、北京金诚同达律师事务所创始合伙人

丛立先，华东政法大学知识产权学院教授、博士生导师

**徐州市检察院检察官当面向被侵权单位某集团代表送达诉讼权利义务告知书**

（2020 年 1 月 7 日由闫纪成拍摄）

# 范某某个人债务清理案[①]

## ——探索个人债务清理程序，完善市场主体退出机制

### 【案例要旨】

通过个人破产制度(个人债务清理程序)保护“诚实而不幸的人”，从而完善市场主体退出的机制。

### 【案情概要】

原吴江市某喷织有限公司因资不抵债于2018年8月27日被吴江区人民法院裁定受理破产申请，并于2018年11月20日裁定宣告破产。范某某(以下简称债务人)作为企业的实际控制人，以个人名义为自身企业和周边企业提供信用担保，致使本人背负巨额债务。即使如此，范某某在诉讼和执行中仍然积极配合法院工作，不存在规避、对抗执行的行为。本身罹患癌症的范某某背负着庞大的负债，导致家庭不睦，生活也极度困难。2020年3月5日，范某某向吴江区人民法院提出个人债务清理的申请，吴江法院在审核其符合吴江区人民法院《关于个人债务清理的若干规定(试行)》(以下简称《试行规定》)第4条的规定之后，于2020年3月15日裁定受理申请，并指定原破产企业的管理人江苏名仁律师事务所担任范某某个人债务清理一案管理人，陈某为管理人负责人。

管理人在接受法院指定后，立即与债务人取得联系，在承办法官的指导下以《试行规定》的原则方针为核心，制定管理方案，经法院认可后，迅速推进实施。管理人协助债务人针对1 870余万元的债务制定的《债务清偿计划》于2020年

① (2020)苏0509执清2号。

6月29日的第二次债权人会议成功获得全票通过。至此,吴江区人民法院第二例个人债务清理案件成功办结。

## 【履职情况】

管理人接受指定后,约见债务人并就本案进行初步沟通,了解到债务人现租房居住,配偶已退休,儿子婚姻破裂,无固定工作,三人均已被列入失信人名单。债务人已于2008年确诊淋巴癌,就医花费逾50万元,目前仍需每月前往上海瑞金医院进行治疗。当前主要生活开支项目:每月就医去除社保部分需自费3 000余元;债务人及其配偶仍有需要赡养的老人,每月分摊赡养费用约700元;房屋租赁的费用(经管理人实地查看核实,租赁情况属实,并确认债务人无收藏品及经济价值较大的纪念品等财产)。

经过初期信息梳理后,管理人开展如下工作:管理人向已知及可能的22名债权人发送债权申报材料及第一次债权人会议召开通知。

管理人调查到债务人名下登记有“奥迪”小型汽车1辆,车牌号为“苏EVH661”,行车里程逾50万公里,强制报废时间为2020年6月9日。债务人在14家银行开设有28个银行账户,经整理汇总,确认银行账户中余额为2 190.47元。管理人前往吴江区机关事业养老待遇结算中心查询债务人退休工资发放情况,并前往债务人退休前所在单位及吴江区汾湖高新技术产业开发区财政局查询债务人各项补贴情况。

管理人根据债权申报材料进行审核调查,共收到23家债权人进行债权申报金额为20 524 131.26元,其中不予认定金额为1 816 922.24元,最终认定债权金额为18 707 209.02元。其中自然人债权2户,合计申报债权金额1 057 774.74元,认定金额1 017 851.94元,占总认定金额的5.44%;企业法人债权7户,合计申报债权金额2 533 367.43元,认定金额1 097 690.2元,占总认定金额的5.86%;民间金融机构(主要为小贷公司)债权3户,合计申报债权金额3 745 202.5元,认定金额3 745 202.5元,占总认定金额的20.02%;银行机构债权11户,合计申报债权金额13 187 786.59元,认定金额12 868 571.85元,占总认定金额的68.78%。

管理人根据债权性质不同及占比,经过分析、研讨,拟定针对性工作方案,并根据债务人履行债务的能力初步拟定债务清偿计划。计划由债务人自行筹款

20 万元，分两期偿还债务，第一期于债务清偿计划通过后 20 个工作日内偿还 10 万元，第二期的 10 万元于 2020 年 12 月 31 日前与债务人名下车辆变卖款 8 000 元一同进行分配，最终确定债务清偿率为 1.07%。在上述工作中，管理人团队按时向承办法官汇报债务清偿计划、案件进程及推进成果。

为推进案件进程，管理人团队在第一次债权人会议前多次赴各债权人所在地，与债权人进行沟通，阐明、解释“个人债务清理”试点工作推进对企业家的重大意义，几家债权金额较小的企业法人债权人均表示支持试点工作的推进。

对于银行机构债权人，管理人在制定工作方案之前已通过多种途径渠道收集、了解银行机构内部对“个人债务清理”的看法及态度，并制定不同的工作方案，同步报送承办法官处就工作方案详细沟通探讨。随后前往各家银行机构会商本案事宜，多数银行认为应当支持本次的试点推进工作，但银行内部尚无具体操作指引，需要向上级领导汇报后再做决定，因流程问题，无法在“第一次债权人会议”召开前得到明确的操作指引。部分银行认为尚无涉及银行金融债权的“个人债务清理”先例，且不满意《债务清偿计划》中的清偿率。

根据《试行规定》第 30 条：“债务清偿计划经无财产担保债权人一致同意后通过。”第一次债权人会议由于银行债权人及部分企业债权人不满意清偿计划的清偿率，债务清偿计划未获通过。在第二次债权人会议召开之前，管理人针对第一次债权人会议中未予支持通过的债权人多次进行专门的走访调查。经过法院及管理人的不懈努力，最终各债权人同意并支持本案的推进。

2020 年 6 月 29 日，第二次债权人会议顺利召开，会议表决获得全票通过。目前债务人的清偿计划已执行完毕。

本案在推进过程中，主要矛盾及难点集中在以下方面。

一是非金融债权人多为中小型企业法人。中小型企业法人的流动资金较为紧张，对于较大的债务免除数额将影响自身企业的正常生产经营，因此这类债权人第一选择是继续向债务人追偿；而债务清理之后将会出现债务隔离阻断的效果，导致债权消灭，若债务人再行创业获得收入，债权人将无法继续主张债权。

二是金融债权人须在制度框架内行使决策权。本案中的金融债权人主要为银行机构和民间金融机构。首先，对于民间的金融机构，因为内部体制不同，这类机构拥有较强的主观能动性和决策性，虽然也需要考虑资产不良率，但管理层较为扁平，决策流程速度较快。其次，对于银行机构，因存在统一的内部决策标准和流程，在内部未明确决策之前难以做出决定，且各银行机构之间尚在互相观望。部分银行机构表示本案不同于企业破产，无法通过财务账册资料的审计反映是否存在逃废债务的情形，因此，难以形成统一、有效的决策。

三是债务清偿比例问题。鉴于本案的债务人年逾 60 岁，且罹患重病，缺乏劳动能力，唯一收入仅为退休工资，难以筹集到履行清偿计划的金额，或所能筹集到的清偿金额达不到债权人的要求，因此债务人与债权人在案件初期无法达成一致。

四是关于表决规则问题。根据《试行规定》第 7 条第 2 款的规定，债务人有固定收入且超过维持生活必须费用的，应当制定《债务清偿计划》，该计划需要经无财产担保债权人全部同意后方能通过，但在实际操作过程中，100％的通过率对于债权人来说过于苛刻。

## 【典型意义】

2019 年 10 月 18 日，江苏省高级人民法院发布《关于确定开展“与个人破产制度功能相当的试点工作”的法院通知》，确定苏州市吴江区人民法院作为该项工作的试点法院。本案作为吴江区第二例个人债务清理案件，债务人系民营企业家，具有极强的代表性，且债务人所经营的企业已经过破产清算注销，而债务人所负债务多是为企业提供担保所形成，因此涉及金额巨大的银行机构债权。通过法院与管理人的共同工作，成功取得了金融机构债权人的理解与支持，同时解决了企业债权人的疑虑与担心，成功帮助本案债务人在经营失败后获得新生。

本案的办结标志着企业的经营者在经营失败之后可以通过个人破产程序重获新生，并进一步破解了执行难的痼疾，化解了僵持的债权债务关系，探索了如何完善市场主体退出机制的更多途径。

本案办理过程中获得了银行机构的支持，推动银行业出台了相应的行业一致行动规则。对于本案反映的“互保联保”的方式进行银行融资使企业经营者陷入担保圈链的情况，迫使银行机构从银行内部完善放贷审核程序。同时，管理人还建议金融机构将涉及自然人债务的不良资产打包在不良资产市场上进行出售,通过市场化的方式化解一些金融风险,从而使个人破产制度的推进得到了实质性的进展,进一步优化了法治化营商环境。

## 【专家点评】

虽然个人破产尚未正式纳入我国现行破产法律的制度体系,但自发改委于2019年在《加快完善市场主体退出制度改革方案》中明确提出"分步推进建立自然人破产制度,逐步推进建立自然人符合条件的消费负债可依法合理免责,最终建立全面的个人破产制度"以来,立法和司法在该领域开展了诸多有益的探索与尝试。本案就是江苏省吴江区人民法院以个人债务集中清理方式推进此项制度的试点范例。从结果上看,本案通过法院、破产管理人的共同工作不仅化解了因自然人债务长期无法清偿所致司法执行僵局,而且既使债务人作为市场主体由此获得新的合法退出管道,也使债权受偿率在一定程度提升的基础上终结了债权债务关系的不确定状态,从而减少债权人新的投入和管理成本。从债务的类型及特点上看,本案范某某所负的巨额债务多为其作为实际控制人为企业经营融资担保所致,债权人主要是金融机构。在其控制的企业破产后,个人及家庭无力偿还。这种事例在民间经济活跃和发达的长三角地区具有较强的代表性,对此类个人债务清理的试点和做法无疑有助于为我国个人破产的制度化、法治化推进积累必要的经验,并提供有针对性的指导。

---

**案件承办人:**

陈晔、王孝琴、陈泽宇、陈雪峰,江苏名仁律师事务所律师

**案例撰写人:**

陈泽宇,江苏名仁律师事务所律师

**案例审核人:**

陈晔,江苏名仁律师事务所律师

**案例编审人:**

宋政平、刘玲、李浩江,江苏省律师协会副会长

**案例点评人：**

肖冰，法学博士，东南大学法学院教授、博士生导师

**债务人向法院及债权人做诚信承诺**

（2020 年 6 月 29 日拍摄于第一次债权人会议）

# 某电气(苏州)有限公司不动产抵押登记纠纷案[①]

## ——规范性文件不得违反上位法律规定限制企业合法权益

### 【案例要旨】

人民法院审理行政案件以法律和行政法规、地方性法规为依据，参照适用规章。不动产登记机构在法律、法规、规章有明确规定的情况下，违反上位法规定，依据规范性文件作出“暂停”“退回”“不予登记”的行为不合法。

同时，“企业用地回购”与国有土地征收不同，征收带有强制性，但“企业用地回购”不具有强制性，只能通过回购方与被回购企业协商达成。在协商过程中，作为回购方的政府没有法律、法规依据，不能增加被回购企业的义务或者限制、减损被回购企业的合法权益，也不能作为其行政行为合法的依据。

### 【案情概要】

某电气(苏州)有限公司为解决企业发展资金需求，以其享有的某不动产作为抵押物向某银行苏州分行申请贷款，并向不动产登记机构提交了不动产登记申请书、不动产权属证书、最高额抵押合同等材料。但不动产登记机构根据《苏州工业园区企业用地回购实施办法(修订版)》(园区管委会苏园管规字〔2013〕2号)第27条的规定，以上述不动产属于回购范围为由，将抵押申请退回，不予办理抵押登记。某电气(苏州)有限公司诉至法院，请求：(1) 撤销不动产登记机构对公司抵押登记申请的退回行为；(2) 判令不动产登记机构为公司办理抵押

① (2020)苏行初18号。

登记;(3) 附带审查不动产登记机构所依据的规范性文件第27条的合法性。人民法院经审理,作出判决:(1) 撤销不动产登记机构向某电气(苏州)有限公司作出的《抵押退回信息》;(2) 不动产登记机构于判决生效之日起30个工作日内为某电气(苏州)有限公司办结其申请的抵押登记。

## 【履职情况】

接受委托后,承办律师认真梳理了案涉不动产抵押登记所需要的法律依据以及行政机关拒绝办理登记的依据。经核对发现,行政机关依据的规范性文件明显与上位法律规定相违背。案涉登记并不属于《物权法》等法律规定的不得办理抵押登记的情况,行政机关依据地方规范性文件,以纳入"回购"范围为由限制企业合法权利的做法明显缺乏法律依据。同时,承办律师对于"回购"的性质进行了积极调研,发现案件受理法院的主流观点也认为回购并非征收,不具有强制力,这为承办律师实现当事人合法权益保障的目标提供了有力的支撑。除此之外,承办律师还对地方规划情况进行了积极调研,摸清了地方发展动向,为当事人后续谈判提供了充分、翔实的参考。基于此,承办律师积极组织证据,以不服不动产登记机构作出的《抵押退回信息》,拒绝办理抵押登记为抓手,向人民法院提起行政诉讼。同时,按照《行政诉讼法》的规定提起附带审查规范性文件的诉讼请求。经人民法院审查,不仅支持了当事人的诉讼主张,实现了抵押登记的目标,而且还对政府回购所依据的规范性文件进行了审查,及时制止了政府的违法操作行为,维护了企业合法权益,提升了政府依法行政的意识和水平。

## 【典型意义】

除地方性法规、政府规章外,大量的规范性文件也已成为推动长三角三省一市法治化进程的重要实践,但对于规范性文件的名称、内涵、制作主体、制发权限以及制定程序等,我国尚无统一的规定,这也导致部分规范性文件存在于法无据的情形,不仅损害了行政管理目标的实现,而且使公民、法人或者其他组织的合法权益受损。2014年《行政诉讼法》修改后,增加了公民、法人或者其他组织在对行政行为提起诉讼时可以一并请求对行政行为所依据的规范性文件进行审查。人民法院经审查对于不合法的规范性文件不得作为认定行政行为合法的依据。因此,在涉及以规范性文件为依据的行政行为司法救济过程中,可以充分考虑规范性文件的制定内容是否符合法律规定,适时启动规范性文件附带审查,以便更好地维护当事人的合法权益,推动地区法治化营商环境的建设和优化。

## 【专家点评】

依法行政既是依法治国基本方略的重要内容,也是市场经济体制条件下对政府活动的必然要求。《中共中央关于全面推进依法治国若干重大问题的决定》明确提出,要“深入推进依法行政,加快建设法治政府”。对此,习近平总书记进一步强调,各级政府必须坚持在党的领导下,在法治轨道上开展工作。现实生活中,由于法律、行政法规等上位法依据相对比较原则,政府行政行为直接依据的往往是兼具针对性和实操性且内容具体的行政规范性文件。此类规范性文件量大、面广,是行政管理权及其强制力的现实体现,直接关系和影响公众的切身利益。在目前我国对行政规范性文件的含义、创制主体、权限、程序等缺乏全面和统一的法律规制的现实条件下,为行政利害关系人提供救济途径,并加强对规范性文件的司法审查尤为必要。

本案即为涉及以规范性文件为依据的行政行为加司法审查的典型案例,该行政诉讼在针对行政机关拒绝不动产抵押登记的具体行政行为的同时,一并请求对该行政行为所依据的《苏州工业园区企业用地回购实施办法》进行合法性审查。本案的重大法治意义在于,司法裁判为依据行政规范性文件的行政行为至少明晰了两条合法性边界:一是在法律、法规、规章对于某一具体行政行为(例如本案的不动产抵押登记)有明确规定的情况下,行政机关另行依据其他规范性文件作出与上位法的结果不同的行政行为属于不合法;二是在没有法律、行政法规依据的情况下,涉及公民、企业权利的(例如本案所涉“企业用地回购”)规范性文件增加相对方义务或限制、减损其合法权益的,不能作为行政行为合法的依据。

---

**案件承办人:**

李晨,北京大成(南京)律师事务所执行主任

安宁,北京大成(南京)律师事务所律师

**案例撰写人:**

安宁,北京大成(南京)律师事务所律师

**案例审核人：**

李晨，北京大成（南京）律师事务所执行主任

**案例编审人：**

宋政平、刘玲、李浩江，江苏省律师协会副会长

**案例点评人：**

肖冰，法学博士，东南大学法学院教授、博士生导师

---

第二十七条 规划部门根据园区社会经济发展需求和管委会明确的任务，对需要变更土地利用用途的土地早规划、早明确。对土地用途规划变更并已列为企业用地回购年度计划的企业，国土房产、规划建设、经贸发展、环保、工商等部门暂停办理新建、改建、扩建房屋、生产扩建、改变房屋用途、土地房屋析产、买卖、租赁和抵押、房地产公证、工商营业执照等相关手续，特殊情况须报经企业用地回购工作领导小组审定同意。

第七章 附则

第二十八条 本办法由园区企业用地回购工作领导小组办公室解释。

第二十九条 本办法自发布之日起实施，原《苏州工业园区企业用地回购实施办法》（苏园管[2011]30号）同时废止。

附件：苏州工业园区企业用地回购工作流程图

- 3 -

苏州工业园区企业用地回购工作流程图

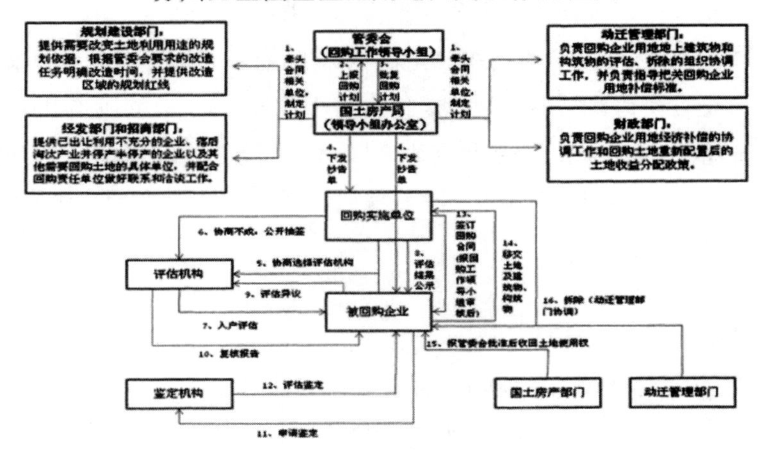


企业用地回购限制措施及流程图

（2021 年 8 月由本案代理律师提供）

# 无锡市 TT 公司诉惠山区钱桥 YY 食品店不正当竞争纠纷案[1]

## ——侵犯江苏老字号、江苏省级非物质文化遗产、江苏省著名商标产品的特有包装装潢，构成不正当竞争

### 【案例要旨】

无锡市 TT 公司诉惠山区钱桥 YY 食品店包装装潢不正当竞争纠纷一案，争议焦点主要是 YY 食品店是否构成不正当竞争，具体如下：(1) TT 公司生产销售的“SH”牌清水油面筋是否具有一定的市场知名度；(2) “SH”牌油面筋包装、装潢是否具有区别商品来源的显著特征；(3) 被诉侵权商品的包装装潢与“SH”牌油面筋包装装潢是否近似，易使消费者产生误认。经过大量举证，以上三点均可证立，YY 食品店使用“SH”牌油面筋包装、装潢的行为构成不正当竞争。至此，本案进一步维护了这一江苏老字号、江苏省级非物质文化遗产、江苏省著名商标产品的市场形象和美誉，取得了良好的法律效果和社会效果。

### 【案情概要】

无锡市 TT 公司承继于 19 世纪 70 年代的无锡市崇安豆制品厂，而无锡市崇安豆制品厂又源于 1956 年创立的崇武豆制品厂和虹桥豆制品厂（两家豆制品厂在 20 世纪 70 年代合并）。

无锡市 TT 公司将清水油面筋的工艺传承至今并发扬光大，先后取得了首届中国食品博览会银奖、商务部优质产品等全国性荣誉，江苏老字号、江苏省级

---

① (2020)苏 02 民初 64 号。

非物质文化遗产、江苏省著名商标等省级荣誉，以及无锡老字号、无锡市知名商标、无锡名优土特产等市级荣誉，被誉为“无锡三宝”之一，其生产的清水油面筋在无锡、上海、浙江等地具有非常好的市场声誉，广受广大消费者的喜爱。然而市场上各种假冒、仿冒产品层出不穷，严重影响了无锡的这一张城市名片。

自 2018 年起，当事人委托笔者的律所已经进行了第一轮“SH”牌商标线上、线下的诉讼维权，以及第二轮针对农贸市场、部分商超和加工厂的律师侵权警告函维权，此次是第三轮针对“SH”牌油面筋包装装潢的维权。较之商标维权，此次存在侵权面更广、侵权者主观无意识、举证难度大等特点。前期调查中发现大量的农贸市场商贩、加工厂认为，只要不使用 TT 公司的商标、厂名、厂址，只是包装近似是不存在侵权的。

律所为本案做了大量的调查，发现油面筋销售初期使用菱形竹箩，后来为了起到良好的宣传和辨识作用又设计了特有的包装袋用以产品包装。TT 公司使用的包装袋显著部分以红色为主色的特殊美术字体“清水油面筋”和无锡特产及线条图案的布局组合效果，自 1982 年起历经 7 个版本的变化，在主体部分设计布局基本保持不变的情况下，形成目前所使用的包装装潢。

2020 年 1 月，经调查发现，有一家个体经营户 YY 食品店使用与 TT 公司近似的红色特有包装销售油面筋，经过在无锡市梁溪区沁扬市场进行实地调查走访，笔者律所发现该市场内有 3 家侵权包装使用者，通过公证购买取得了相关的包装袋，经与 TT 公司包装袋对比，发现该包装袋主体部分的文字内容颜色布局都与 TT 公司长期使用的特有包装近似，TT 公司遂向无锡市中级人民法院提起诉讼，要求 YY 食品店停止使用近似包装装潢，并赔偿经济损失和合理费用。

经审理，无锡市中级人民法院依据《反不正当竞争法》第 6、17 条等规定，作出(2020)苏 02 民初 64 号一审判决：YY 食品店停止使用与 TT 公司生产、销售的清水油面筋包装、装潢相近似的包装装潢，赔偿 TT 公司经济损失及合理费用。

## 【履职情况】

### 一、如何认定“有一定影响”的商品

我国《反不正当竞争法》第 6 条的规定：“经营者不得实施下列混淆行为，引

人误认为是他人商品或者与他人存在特定联系：(一) 擅自使用与他人有一定影响的商品名称、包装、装潢等相同或者近似的标识”。2017 年,《反不正当竞争法》修订后更加凸显了混淆的要件,将混淆行为界定为“引人误认为是他人商品或者与他人存在特定联系”。在构成要件上,将“知名商品”修订为“有一定影响的商品”,删除了“特有”字样。“有一定影响”的表述与《商标法》中措辞保持一致,也更符合立法初衷。“有一定影响”并不是对商品的知名度不再要求,相反,仍然需要达到在中国境内实际使用并为一定范围内的相关公众所知晓的程度。在本案中,我们提供了 TT 公司自 1982 年起获得的商业部优质产品奖、首届中国食品博览会银奖、商务部优质食品、无锡市民喜爱的消费品称号、江苏市场名优品等荣誉以及“SH”商标被认定为无锡市知名商标、江苏省著名商标,被评为无锡老字号、江苏老字号,录入省级非遗名录等荣誉,证明 TT 公司生产销售的涉案包装装潢的商品具有一定影响力。

## 二、如何认定包装装潢具有区别商品来源的显著特征

TT 公司使用的包装装潢是以特殊美术字体印制的“清水油面筋”字样,为了符合油面筋圆滚滚的外形特色,清水油面筋汉字中部分笔画进行圆球设计,例如清字和油字的偏旁三点水中第二笔、面字中间的短横笔画和筋字竹字头中两点。5 个汉字以 30 度倾斜,“筋”字的力部笔画延长与下方的线条形成一体,“筋”字月部笔画延长呈现钩住下方线条的效果。在该字样下方是两条平行线条,转折成 30 度圆角交错延伸,营造出连笔书写流畅的效果,倾斜线条靠近锐角的部位有拼音“Qingshui”字样并覆盖部分线条,水平线条中位于下端的线条在收尾处呈现 180 度圆弧转折与水平线条下方印有大写字母组成的拼音“YOUMIANJIN”或“XIAOMIANJIN”字样相接。涉案包装共有 7 个版本,但是不同版本之间基本布局无变动,特别是主体部分未曾改变,更新版本主要是企业主体名称变更、所获荣誉新增等的更新。而能够产生区分作用的重要组成元素保持稳定无变动,前后版本文字布局、排版、底色和基本视觉效果较为接近,能够向消费者传导持续稳定的商业形象。TT 公司油面筋包装装潢经过长期大量使用已经与“SH”牌油面筋相结合,为相关消费者产生固定的认知形成了唯一的对应关系,发挥了识别商品来源的功能。

## 三、如何认定是否构成近似

根据《最高人民法院关于审理不正当竞争民事案件应用法律若干问题的解释》，认定包装装潢相同或者近似可以参照商标相同或者近似的判断原则和方法。参照原则如下：(1) 以相关公众的一般注意力为标准；(2) 既要整体比对，又要对主体部分比对，比对应当在对象隔离的状态下进行；(3) 考虑显著性和知名度，对比的目的是判断是否产生混淆后果。本案中，通过包装装潢的实物比对总结了 TT 公司特有包装装潢的鲜明特征和 YY 食品店包装装潢与 TT 公司的异同，两个在主体部分视觉效果基本无差别，足以使相关消费者误以为商品来源于 TT 公司，或者认为该商品与 TT 公司存在一定联系。

## 【典型意义】

## 一、对擅自使用与他人近似的包装装潢的思考

擅自使用与他人近似的包装装潢引发的纠纷是近几年来频发的不正当竞争纠纷案件类型，从当年轰动一时的红罐凉茶之争到 2019 年无锡市新吴区人民法院审理的特种兵椰子汁包装装潢侵权纠纷，再到 TT 公司红色特有包装装潢维权案，我们可以看到，包装装潢附着在企业和产品服务上的经济价值。

产品的包装装潢原本只是产品销售中的一个附属产物，在企业和公众更关注产品本身的时候，往往会忽略包装装潢带来的竞争利益。模仿行为本身就可以说明被模仿者具有独特的优势，才使得模仿者在模仿中不劳而获。当然，不是每个模仿行为都构成不正当竞争行为，根据法律规定对包装装潢的知名度有要求，只有知名才会被模仿，才会导致相关公众混淆。

知名度和影响力都需要经过商业积累和沉淀才能取得，所以对于老字号企业而言，苦心经营多年，产品和服务经过市场选择保留下来，并积累了丰富的竞争价值，如果随意被他人攀附、搭便车，不仅对企业的声誉和市场竞争秩序造成影响，而且还不利于创新发展。一味地模仿，并能从搭便车中获得利益将导致不会再有人去创新。从短期利益来看，模仿者轻而易举地获得了利益，但是没有创新将丧失了更新的动力。

## 二、对本案TT公司清水油面筋“三步走”维权的回顾总结

本案属于TT公司清水油面筋维权“三步走”的第三步。早在几年前，市场上就有很多假冒TT公司“SH”牌商标和(或)其特有包装装潢的清水油面筋，有的甚至还直接假冒为TT公司生产，且质量低劣，给这一老字号造成了很多负面的影响。2018年上半年，TT公司负责人找到我们律所，希望为其进行维权。通过深入TT公司调研现场，并至无锡多个菜场、商场、车站等地实地调查侵权情况，我们发现侵权主体多为个体工商户，侵权点散、频率高、金额小，而且存在商标侵权、知名商品特有包装单独或同时侵权等情形。

为维护好无锡这张城市名片，我们接受了TT公司的委托，针对上诉特征，通过精心策划，分“三步走”来进行维权：第一步，从确定性高的商标维权着手，选取线上、线下三家典型的侵权商家于2018年下半年进行了“SH”牌商标维权诉讼，来获得司法审判的“利剑”。第二步，在商标维权取得好的效果后，于2019年选取无锡本地重点的市场，针对10多家侵权情节严重的个体工商户发律师警告函，这样做一方面可以避免针对众多小微商户的诉累冲突；另一方面，也可以在短时间内形成较大的市场影响力。第三步，通过前两轮诉讼与非诉结合的维权，假冒“SH”牌商标的侵权行为得到了有力的遏制，但仿冒其特有包装装潢的现象还比较普遍，且很多商贩认为这样做没有侵犯TT公司的“SH”牌商标权，并不违法。所以，通过2019年年底的证据收集，2020年年初，我们开始了第三轮维权行动，即针对仿冒其特有包装装潢行为，选取有代表性的侵权公司提起本次民事诉讼。

后来该诉讼被无锡市中级法院选为2020年“4.26知识产权公开庭”，邀请了多家媒体记者、省市两级人大代表、政协委员及其他各界代表参加，并当庭公开宣判，同时还在《江南晚报》、网易新闻、江苏省律协微信公众号、无锡市中级法院微信公众号、无锡市律协微信公众号等各媒体上进行了广泛报道，取得了很好的社会舆论影响力，让广大老百姓了解到像“SH”牌清水油面筋这样的特有包装是受法律保护的，不能随便模仿使用，取得了良好的法律效果和社会效果。

## 【专家点评】

市场经济的本质在于竞争。鼓励和保护公平竞争、制止不正当竞争行为

是促进社会主义市场经济健康发展、保护经营者和消费者合法权益的重要法治任务。在现实经营活动中，不正当竞争行为的表现多种多样，实施混淆行为是其中较为典型的一类。有鉴于此，本案所具有的重要意义和价值主要在于：既是一个具体的维权个案，又是根据特定权利人的需要而设计的维权“组合拳”之一环。一方面，本案运用诉讼方式遏制了市场上使用与他人有一定影响的商品包装、装潢近似标识的混淆行为，不仅成功维护了老字号、江苏省级非物质文化遗产、江苏省著名商标产品权利人的合法权益，制止了扰乱市场竞争秩序的不正当竞争行为，而且在法院公开庭及各大媒体广泛报道的舆论影响下，在更大的社会范围内进行了一场生动的普法教育，也由此收获了较好的法律效果和社会效果。另一方面，作为多轮维权行动之一，本案律师为企业提供的“三步走”服务是根据所涉特定产品是老百姓的日常食品，其市场侵害行为具有多样性、变动性及行为主体的分散性、复杂性等特点，故在不同时期选择了不同的重点对象，采取诉讼与非诉讼、线下与线上相结合等多种方式展开的多角度和多轮次的有序维权活动。由此，既保证了对该特定产品权利及其市场秩序的持续性维护，又在对维权效果与维权成本的综合考量中收获了良好的经济成效。

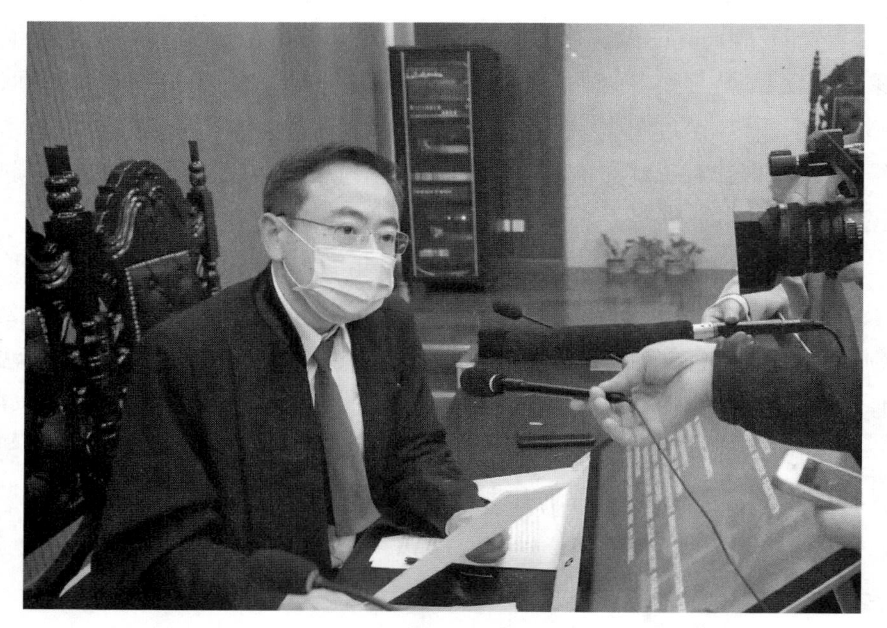

**原告诉讼代理人江苏漫修律师事务所周晓东律师庭前接受媒体采访**

《无锡油面筋“摊”上点事？一审法官这样判……》，《江南日报》2020 年 4 月 16 日。

**案件承办人：**

周晓东、朱彦菁，江苏漫修律师事务所律师

**案例撰写人：**

周晓东，江苏漫修律师事务所律师

**案例审核人：**

刘飞平，江苏漫修律师事务所律师

**案例编审人：**

宋政平、刘玲、李浩江，江苏省律师协会副会长

**案例点评人：**

肖冰，法学博士，东南大学法学院教授、博士生导师

# 民营企业家“合同诈骗”再审无罪案[①]

## ——蒙冤十年，一日昭雪

### 【案例要旨】

2009年11月，原一审、二审法院认定民营企业家倪某某构成非法吸收公众存款罪、合同诈骗罪，对其数罪并罚，判处有期徒刑20年，并处罚金80万元。但本案中，倪某某以“货物买卖合同”形式向特定主体“借款”的行为与其向社会公众“吸收”资金的行为本质相同。案涉数个法益侵害的事实是由数个行为引起，但数个行为具有连续性、一体性，应进行包括的法律评价，应择一罪认定而非数罪。

### 【案情概要】

倪某某系我国改革开放后苏州地区第一代女性民营企业家，曾获得全国“三八红旗手”、全国优秀女企业家等多个荣誉称号，案发时任江苏省政协委员、原吴江市（现苏州市吴江区）人大代表，系多家公司法定代表人（负责人），为当地的经济发展建设做出过重要贡献。

因受2008年国际金融危机的影响，倪某某所经营的多家企业资金链出现严重危机。为帮助企业渡过资金难关，倪某某采用当时众多民企通用的筹借民间闲散资金的方式融资。其间，她以签订“购货合同”方式向扬州某公司融资，但随着资金成本的增加，最终无力清偿到期债务。

原吴江市公安局遂以倪某某及其公司涉嫌非法吸收公众存款罪、合同诈骗

---

① (2019)苏05刑再5号。

罪对其刑事立案,并于 2008 年 3 月 25 日将其刑事拘留。后移送至原吴江市人民检察院审查起诉,该院经过两次退侦、两次追加起诉、一次变更起诉的非常见方式,将该案诉至人民法院。2009 年 11 月 27 日,原吴江市人民法院以倪某某及其所实际控制的四家公司构成非法吸收公众存款罪、合同诈骗罪对倪某某判处有期徒刑 20 年。[①] 倪某某不服一审判决,上诉至苏州市中级人民法院。该院裁定驳回上诉,维持原判。

## 【履职情况】

### 一、从未放弃的希望:申诉

倪某某在监狱服刑期间,多次提出申诉,均杳无音讯。2018 年 4 月,倪某某的亲属找到笔者请求代为申诉。笔者耐心听取了亲属的诉说,认真研究了案件资料,并做出初步判断,原判对倪某某以合同诈骗罪定罪量刑确属错误。

笔者将其亲属所提供的原一、二审判决书及少量材料保留下来,进行认真研判。在充分深入研究资料后,笔者捕捉到原审判决的问题所在,漫长的再审申诉之路就此开启。

### 二、正义的曙光:再审启动

笔者接受委托后,立刻着手调取原审案件档案材料、会见申诉人、约见当年的知情人,并查阅当年集体企业改制相关资料、调取涉案企业工商档案资料、研习既往判例、求教于专家学者及司法实务界人士。在一年多的时间里,笔者无数次往返两地办案;不断地奔波于省、市、区三级人民法院和人民检察院之间。但申诉受理程序可谓一波三折。原本寄希望于身兼审判监督职责的检察机关对此案启动抗诉程序,但申诉材料几经辗转后,相应检察机关组织书面听证后,径直决定不予启动监督程序。

笔者通过信访申诉方式将申诉材料送至江苏省高级人民法院(以下简称江苏高院),并当面向该部门负责人陈述案情。一周后,江苏高院将申诉材料转至

① 原审判决:"被告人倪某某犯非法吸收公众存款罪,判处有期徒刑 8 年,并处罚金人民币 40 万元;犯合同诈骗罪,判处有期徒刑 13 年,并处罚金人民币 40 万元。决定执行有期徒刑 20 年,并处罚金人民币 80 万元。"

苏州市中级人民法院(以下简称苏州中院)。该院经过初审后,遂组织公开听证会。在经过律师当庭陈述、发表听证意见、出示新证据并对原审证据发表有别于原审质证意见且接受听证问询后,苏州中院正式决定启动再审程序,提审本案。至此,本案的申诉取得阶段性成果。

## 三、庭审:核心辩点

如何全面、精准论证原一、二审判决的错误、说服合议庭采信辩护观点并将其写进再审判决主文,成为考验律师专业素养及辩护智慧的终极标准。

笔者将犯罪构成、法益侵害、想象竞合、重复性评价、罪数、罪质等相对生僻的专业术语及刑法理论与所涉案件事实、证据逐一匹配,辅以证据严密论证,以先破后立、逐层递进的方式,从多角度、全方位的论证原一、二审判决错误,阐述倪某某不构成合同诈骗罪的辩护观点。以下为本案的核心辩点。

### (一) 案涉交易名为“货物买卖合同”,实为“借款合同”

尤某某实际控制的扬州某化工公司作为买受人与倪某某实际控制的某贸易有限公司签订所谓“采购供货合作协议”,由某贸易有限公司向扬州某化工公司提供所谓的“工矿产品”,扬州某化工公司向某贸易有限公司支付所谓的“货款”。同时,扬州某化工公司又作为出卖人与倪某某实际控制的某油剂厂签订所谓的“采购供货合作协议”,由扬州某化工公司将其与某贸易有限公司前述合同项下“工矿产品”在原交易价格基础上加价6%后转卖给某油剂厂。以上交易均不涉及实际货物交付转移,仅涉及各方之间所谓“货款”支付,以及相应增值税专用发票的开具与抵扣。倪某某收到尤某某所提供资金后,均按照资金6%标准将资金本息如期归还。

原公诉机关及审判机关法律文书均能体现双方系“空货交易”“边借边还”等民间借贷关系,而非货物买卖合同关系。原审法律文书至少确认了两个事实:一是对于“空货交易”的交易方式系尤某某与倪某某双方共同确定的;二是“边借边还”说明所涉交易的本质系“借款”,而非真正的货物买卖。根据提交法院的新证据《借款协议书》能够证实尤某某除了与倪某某及某油剂厂签订的“采购供货合作协议”“工矿品买卖合同”外,双方还签订了“借款协议书”,进而证实案涉的“采购供货合作协议”“工矿品买卖合同”等虽然形式上或名称上是货物买卖合同,但其本质上是民间借款行为。

### (二)倪某某并未实施“虚构事实、隐瞒真相”等合同诈骗行为,尤某某亦未受到任何欺骗

首先,倪某某并未实施“虚构事实、隐瞒真相”等诈骗行为。现有证据可以证实,案涉交易系徐某某提出的,其分别向倪某某及尤某某推荐了对方,并就合作模式提出了建议,有关倪某某及被告单位的情况均是徐某某向尤某某介绍推荐的,而非倪某某主动向尤某某借钱或提出“空货交易”。关于这一事实,倪某某的某油剂厂与徐某某的上海某线缆有限公司于2007年1月10日签订的《合作经营协议书》可以证实。

尤某某的证言还证实其在很大程度上基于对徐某某系国企总经理这一特殊背景才与倪某某的合作。因徐某某与案涉资金用途具有一定利害关系,不排除其基于自身利益的考量,为极力促成双方交易而向尤某某夸大倪某某经营状况的可能性。

其次,尤某某对交易模式、交易内容及交易后果等所有内容均明确知悉,并未受到任何欺骗。原审判决援引尤某某证言证实:(1)案涉交易系徐某某提出的,徐某某分别向倪某某及尤某某推荐了对方,并就合作模式提出建议,有关倪某某及被告单位的情况均是徐某某向其介绍推荐的,而非倪某某向其介绍的。(2)尤某某在与倪某某正式交易前,曾亲自到被告单位实地考察,发现被告单位确实正常经营,并有厂房机器设备等固定资产。(3)尤某某还证实其在很大程度上基于对徐某某系国企总经理这一特殊背景才与倪某某合作。(4)双方洽谈合作的时间是在2006年秋天,当时倪某某的公司均处于正常营业状态。(5)尤某某对双方交易的本质是明确知悉的,即每次支付倪某某公司100万元后的两个月,倪某某归还其105万元。双方没有真正的货物往来,属于空货运作,这是当初谈好的。

### (三)倪某某主观上并没有“非法占有”的犯罪故意

第一,倪某某不具有实施合同诈骗的犯罪意图。倪某某与尤某某之间的借款和合作模式的设计及提出并非倪某某而是徐某某,倪某某并未主动联系尤某某向其借款。倪某某与徐某某所签订的“合作经营协议书”“承诺书”及原审证据中有关徐某某、尤某某的证言等证据均能证实倪某某不是借款的始作俑者,而是

徐某某促成了倪某某与尤某某的借款和合作。所以,倪某某不具有实施合同诈骗的犯罪意图。

第二,倪某某在借款之初能够正常还款,其在主观上没有“非法占有”的犯罪故意。倪某某与尤某某的借款持续了几个月的时间,在这段时间内,共交易了七八笔。借款总额是 1 308 万余元,如期、足额正常偿还本息达 774 万余元,案发前结欠 528 万余元,实际偿还了大部分的借款。倪某某在借款初期没有“非法占有”的犯罪故意。

第三,倪某某在借款持续的过程中没有诈骗的犯意转化。合同诈骗的常见表现形式主要是先履行小额合同,骗取对方信任后,然后再诈骗对方大额钱款,不予归还。本案倪某某并没在前期如约还款并获得尤某某信任后增加借款数额,以便骗取更大的数额,而是按照之前的“借款协议”约定借款,只是后几笔没有如期归还而已。

第四,判断倪某某主观上是否具有“非法占有”的犯罪故意,应将整个借款行为做统一性、整体性评价,而不应将未能清偿部分割裂开来,单独评价。既然前几笔借款均足额偿还,说明倪某某借款之初没有诈骗的犯罪故意,并且借款总数是 1 308 余万元,已归还的近 774 万余元,从清偿比例上来说,60%以上的借款均如期偿还了。

第五,原审证据能够证明倪某某向尤某某借款之初,其在客观上具有一定的清偿能力。通过原审卷宗中某油剂厂利润表显示:某油剂厂在 2007 年 1 月—4 月连续盈利。被告单位资产负债表也证实被告单位当时资产合计为 7 000 多万元。而倪某某与尤某某在 2006 年秋天就开始谈判,实际借款发生在 2007 年 1 月。也就是说,尤某某向倪某某提供借款时及其后相当长的时间内,被告单位是处于正常经营且盈利状态的,倪某某当时具备清偿能力。

第六,再审中的“新证据”也能证明倪某某借款之初具有一定的清偿能力。案涉“资产转让协议书”、某油剂厂 2007 年度《审计报告》也均能证实倪某某在借款当时拥有一定固定资产、某油剂厂正常经营,倪某某在客观上具有一定的清偿能力。

综上,原审法院仅根据案发后被告单位出现营业上的资金困难、未能及时归还小部分借款本金的客观现象,反推倪某某在向尤某某借款之初在客观上不具有清偿的能力,进而推定其在主观上具有“非法占有”的犯罪目的是根本不能成立的。另外,企业经营始终是动态的,不可能一成不变,具有一定的市场风险,借款不能足额回收也是在正常的市场风险范畴之内,不能因行为人的客观因素导致不能足额清偿债务即认为其具有“非法占有”的犯罪故意。

### (四) 倪某某的行为与合同诈骗罪的本质严重不符

《刑法》规定的合同诈骗罪是指行为人以非法占有为目的,用虚构事实或者隐瞒真相的方法,骗取他人财物的行为。该罪的成立首先要求行为人实施了虚构事实、隐瞒真相的欺骗行为,并且该欺骗行为使得被害人对于交易内容、交易结果产生错误认识,并基于错误的认识而作出财产处分决定,最终失去对财物的控制。但就本案而言,无任何证据证实尤某某是在倪某某“虚构事实、隐瞒真相”的欺骗之下、基于错误认识将资金出借给倪某某的。而恰恰相反,尤某某对于交易模式、交易内容、交易后果均明确知悉。

### (五) 倪某某与尤某某所涉借款行为本质与案涉“非法吸收公众存款”中借款行为本质具有一致性

原审判决认定倪某某还构成非法吸收公众存款罪。认定该罪的基础证据是倪某某与出借人之间存在非法存储关系,但该存储关系的本质是双方的民间借贷合同关系。所涉借贷关系与倪某某和扬州某化工公司之间的借贷关系本质相同,并未二致,并且两行为所涉款项使用用途及发生时间均具有一定的交叉混同关系,应纳入统一体系予以评价。

原审判决根据同等的客观条件,对行为人的主观故意作出了截然相反的推定(在认定倪某某向尤某某借款时有“非法占有”的犯罪目的,而其在吸收公众存款所涉借款时没有“非法占有”犯罪目的),进而作出了相互矛盾的判断,其结论显然是错误的。

对于同种行为应作同一性法律评价。在无法区分倪某某与尤某某所涉借款与其“非法吸收公众存款”中所涉借款在行为本质上有何区别,以及倪某某针对该两行为对象有何明显不同的犯罪故意和犯罪目的情况下,应将两行为性质作同一性法律评价,即应将倪某某向尤某某所涉借款行为纳入所涉非法吸收公众存款行为中予以综合评价,而不应作单独、重复性评价。

## 四、迟来的正义:当庭释放

本案经过一次听证、两次正式庭审,最终作出撤销原一审、二审认定的倪某某构成合同诈骗罪及长达 13 年的判决。倪某某被当庭释放。

## 【典型意义】

本案被2019年《最高人民法院工作报告》收录。

自改革开放以来，民营经济为我国社会主义市场经济发展发挥了重要作用，许多优秀民营企业家为促进我国经济社会发展做出了重要贡献。党和政府多次强调，要持续打造市场化、法治化、国际化营商环境。

一批涉及民营企业及民营企业家的冤案错案得到甄别纠正，体现了国家妥善处理涉民营企业和企业家历史案件的决心，对于营造良好法治环境、增强企业家人身财产安全和创业信心具有重要的示范意义。此外，本案也为不规范经营的企业家敲响了警钟，对于强化企业家遵纪守法意识、引导企业家依法合规经营具有重要的警示作用。

## 【专家点评】

罪刑法定、罪刑相适应是刑法的基本原则，不仅贯穿于我国刑事立法之始终，而且也是刑事司法有关罪与非罪、此罪与彼罪、一罪与数罪之认定的刚性法纪。本案对于原生效判决的纠正，其价值一方面不仅在于由两罪改为一罪以及由此对倪某某这一个民营企业家合法权益的维护，而且更重要的是彰显了包括法官、检察官、律师在内的法律职业共同体维护社会正义、推进依法治国的坚定决心和不懈追求。另一方面，本案所涉事实和法律关系都相对复杂，涉及多个主体，交易对象和关系性质也不同，所涉关键合同本身名不副实且标的额大，再加之合同诈骗罪在理论和实践中尚存较多认知分歧和模糊认识，司法实践也存在着将此罪不当扩大为“口袋罪”的现象。本案虽历时十余年，但最终得以纠正，对于司法实践准确把握此种罪名的构成要件，特别是进一步厘清合同诈骗罪与普通民事纠纷与其他相关罪名之间的界限并予以准确适用，从而在保护有序、正当市场交易秩序的同时又防止因认知偏差造成冤假错案，具有积极的指导价值和示范作用。

---

**案件承办人：**

李志远，江苏剑桥颐华律师事务所律师

**案例撰写人：**

李杨，江苏剑桥颐华律师事务所律师

**案例审核人：**

何丹，江苏剑桥人律师事务所主任

**案例编审人：**

宋政平、刘玲、李浩江，江苏省律师协会副会长

**案例点评人：**

肖冰，法学博士，东南大学法学院教授、博士生导师

**该案庭审前，辩护律师查询案卷材料**

（2020 年 3 月 26 日由李杨拍摄）

长 三 角 法 治 案 例 精 选

# 浙江省

# 法治案例

# 温州某光学有限公司保证合同纠纷裁判结果监督案[①]

## ——当事人未就最高债权额达成合意的，最高额保证合同不成立

## 【案例要旨】

最高额保证合同的担保债务本金最高额决定了保证人提供保证的范围，属于合同的主要条款，保证人与债权人应当通过要约、承诺达成合意，否则当事人之间的最高额保证合同不成立。而保证人发出的最高额保证要约系为未来将要发生的债权提供担保的，债权人作出承诺的合理期限应当在要约确定的债权实际发生前，债权人在债权实际发生后作出承诺的，该承诺因超出承诺期限应认定为发出新要约，要约人未予承诺的，最高额保证合同不成立。

## 【案情概要】

2012 年 1 月，某泰公司向温州某银行申请信贷授信 16 000 万元，其中授信敞口 7 000 万元，该银行的工作人员姚某系办理该笔授信、贷款业务的客户经理。姚某经过查阅某泰公司提供的材料和走访及调查后，于 2012 年 1 月 17 日提交《信贷业务调查报告》，该银行信贷审批中心于 2012 年 2 月 2 日出具编号为 20120202001 的《授信批复》，该批复载明："同意给予某泰公司综合授信 16 000 万元，其中敞口额度 7 000 万元，期限一年，用于流动资金周转，由某光学有限公司提供连带保证 4 600 万元"。期间，某泰公司的法定代表人董

① 浙检民监[2019]33000000074 号；(2020)浙民再 62 号。

某某在他人陪同下与某光学有限公司的法定代表人吕某联系，某光学有限公司同意为某泰公司向该银行的贷款提供2 600万元最高额保证担保。2012年2月6日，该银行与某泰公司签订了《综合授信额度合同》。同日，姚某与该银行协办客户经理杨某某及某泰公司的法定代表人董某某来到某光学有限公司，向该公司确认最高保证金额为2 600万元后，由某光学有限公司的法定代表人吕某在填写项空白的《最高额保证担保合同》上签名并加盖了公司的公章，姚某还索取了加盖某光学有限公司公章的填写项空白的股东大会决议。此后，姚某未经某光学有限公司同意，也未告知该银行时任行长周某某，擅自按事先批复规定的要求，将某光学有限公司已盖章且填写项空白的编号为“深发温龙额保字第20120206001－1号”《最高额保证担保合同》(该合同载明债权人为某银行，保证人为某光学有限公司)第一条某光学有限公司的担保金额处打印形成“肆仟陆佰万元整”，并填写相应的股东大会决议，后该银行按贷款审批流程核对后加盖印章，并将上述编号为“深发温龙额保字第20120206001－1号”《最高额保证担保合同》(落款时间填写为2012年2月6日)存档。2012年3月—4月，某光学有限公司的财务人员叶某某到其他银行办理业务时得知某光学有限公司为某泰公司提供保证被填写数额超过2 600万元，便多次向董某某及姚某核实，姚某遂于2012年5月30日联系某泰公司，并拼凑一份最高保证金额为2 600万元的保证合同由某泰公司的会计传真给某光学有限公司，以搪塞某光学有限公司。

某银行于2012年3月—8月向某泰公司共发放贷款7 000万元，该贷款未按期收回。2015年5月26日，浙江省温州市龙湾区人民法院作出(2014)温龙刑初字第719号刑事判决：姚某犯违法发放贷款罪。姚某不服，上诉至浙江省温州市中级人民法院，该院于2016年1月19日作出(2015)浙温刑终字第974号刑事裁定：驳回上诉，维持原判。

2016年3月31日，某光学有限公司向浙江省温州市鹿城区人民法院提起诉讼，请求判令涉案最高额保证合同不成立。某银行提起反诉，请求确认合同成立。浙江省温州市鹿城区人民法院于2017年5月8日作出(2016)浙0302民初3480号民事判决，认为就最高额保证担保责任某光学有限公司和某银行之间并未达成生效的要约与承诺，案涉合同不成立，并判决驳回了某银行的诉讼请求。某银行不服，向浙江省温州市中级人民法院提起上诉。浙江省温州市中级人民法院于2017年12月22日作出(2017)浙03民终2857号民事判决，认为诉争的最高额保证合同自双方签字盖章时已成立，但涉及信贷员擅自篡改金额部分对某光学有限公司不发生合同约束力，判令撤销一审判决，驳回某光学有限公司和某银行的诉讼请求。某光学有限公司不服二审判决，向浙江省高级人民法院申请再审。浙江省高级人民法院于2018年11月20日作出(2018)浙民申1725号民事裁定书，驳回某光学有限公司的再审申请。

## 【履职情况】

### 一、审查过程

某光学有限公司不服生效判决，于2019年3月6日申请监督，浙江省温州市人民检察院依法受理。通过调阅一审和二审卷宗材料、查看庭审录音录像、会见当事人，浙江省温州市人民检察院全面审查了该案事实认定及法律适用的具体情况，认为原审判决法律适用确有错误。2019年4月12日，温州市人民检察院向浙江省人民检察院提请抗诉。

### 二、监督意见

2020年1月16日，浙江省人民检察院作出浙检民监[2019]33000000074号民事抗诉书，向浙江省高级人民法院提出抗诉。该院认为，浙江省温州市中级人民法院(2017)浙03民终2857号民事判决适用法律确有错误。主要理由如下。

最高额保证合同的最高债权额，即担保金额决定保证人责任的范围，对于保证人利益具有重要影响，是合同中必须明确的内容，应为合同主要条款。而本案双方对于担保金额并未达成一致。某光学有限公司向某银行明确表示，其担保的最高债权额为2 600万元。而某银行此前的《授信批复》及此后审核并加盖印章确认的《最高额保证担保合同》均表明，其接受保证的最高债权额为4 600万元。双方意思表示中担保金额存在巨大差距。而某银行也并未将《最高额保证担保合同》合同文本交某光学有限公司，某光学有限公司此后向某银行核实时，姚某拼凑合同搪塞，也表明该最高债权额4 600万元的《最高额保证担保合同》并未获得某光学有限公司的确认，即双方未就担保的最高债权额达成一致。至于某光学有限公司交付填写项空白、加盖公章的《最高额保证担保合同》及股东大会决议，因该公司当时已向某银行及债务人某泰公司清楚表明担保的最高债权额为2 600万元，意思表示明确，也不属于提供空白合同的授权行为。因此，本案某光学有限公司与某银行并未就《最高额保证担保合同》的主要条款达成一致，该合同并未成立。原审法院法律适用存在错误。

## 三、监督结果

浙江省高级人民法院于2020年9月16日作出(2020)浙民再62号民事判决书。再审认为，本案中某光学有限公司仅发出承担债务本金最高额2 600万元保证责任的要约，由于姚某在办理贷款手续过程中将某光学有限公司同意担保的债务本金最高额由2 600万元篡改为4 600万元，因此，某银行作为受要约人并未收到并同意某光学有限公司该要约。相反，某银行信贷审批中心的《授信批复》载明某银行在某光学有限公司提供债务本金最高额4 600万元连带保证的情况下，同意给予某泰公司综合授信16 000万元，敞口额度7 000万元。结合姚某篡改担保金额为4 600万元的行为，某银行向某光学有限公司发出了要求提供保证担保债务本金最高额4 600万元的新要约。由于某银行在另案刑事案件发生前并不知晓某光学有限公司同意提供保证担保的债务本金最高额为2 600万元，因此，即使某光学有限公司向姚某表明同意提供担保的最高债务本金为2 600万元，并提供了最高债务本金空白的《最高额保证担保合同》和股东会决议，也不足以认定某银行作为债权人对该要约"接受且未提出异议"。在某银行与某光学有限公司未就保证担保的债务本金最高额达成一致的情况下，难以认定双方成立了担保债务本金最高额为2 600万元的最高额保证合同关系。而即使某银行在另案刑事案件发生后知晓某光学有限公司同意提供保证担保的债务本金最高额为2 600万元，并认可该金额，由于此时最高额保证担保所涉债权已经实际发生，某光学有限公司与某银行未约定已发生债权可直接纳入最高额保证担保范围，某光学有限公司后续也未予同意，而某银行再审亦否认其对某光学有限公司最高债务本金2 600万元保证担保存在"追认"，因此，某银行上述行为也不足以认定双方成立了债务本金最高额为2 600万元的最高额保证合同关系。

综上，判决撤销温州市中级人民法院(2017)浙03民终2857号民事判决，维持温州市鹿城区人民法院(2016)浙0302民初3480号民事判决。

## 【典型意义】

### 一、担保债务本金最高额系最高额保证合同的主要条款，合同订立过程中，保证人与债权人未就债务本金最高额达成合意的，应当认定当事人之间的最高额保证合同不成立

《中华人民共和国合同法》(以下简称《合同法》)第13条规定，当事人订立合同，采取要约、承诺方式。《中华人民共和国民法典》(以下简称《民法典》)第470条则规定当事人订立合同，可以采取要约、承诺或者其他方式。最高额保证合同属于合同的一种，应遵循上述规定。《最高人民法院关于适用〈中华人民共和国担保法〉若干问题的解释》第22条规定，第三人单方以书面形式向债权人出具担保书，债权人接受且未提出异议的，保证合同成立。《民法典》第685条第2款亦规定，第三人单方以书面形式向债权人作出保证，债权人接收且未提出异议的，保证合同成立。上述规定明确表明，即使在特殊情形下，保证合同的成立仍应遵循要约、承诺的过程。“第三人单方以书面形式向债权人出具担保书”属于保证人向债权人提出要约；“债权人接受且未提出异议”属于债权人作出承诺。《合同法》第30条、《民法典》第488条规定，当事人采取要约、承诺方式订立合同，承诺的内容应当与要约的内容一致，受要约人对有关合同标的、数量、质量、价款或者报酬、履行期限、履行地点和方式、违约责任和解决争议办法等要约内容作出变更的，是对要约内容的实质性变更，为新要约。该新要约未到达受要约人或受要约人未承诺的，合同不成立。

在最高额保证合同中，被保证的主债权的最高限额，即担保债务本金最高额系该类合同的主要条款，保证人和债权人在要约、承诺的过程中须就该条款达成合意。保证人发出的要约中的担保债务本金最高额内容被篡改，其本人未有过错，债权人对篡改后的要约作出同意的意思表示或予以接受、未提出异议的，由于要约内容和承诺内容不一致，因此不构成对要约的承诺，而应视为对要约的内容作出实质性变更，为新要约。在该新要约未到达保证人或保证人未同意该新要约的情况下，应当认为双方未就保证合同的主要条款达成合意，该最高额保证合同应当认定为未成立。

## 二、第三人单方以书面形式向债权人出具最高额保证的担保书，表明愿意对未来一定期间内将要连续发生的债权提供担保的，债权人作出承诺的合理期限应认定为在该担保书担保的债权实际发生前，债权人在债权实际发生后再向第三人作出承诺的，该承诺应当视为已超过承诺期限，为新要约

根据《民法典》第481、487条以及《合同法》第23、28条的规定，承诺应当在要约确定的期限内到达要约人。要约没有确定承诺期限的，以非对话方式作出的承诺应当在合理期限内到达。受要约人超过承诺期限发出承诺的，除要约人及时通知受要约人该承诺有效的以外，为新要约。

《担保法》第14条规定，保证人与债权人可以就单个主合同分别订立保证合同，也可以协议在最高债权额度内就一定期限连续发生的借款合同或者某项商品交易合同订立一个保证合同。《民法典》第690条亦规定，保证人与债权人可以协商订立最高额保证的合同，约定在最高债权额限度内就一定期间连续发生的债权提供保证。因此，有别于普通保证合同担保的债权系特定债权，最高额保证合同所担保的债权具有不特定性，且通常为未来发生的债权提供担保，合同成立前已经存在的债权只有经当事人同意，才可转入最高额保证的债权范围，故第三人单方以书面形式向债权人出具愿意为债权人未来发生的债权提供最高额保证的担保书时，债权人作出承诺的合理期限应为该担保书担保的债权未实际发生前，即债权人在该担保书担保的债权未实际发生前作出接受且未提出异议的意思表示，该承诺才生效，最高额保证合同才能成立。债权人在债权实际发生后再对保证人作出承诺的，应当认为该承诺已超过承诺期限，应认定为发出新要约，要约人对此不予认可的，最高额保证合同不成立。

## 三、互保联保制度有效缓解了中小企业融资中的担保缺失问题，但同时也带来了较大的信贷风险

防范和化解企业互保联保风险，既要依法防范“逃废债”、维护金融安全，又要依法认定担保合同的效力，合理保护无过错的担保企业的生存利益。在有关企业与银行等金融机构的担保法律关系中，一味强调担保转移风险保障债权的，其后果是债权人将自身过错带来的风险转嫁给担保人，不适当加重担保人的负担，助长债权人的侥幸心理。在担保实践中，应坚持符合诚实信用、等价有偿的

市场经济规律的完整价值取向，合理认定双方过错，避免民事法律责任泛化。对金融机构违反金融监管规定、损害社会公共利益的行为，依法否定其法律效力；银行工作人员与债务人恶意串通、骗取担保人提供担保、损害保证人利益的，应依法认定合同无效；银行工作人员知道或者应当知道债务人明显没有履行能力、贷款用途虚假等情形，以欺诈、胁迫的手段骗取担保并违背保证人真实意思的，保证人可依法请求法院撤销；对金融机构仅起诉保证人的案件应依职权主动审查不起诉债务人的原因、债务人的真实状况。同时，加大对“逃废债”及金融违法犯罪行为的打击力度，严格甄别各种以合法形式掩盖的非法集资、高利贷等违法金融活动，及时移送相关犯罪线索。

## 四、检察机关应当聚焦涉企担保典型案件，提升民事检察服务民营经济能力

民营经济是推动社会主义市场经济发展的重要力量，服务和保障民营经济健康发展、为经济和企业发展保驾护航、营造良好的法治环境是检察机关“为大局服务、为人民司法”的应有之意。

融资担保问题是关系企业生存和发展的重大事项。在民事检察监督过程中，关注有关企业为他人保证等与企业生存利益息息相关的案件是检察机关精准监督、精准服务的着力点和切入点。本案原生效判决过度保护金融机构利益，忽略了银行等金融机构在担保审查过程中的过错，造成对民营企业合法权益的损害。检察机关通过依法履行监督职责，对确有错误的生效裁判依法提出监督意见，有利于规范银行等金融机构的担保流程和内部管理，建立诚信担保体系，从而保障民营企业的健康发展。

## 【专家点评】

本抗诉案是在民商事审判过程中，监督部门秉持政治效果、社会效果和法律效果相统一理念的典型案例。案经四次裁判、两级检察监督，争议的焦点主要是两个问题：一是担保合同作为单务合同是否应当遵循要约与承诺的合同成立基本构成要件；二是民商事外观表现主义与真实意思表示之间是否具备妥协的通道，即在空白合同上签字盖章行为的真实意思的穿透规则问题。该案再审法院采纳了检察监督的观点，厘清了上述两个争议焦点，为司法实践提供了明确的论

证逻辑和清晰的说理路径，值得关注。

## 一、彰显了法教义学的稳定、规范功能

法教义学是一门将现行实在法秩序作为坚定信奉而不加怀疑的前提，并以此为出发点开展体系化与解释工作的规范科学。针对第一个焦点，一审法院认为担保合同应受要约和承诺的成立要件所约束，二审法院以涉嫌刑事案件为由，以合同效力问题回避了合同成立问题，再审受理法院维持了二审法院的观点，两级检察机关和再审裁判法院从法教义学出发，秉持合同法基本原理和条文依据，明确了担保合同也是合同，在法律和司法解释没有特别规定的情况下，担保合同作为单务合同，要受要约和承诺的规范，承诺人对要约的内容作出实质性变更或者承诺期限届满、受要约人未作出承诺的，要约失效，即合同不成立。结合本案的实际情况，某银行工作人员姚某对2 600万元的要约没有承诺，反而提出了加重担保人负担的邀约，视为提出了异议，并在承诺期限届满后出具4 600万元的新要约给担保人，担保人没有收到，更没有承诺，2 600万元和4 600万元的担保合同均没有成立。

## 二、穿透民事外观主义，有效回应社会公众朴素的内心认同

本案民事行为发生在2012年，历时9年，担保人才完全从担保债务中解套出来，可谓历经艰辛。这也从一个侧面反映，申请监督人对原二审判决结果不服，认为原二审裁判的说理与其内心对法律的认知严重背离，才执着地走上了申请监督的道路。检察机关和再审法院通过实践中银行放贷手续的通常做法，结合法理、人情和交易习惯，合理阐释了“在空白合同和股东决议书上签字”行为到底是概括授权还是意思表示不明确或未被承诺，积极回应了民事外观主义允许反证、允许穿透的司法规则，消除了专业术语与民众朴素认知之间的隔阂，社会效果颇佳。

## 三、通过个案的纠偏，深度贯彻了中央“六稳”“六保”政策，有效保障了民营企业和企业家健康成长

本案中的担保人系该地区眼镜行业中的知名民营企业，而眼镜行业又属于该地区五大支柱产业，受美国次贷危机外围影响，企业经营面临前所未有的困难。该案于2012年发生涉案法律事实，2 600万元的债务像达摩克利斯之剑长

悬在担保人头顶，其经济和心理上的压力可想而知，严重影响了企业和企业家稳步发展、努力创新的动力和积极性。现在案结事了，让企业家群体在个案中感受到了司法公正，也对类似案件提供了参考和借鉴思路，具有较好的政治效果。

---

**案件承办人：**

胡红慧，浙江省温州市人民检察院第五检察部四级高级检察官

张剑锋，浙江省人民检察院第六检察部副主任、三级高级检察官

**案例撰写人：**

陈文雅，浙江省温州市人民检察院第五检察部一级检察官

**案例审核人：**

周青，浙江省温州市人民检察院第五检察部主任、三级高级检察官

**沟通商讨案件，提出监督意见**

（2019年4月10日由叶光敏拍摄）

**案例编审人：**

郭雯，浙江省人民检察院第六检察部三级高级检察官

**案例点评人：**

胡金龙，浙江省原检察业务专家、北京盈科（温州）律师事务所律师、刑事部主任

# 浙江某药业公司房屋买卖合同纠纷抗诉监督案[①]

## ——如何判断先履行抗辩权是否属于正当行使

### 【案例要旨】

先履行抗辩权中当事人互负债务，要求双方债务具有对价关系和先后履行顺序。房屋买卖合同中，在一方当事人完成绝大部分合同义务的情况下，另一方当事人不能仅以对方未完成清理工作为由对全部付款义务行使先履行抗辩权，拒绝支付转让款。检察机关应树立精准监督理念，依法审查先履行抗辩权的适用条件，对不当行使先履行抗辩权引发纠纷的及时监督纠正，依法保障企业资产转让的可预期性，维护公平公正的市场交易环境。

### 【案情概要】

2014年6月27日，浙江某药业公司与浙江某生物技术有限公司(以下简称某技术公司)签订《资产转让协议》，约定将该公司全部房地产及附属设施以3 650万元的价格整体转让给某技术公司。协议第3条第1款确定整体转让交接分四个阶段：协议签订5日内，某技术公司支付首笔转让款500万元；双方签署《资产转让清单》，并在完成合同标的物、相关附属设施(四号厂房除外)和全部资产证照(房地产证照除外)交付5日内，某技术公司支付第二笔转让款1 000万元；某技术公司给予浙江某药业公司一定期限进行搬迁及清理，在某药业公司完成全部搬迁工作(四号厂房除外)且将全部房地产过户至某技术公司名下后

---

① (2015)嘉海民初字第1423号；(2015)浙嘉民终字第1036号；(2020)浙民再12号。

5 日内，某技术公司支付第三笔转让款 2 000 万元；在某药业公司完成四号厂房交付后 5 日内，某技术公司支付余款 150 万元。双方还约定了逾期付款滞纳金条款。

《资产转让协议》签订后，某技术公司如期支付首笔转让款 500 万元。2014 年 7 月 3 日—9 月 3 日，双方签署一系列包括证照资料和资产的《移交清单》，某药业公司将综合楼、一号楼、三号楼、传达室、食堂、危险品库、大门、宿舍楼、消防泵房、变压器房的钥匙实际交付给某技术公司。某技术公司未依约在 5 日内支付第二笔转让款，后于 12 月 4 日、12 月 29 日分别支付 800 万元和 200 万元。资产交易第三阶段，在某药业公司的积极协助下，某技术公司于 2015 年 1 月 29 日取得全部房屋所有权证、国有土地使用权证。但某技术公司支付第三笔部分转让款 900 万元后，以某药业公司未完成污水处理池清理为由，拒绝支付后续 1 100 万元及 150 万元尾款。经多次协商无果，整个资产交易陷入僵局。

2015 年 5 月 14 日，某药业公司向海宁市人民法院（以下简称海宁市法院）起诉，请求某技术公司支付资产转让款 1 250 万元以及逾期付款滞纳金。诉讼中，双方在海宁高新区管委会的调解下就相关建筑垃圾和杂物的清理工作签订了一份《合作备忘录》，之后，某技术公司又支付 400 万元，第三笔转让款还剩 700 万元未付。海宁市法院一审认为，双方当事人之间已经实际履行了资产的转移接收，并签署了资产转让清单，对已经到期应当支付部分予以支持。第二笔 1 000 万元转让款应于 2014 年 9 月 8 日支付，第三笔 2 000 万元转让款应于 2015 年 2 月 3 日支付，某技术公司逾期支付转让款应按照合同约定利率支付滞纳金，遂判决某技术公司支付某药业公司转让款 700 万元，并支付逾期付款滞纳金 283 万余元。

一审判决后，双方均不服，上诉至嘉兴市中级人民法院（以下简称嘉兴市中院）。嘉兴市中院二审认为，关于第二笔 1 000 万元转让款的支付，某技术公司支付的前提是双方签署《资产转让清单》，但双方并未签署《资产转让清单》，且《合作备忘录》中约定某药业公司须“整理起草剩余资产清单”，说明某药业公司直至诉讼中《合作备忘录》签订之日，即 2015 年 8 月 31 日尚未完成合同义务，某技术公司有权行使先履行抗辩权，拒绝某药业公司相应的付款请求。关于第三笔 2 000 万元转让款的支付，二审认为，某技术公司支付的前提是某药业公司完成除四号厂房外的全部搬迁、清理工作并将房地产过户，但某药业公司未完成污水池池底产生的垃圾清理等相关搬迁清理工作，某技术公司未付剩余 700 万元的行为属于先履行抗辩权的正当行使，于法无悖。但鉴于二审庭审后，某技术公司出具承诺自愿支付 600 万元，此系对其民事权利的处分，不违反法律规定，予以照准。嘉兴市中院遂判决撤销一审判决，改判某技术公司支付某药业公司 600 万元转让款。

某药业公司申请再审，浙江省高级人民法院裁定驳回其再审申请。

## 【履职情况】

### 一、受理及审查情况

某药业公司于 2018 年 1 月向嘉兴市检察院申请监督，认为其已经完成《资产转让协议》中约定的第二、三阶段的合同义务，某技术公司无权就第二笔 1 000 万元转让款及第三笔 2 000 万元转让款的支付行使先履行抗辩权。嘉兴市检察院依法予以受理审查。

围绕某技术公司是否有权行使先履行抗辩权，检察机关依法调阅原审卷宗，核实相关证据材料，询问案件当事人。相关证据可以证实，双方已经签署一系列包括证照资料和资产的移交清单，并实际进行了移交和接收，且涉案房地产已经全部过户给某技术公司并实际使用。另外，根据《资产转让协议》第 5 条规定，污水处理池清理工作属于某技术公司支付第三笔 2 000 万元转让款后的某药业公司合同义务，该笔转让款的支付与某药业公司须完成的清理工作之间并无具体对应关系。

### 二、监督意见

嘉兴市检察院就本案向浙江省检察院提请抗诉。关于某技术公司是否有权就第二笔 1 000 万元转让款的支付行使先履行抗辩权，浙江省检察院经审查认为，《资产转让协议》中并未明确约定《资产转让清单》的具体签署形式，根据双方签署的一系列证照资料和相关资产的移交清单，可以认定双方已经签署《资产转让清单》。某药业公司在《合作备忘录》中因调解作出妥协而认可的部分事实不能在后续诉讼中作为对其不利的依据。某技术公司对此主张先履行抗辩权，没有事实依据。关于某技术公司是否有权就第三笔 2 000 万元转让款的支付行使先履行抗辩权，浙江省检察院经审查认为，从查明事实看，某药业公司已经履行

第三阶段绝大部分合同义务，且根据《资产转让清单》约定，污水处理池清理工作与第三笔转让款支付不具有时间上的先后顺序，某技术公司主张其有权行使全部第三笔 2 000 万元转让款的先履行抗辩权，不符合公平原则。因此，终审判决认定某技术公司延期支付或拒不支付转让款的行为属于先履行抗辩权的正当行使，属于认定事实错误和适用法律错误。2019 年 9 月 6 日，浙江省检察院依法向浙江省高级法院提出抗诉。

### 三、监督结果

2020 年 11 月 23 日，浙江省高级法院作出(2020)浙民再 12 号民事判决书，认定某技术公司应于 2014 年 9 月 8 日前支付第二笔 1 000 万元转让款，其延迟付款的行为不属于先履行抗辩权的正当行使；某技术公司应于 2015 年 2 月 3 日前支付第三笔 2 000 万元转让款，其拒不支付余款及延迟付款的行为不属于先履行抗辩权的正当行使，遂判决撤销一、二审判决，改判某技术公司支付逾期付款滞纳金 349 万余元，并继续支付剩余转让款 100 万元和滞纳金。

## 【典型意义】

### 一、准确适用先履行抗辩权制度，依法保护企业资产交易安全

先履行抗辩权是合同法中的一项重要制度，享有先履行抗辩权的一方有权中止履行自己的合同义务，以此保护期限利益、顺序利益。但如果不当行使先履行抗辩权，亦会成为不履行合同义务的借口。在具体案件中，应依据具体的案件事实，依法审查先履行抗辩权的行使要件，重点审查双方互负债务的对价关系及先后履行顺序综合判断和准确适用，稳定企业资产交易预期，保护资产的交易安全。

### 二、检察机关在审查企业整体资产交易案件时，应合理确定双方合同义务范围及对应关系

企业资产整体转让应与一般房屋买卖合同纠纷有所区别，要综合考虑转让大型厂房搬迁清理工作的复杂性。若一方已经完成绝大部分合同义务，仅存在部分微小履行瑕疵，没有恶意不履行合同主要义务和严重损害对方期待利益，另

一方以行使先履行抗辩权为由拒绝履行主要合同义务的，依法不应得到支持。

## 三、检察机关应积极发挥监督职责，推动建设诚信、法治化商业环境

检察机关在审查涉民营企业重大民商事纠纷案件时，要围绕“六稳”“六保”要求，积极回应民营企业的合理、合法诉求，引导民营企业在法律框架内依照法律程序依法解决纠纷。要注重弘扬诚信理念、维护交易秩序、推动法治化营商环境建设。本案对判断先履行抗辩权行使是否合理、准确处理买卖合同纠纷具有指导意义。

## 【专家点评】

民营企业将土地使用权、厂房资产等以整体打包转让的方式进行交易比较常见，交易双方因合同履行问题产生纠纷也屡见不鲜。在司法实践中，各地法院对于先履行抗辩权的审查标准不尽相同。本案主要涉及买方先履行抗辩权的行使是否正当的问题。本案改判具有一定影响力，并对类案的裁判产生了指导意义。

《合同法》第 67 条规定，当事人互负债务，有先后履行顺序的，先履行一方未履行的，后履行一方有权拒绝其履行要求；先履行一方履行债务不符合约定的，后履行一方有权拒绝其相应的履行要求。《民法典》第 526 条对先履行抗辩权作出了基本相同的规定。据此，先履行抗辩权是指在双务合同中，依照合同约定或法律规定负有先履行义务义务的一方当事人未履行义务或履行义务严重不符合约定条件时，相对方有为保护自己的期限利益或为保证自己履行合同的条件而中止履行合同的权利。

先履行抗辩权的构成要件有：(1) 基于同一双务合同。双方当事人因同一合同互负债务，在履行上存在关联性，形成对价关系。(2) 双方互负的债务有先后顺序。履行顺序的确立，或依法律规定，或依当事人约定，或按交易习惯。(3) 应当先履行的当事人不履行合同或者不适当履行合同。当事人互负债务及准确界定当事人是否完成合同约定义务是适用先履行抗辩权规则的前提条件，但由于合同约定的模糊性、实际交接的复杂性，导致双方当事人会对合同义务的范围、是否实际完成等产生不同理解，应结合案件证据从实质意义上认定当事人合同义务的履行事实。本案中，某技术公司在已经取得涉案厂房产权证照并实

际占有、使用厂房的情况下，以某药业公司未完成污水池清理工作为由行使履行抗辩权，拒绝支付第三笔700万元转让款没有法律依据，其应当按约支付第三笔转让款和相应的延期支付滞纳金。

该案的成功办理对检察机关充分发挥检察职能、准确适用先履行抗辩权制度、稳定资产交易预期、保护资产交易案件、推动法治化营商环境建设具有积极的促进作用。

**案件承办人：**

唐永刚，嘉兴市人民检察院第四检察部副主任

胡卫丽，浙江省人民检察院第八检察部副主任、三级高级检察官

朱怡，浙江省人民检察院第八检察部一级主任科员

**案例撰写人：**

唐永刚，嘉兴市人民检察院第四检察部副主任

**当事人向检察机关送锦旗，感谢精准监督，保护民营企业合法权益**

（2021年1月7日由曹光崟拍摄）

**案例审核人：**

张利祥，嘉兴市人民检察院第四检察部主任

张峰，嘉兴市人民检察院法律政策研究室副主任

**案例编审人：**

郭雯，浙江省人民检察院第六检察部三级高级检察官

**案例点评人：**

童建华，嘉兴学院文法学院副院长、副教授

# 浙江某机电有限公司产销产品质量问题行政处罚非诉执行监督案[①]

## ——运用公开听证探索分期履行罚款，促进争议实质性化解

### 【案情要旨】

当行政处罚强制执行导致企业经营困难时，检察机关可以在法律原则范围内平衡各方面利益，寻求最佳解决方案。本案检察机关创新运用“枫桥经验”，通过公开听证的方式，促使行政机关与被处罚企业协商达成分期履行方案，既确保行政处罚和法院裁定得到执行，又助力企业复工复产，为企业发展提供司法保障。

### 【案情概要】

2017 年 8 月—2018 年 9 月，浙江某市质量技术监督局（以下简称某市质监局）根据举报，三次对某机电有限公司（以下简称某机电公司）进行执法检查，发现该公司有生产销售不符合国家标准的石材切割机等工业产品、擅自销售未经认证的电动工具、申请强制性认证时提供的样品与实际生产的产品不一致等违法行为。2018 年 10 月 22 日，某市质监局对某机电公司作出罚款和没收违法所得，共计 83.41 万元的行政处罚。某机电公司在法定期间内未提起行政诉讼，也未履行相关义务。

2019 年 6 月 18 日，某市市场监督管理局（某市质监局并入该局，以下简称

① 统一受案号：33068120201055300。

某市市场监督局)向某市法院申请强制执行。2019 年 6 月 27 日,某市法院作出行政执行裁定,准予强制执行罚款和没收违法所得。2020 年 3 月 21 日,某市法院向某机电公司发出执行通知书,因其仍未主动履行,于同年 5 月 19 日冻结了该公司两个银行账户,并向法定代表人发出限制高消费令。2020 年 7 月 28 日,某机电公司以某市人民法院冻结公司银行账户、对法定代表人限制高消费的执行措施不当为由,向某市检察院申请监督。

## 【履职情况】

某市检察院依法调取行政处罚和法院执行卷宗,实地走访企业和某市市场监督局了解情况,查阅某机电公司资产负债表、利润表、涉税鉴证报告等材料,查明某机电公司是一家主营电动工具制造、机电产品进出口的中小型民营企业。在被查处后,已主动召回全部相关产品,经济损失较大,再加上产品研发等投入,近年来连续亏损,2020 年又受疫情停工停产和国外订单骤减影响,企业流动资金十分紧张,但总体上发展状况逐步趋好。

某市检察院认为,某市质监局作出的行政处罚决定认定事实清楚、适用法律正确,程序合法;某市法院作出的准予强制执行裁定和执行措施也符合法律规定,因此,某机电公司申请监督理由不能成立。经某市检察院多次沟通,某机电公司对行政处罚没有异议,但表示企业目前经营困难,无力一次性缴纳罚没款,而法院对企业采取的强制执行措施又加剧了企业经营状况恶化,希望检察机关能予以帮助。某市检察院向某市法院、某市市场监督局通报企业面临的困难,提出分期缴纳罚没款、解除司法强制措施以扶助企业复工复产的意见,得到两家机关的理解和支持。

某市检察院在征得企业、法院、行政机关同意后,组织召开公开听证会,由该院检察长主持,并邀请市人大代表、政协委员、人民监督员、企业家协会代表、律师代表担任听证员。会上,听证员一致认为行政处罚合法合理,同时考虑到疫情影响下的企业发展需要,强制执行措施可以参照暂缓执行等规定予以适当改变,分期履行是最佳方案。某市市场监督局接受听证意见,当场与某机电公司达成调解协议:某机电公司分两期缴纳罚没款,2020 年 12 月 31 日前缴清;某市市场监督局向法院申请解除对某机电公司和其法定代表人的强制执行措施。2020 年 8 月 17 日,某机电公司如约向法院缴纳第一笔罚没款 42 万元,法院解除对某机电公司和其法定代表人的强制执行措施。2020 年 12 月，某机电公司缴清了剩余的罚没款。

## 【典型意义】

### 一、善于运用公开听证，形成化解合力

检察机关通过公开听证，由多个领域有社会影响力的听证员发表意见，释法说理，解开当事人的心结，使行政相对人认同行政处罚，并与行政机关达成分期履行协议，实现案结事了。

### 二、加强与法院、行政机关的沟通协调，切实为民营企业排忧解难

在确保行政机关严格执法的前提下，充分考虑企业生产经营的实际困难，通过行政相对人分期履行罚款的方式，助力企业复工复产，彰显司法温度。

## 【专家点评】

本案检察机关坚持合法性审查与合理性调处化解有机结合。当行政机关行政处罚、法院执行裁定并无不当时，检察机关应当就行政处罚合法性开展释法说理，说服行政相对人接受处罚，履行缴纳罚款的义务，维护行政执法的严肃性，支持法院正确的生效执行裁定。

针对民营企业因疫情影响出现的经营困难，检察机关应当坚持为民办实事，遵循比例原则，组织调处化解，力促案结事了，助力企业复工复产。

生效执行裁定具有强制力和执行力，检察机关采取宽缓的执行方法——分期缴纳罚款，并及时与法院、行政机关充分沟通协调，最终促成当事人达成和解。

---

**案件承办人：**

郦伯朝，诸暨市人民检察院检察官

**案例撰写人：**

唐陆奇，诸暨市人民检察院检察官助理

**案例审核人：**

宋秀胜，诸暨市人民检察院第五检察部主任

**案例编审人：**

俞炜，浙江省人民检察院第七检察部副主任

**案例点评人：**

傅国云，浙江省人民检察院一级高级检察官、法学博士、全国检察业务专家、浙江省首届十大中青年法学家

**诸暨市人民检察院召开本案听证会**

（2020年8月12日由唐陆奇拍摄）

# 拱墅区转供电监管行政公益诉讼系列案[①]

## ——杜绝截留政策红利　精准服务“六稳”“六保”

## 【案例要旨】

电价为政府定价项目，转供电主体向终端用户收取电费应执行政府定价。转供电主体未落实国家降低企业用电成本规定，蚕食政策红利、搭车乱收费等行为严重损害了国家利益和社会公共利益。检察机关围绕疫情防控、复工复产等大局，主动发挥公益诉讼检察监督职能，督促行政机关依法履职，全面核查盘清、建立台账逐户清退，做到“应退尽退、即退快退”，精准服务“六稳”“六保”，保障国家政策红利落地见效，护航民营经济健康发展。

## 【案情概要】

转供电是指电网企业无法直接供电、抄表和收费，而由其直供户转供给终端用户并代为抄表、收费的行为。2020年，为应对新冠疫情对我国经济造成的不利影响，国家发改委及浙江省政府相关部门规定了工商业及其他电价类别的电力用户按原到户电价水平的95％结算的电价优惠政策。2020年5月，杭州市拱墅区人民检察院（以下简称拱墅区检察院）接到辖区内部分企业反映没有享受到电价优惠。公益诉讼部门开展调查，发现辖区内作为转供电主体的多个园区、综合体和物业公司在代为收取电费的过程中，未将优惠政策落实到园区的终端用户，仍按原电价向终端工业企业收取电费，有的甚至在电费以外收取设施损耗等公摊费用，变相增加了中小企业用电成本。针对上述情况，拱墅区检察院及时启

① 下检五部行公建〔2021〕4号。

动公益诉讼诉前程序，督促区市场监督管理局开展专项整治，在加强案件查办、督促违法行为人向企业退还多收取电费的同时，加大向企业政策宣传的力度，打通优惠政策落地的“最后一公里”，有效支持了企业复工复产，降低了中小企业经营成本。案件经《检察日报》《浙江法制报》等媒体广泛报道，取得良好的政治效果、社会效果和法律效果。

## 【履职情况】

拱墅区检察院在履职中获取部分转供电主体未落实国家疫情期间电价优惠政策的线索后，公益诉讼部门快速介入，明确取证方案，成立专案组展开调查。依托杭州“转供电费码”平台，承办检察官向国家电网杭州供电公司调取了辖区内转供电主体“红码”用户信息，分别对相关转供电终端用户和转供电主体进行调查走访。通过询问公司负责人、财务人员等主要经手人员，累计调查了 7 家转供电主体，22 家终端用户的电费明细和发票、房屋租赁合同、电费收缴清单等证据，不仅查实了举报线索中未落实疫情期间电价优惠政策的问题，而且还查明了上述主体未落实 2018—2019 年浙江省政府 6 次降低电价政策、吞噬政策红利，以及在电费以外收取公摊费用、增加企业经营成本的事实。

转供电主体截留国家政策红利，将电价加价出售的行为明显违反我国《价格法》和相关政策的规定，而终端用户对此一无所知，长期多缴电费，增加企业经营成本。为了进一步降低疫情期间小微企业的经营成本，贯彻落实《最高人民检察院关于充分发挥检察职能服务保障“六稳”“六保”的意见》，拱墅区检察院决定开展公益诉讼专项监督行动，通过与市场监管部门进行磋商、发送检察建议等方式，建议市场监管部门对涉案转供电主体的违规行为进行查处，对辖区内所有转供电主体开展专项排查治理。

考虑到本案涉及上千家终端用户，电费数据量大、证据材料多，行政机关客观上无法在两个月内督促相关企业整改到位等实际情况，拱墅区检察院持续关注整改进程。拱墅区检察院多次与市场监管部门召开联席会议，以月度为节点分时分段共享案件进展，研讨案件查办过程中的难点和法律适用，并就具体执法方式与尺度达成如下共识：一是对转供电主体涉及的违法行为要严肃查处，坚决要求整改；二是在保护终端用户利益的同时，也要考虑转供电主体作为经营者的生存环境，以要求转供电主体退出违法所得为主要目标，以罚款等处罚手段为执法保障。

为保障电费清退工作顺利完成，拱墅区市场监督管理局主动邀请拱墅区检察院参与转供电环节治理推进工作，共同制发《关于联合开展转供电环节加价清理规范工作的方案》，并对辖区内多个园区、综合体和物业公司的经营者进行集体约谈，解释说明有关政策法规，引导转供电主体自主退费，降低工作阻力。为了巩固整改成效，拱墅区检察院及时开展"回头看"工作，与区市场监督管理局走访相关园区，通过了解园区电费清退政策及退费进度，随机向园区内企业询问实际退费情况，对转供电主体的政策落实及行政机关的履职情况进行评估，全面掌握整改落实情况，在较短时间内最大限度地增加了小微企业和个体工商户的获得感，形成良好的助企、惠企氛围。

同时，为解决"供电公司无权管、监管部门管不完、终端用户不知情"的难题，拱墅区检察院协同市场监督管理局通过媒体和公众号等宣传载体、上门发放宣传手册等方式，扩大转供电政策及优惠措施的知晓程度。采取联合宣讲、告知书发放、现场检查等方式，督促转供电主体把国家降电价的政策落实到终端用户，树立终端用户、行政机关、检察机关共同监督的局面，破除转供电违规加价的壁垒，确保电费减免红利"应享尽享"。

据统计，截至2021年6月，检察机关查明的7家企业均已退出多收费用共计290万余元，罚没款项240万余元。市场监管部门在辖区范围内开展专项排查，已检查转供电主体83家，清退费用4 464万余元，惠及终端企业及个人用户14 703户，其中已立案处罚28件，罚没款项807万余元，整治工作取得明显成效。在此基础上，杭州市人民检察院还在全市范围内开展公益诉讼专项监督行动，推广拱墅办案模式，全力护航民营经济。

## 【典型意义】

法治是最好的营商环境。本案中，拱墅区检察院立足检察职能，深刻认识促进民营经济健康发展的重要意义和重大责任。针对转供电环节的"潜规则"，加强与行政机关的协作配合，寓支持于监督，形成公益保护强大合力，严厉打击截留国家电价优惠政策红利的违法行为，有效缓解中小民营企业的"疫情之痛"。在办案方式上，始终坚持依法保护企业正常生产经营活动的原则，加强正面引导宣传，平衡各方利益，努力实现司法办案与"护企救企促企"的有机融合，为营造健康有序的营商环境贡献检察力量。

## 【专家点评】

根据我国《电力法》《价格法》等规定，电价由物价行政主管部门核准确定，供电企业不得擅自变更。为有效缓解新冠疫情对经济的冲击，政府部门出台了电价优惠政策。这个优惠是不特定的用电企业都可以普遍享受的，旨在实现确保经济平稳运行、保障社会充分就业等公共经济政策目标，具有公共利益属性。转供电企业在享受优惠政策后仍按原价收取电费，增加了企业用电成本，影响了公共经济政策目标的实现，损害了社会公共利益。本案中，检察机关在供电主体与终端用户之间私法关系的背后看到了公共经济政策目标的公益属性，其充分履行行政公益诉讼监督职能的行为值得肯定。

**案件承办人：**

朱媚，杭州市拱墅区人民检察院第七检察部副主任

**杭州市拱墅区人民检察院收到受惠企业的感谢锦旗**

（2020 年 10 月 28 日由费超拍摄）

余意然，杭州市余杭区人民检察院第五检察部三级检察官助理

华夏浩，杭州市拱墅区人民检察院第七检察部检察官助理

**案例撰写人：**

余意然，杭州市拱墅区人民检察院第五检察部三级检察官助理

**案例审核人：**

朱媚，杭州市拱墅区人民检察院第七检察部副主任

**案例编审人：**

黄有富，浙江省人民检察院第八检察部副主任、三级高级检察官

**案例点评人：**

张旭勇，浙江财经大学法学院教授

# 张某某非国家工作人员受贿案[①]

## ——快捕追漏助力复工　优化营商环境

### 【案例要旨】

在办理侵犯民营企业合法权益类犯罪案件时，从严、从快打击企业内部“蛀虫”，通过亲历走访洞穿个案背后的行业“顽疾”，对该行业“顽疾”开展专项行动，全面整顿行业乱象，助力企业复工复产。同时，通过办理类案总结犯罪特点、制度漏洞、企业风险，制发《检察建议书》，参与社会综合治理，坚持打击与预防两手抓、两手硬，帮助民营企业提高安全防范能力，助力营造公平竞争的市场环境。

### 【案情概要】

被告人张某某系浙江康顺鞋业有限公司仓库管理员，负责检验、收货、仓库管理等工作。2017 年 11 月—2020 年 1 月，被告人张某某利用评定牛皮供应商提供牛皮品质、决定是否采购的职务便利，先后向 15 家供应商索贿 30 余次，总计 33 万余元。

### 【履职情况】

2020 年 2 月 17 日，瑞安市检察院对被告人张某某批准逮捕；同年 5 月 21 日，向瑞安市法院提起公诉；同年 5 月 29 日，瑞安市法院判处被告人张某某有期徒刑 1 年 2 个月。被告人未提出上诉，检察机关亦未抗诉，判决已生效。

① (2020)浙 0381 刑初 502 号。

## 一、依法从严打击，助力企业复工复产

张某某在侦查阶段认罪态度较好，其家属在审查逮捕阶段退出了大部分犯罪所得，但检察机关主动走访被害企业了解到，张某某系该公司的老员工，在员工中具有一定的“号召力”，采取非羁押措施极可能使其他员工阻碍被害企业复工复产以及妨害供应商作证。同时，检察机关审查在案证据发现张某某多次索贿，情节恶劣，并且还存在遗漏其他索贿犯罪事实可能，需进一步侦查。综合上述情况，检察机关决定对张某某从严、从快打击，依法对张某某批准逮捕。同时，向公安机关制发《逮捕案件继续侦查取证意见书》，引导公安机关继续深挖彻查，最终追加索贿犯罪金额至33万余元，张某某对全部犯罪事实不持异议，认罪认罚。

## 二、开展专项行动，全面整顿行业乱象

检察机关从被害企业了解到，仓库管理员向供应商索贿的现象在瑞安市鞋革行业普遍存在，企业主们深恶痛绝。于是通过走访相关企业、召开行业协会座谈等方式搜集犯罪线索，移送公安机关立案。同时联合公安机关开展“清除民营企业内部‘蛀虫’”的专项行动，对发生在企业内部的职务侵占、挪用资金、非国家工作人员受贿等犯罪进行排摸、筛查，专项行动期间共查处涉及民营企业的职务侵占案件10件14人、挪用资金案件3件3人，为民营企业挽回经济损失上千万元。

## 三、制发检察建议，助力行业企业健全制度

针对案件中民营企业经营管理中暴露的刑事风险防控漏洞，检察机关于2020年2月28日向瑞安市鞋革行业协会制发《检察建议书》：一是加强选人用人管理，从素质、文化程度、工作态度等方面，综合选用重要岗位人选，并定期轮岗，尽量消除滋生权力的环境；二是完善监管机制，加强原材料使用成本核算和抽查制度，设立多层面的审核和审批程序，避免权力过于集中；三是加强对供应商的管理，与原材料供应商达成书面廉洁合约，明确禁止贿赂，设立违反约定的高额惩罚制度，从源头遏制商业贿赂。同年3月13日，瑞安市鞋革行业协会回复检察机关，检察建议全部采纳并已着手整改。此后，检察机关又多次跟踪回访，截至2020年10月30日，瑞安市鞋革企业已全部整改到位，充分发挥了检察机关建章堵漏的积极作用。

### 四、强化以案释法，打造法治营商环境

检察机关坚持落实好“谁执法谁普法”的司法政策，将该案及一批类案作为典型案例，与工商联合作构建普法平台，以“工商联—行业协会—企业”为主路径，深化与工商联、相关民营企业行业协会的联系，深入开展鞋革行业非国家工作人员受贿犯罪的普法宣传。同时，积极筹划出台一系列专门针对民营企业的普法刊物，进一步扩大以案释法工作的成效。

## 【典型意义】

### 一、企业内部人员侵害企业利益犯罪应当依法严厉打击

民营经济是浙江的最大特色、最大优势和最大资源，是浙江经济发展的主力军。服务保障民营经济健康发展是检察机关义不容辞的法律责任，更是政治责任。民营企业内部人员侵害企业利益犯罪直接损害民营企业的切身利益，严重影响民营企业健康发展，检察机关应当依法严厉打击，保护民营企业及企业家的合法权益，优化民营企业的营商环境。

### 二、审查批准逮捕时应当进行充分的调查

检察机关应坚持阅卷审查与亲历调查相结合，充分听取企业意见，审查是否存在毁灭伪造证据，干扰证人作证或者串供，对被害人、举报人、控告人实施打击报复，干扰企业正常生产经营等社会危险性，结合案情综合判断，依法作出是否批准逮捕的决定。同时做好案件继续侦查取证引导，对存在遗漏犯罪事实的，应当督促公安机关深挖彻查。

### 三、个案办理应当向类案监督、行业治理拓展

检察机关在积累具体个案问题的基础上，可以深入开展类案调研，摸清存在的普遍性、倾向性问题或漏洞，精准对接民营企业司法需求，积极回应民营企业反映强烈的问题，采用开展专项行动、制发行业治理检察建议、法治宣传等措施，更好地服务保障市场主体，以企业家看得见的方式依法维护公平竞争的市场秩序。

## 【专家点评】

该案的办理体现了从个案办理向类案监督、行业治理拓展的新型“诊疗式”的办案模式，一改以往从个案办理到个案监督、个案保护的传统办案模式，既做到了三个效果的统一，又做到了诉源治理。“诊疗式”的办案模式既注重严厉打击，更注重预防、监管。该办案模式犹如名医就诊，既把病人身上的病菌杀灭，又注重病愈后身体调理，还让有类似隐疾的其他病人注重多方面的预防保健，把潜在病人的数量降到最低，减少医患矛盾。这种办案模式是符合当代法治社会要求的。当然该种办案模式需要承办检察官倾注大量的心血，详细讯问被告人，走访企业、行业协会、工商联、行政主管部门等多方来调研是否存在某些普遍性的问题，然后再在听取多方意见的基础上研究综合治理方案，后期又要一直追踪治理的结果，对承办检察官而言，案外工作是海量的，但社会效果也是显著的，检察机关的主导责任往往也就是从这些一点一滴的日常工作中体现出来的。

**回访瑞安市鞋革行业整改情况**

（2021 年 8 月 2 日由孙凛拍摄）

**案件承办人、案例撰写人及审核人:**

胡凯,瑞安市人民检察院第三检察部主任

**案例编审人:**

张提,浙江省人民检察院第四检察部三级高级检察官

**案例点评人:**

吴允峰,华东政法大学文伯学院副院长、刑法学教授

# 吴某某、朱某某等五人非法制造注册商标标识、假冒注册商标案[1]

## ——准确认定“相同商标”，严格知识产权保护

### 【案例要旨】

刑法意义上的“相同商标”包括但不限于完全相同的商标，在司法实践中应当严格把握视觉上与注册商标基本无差别、足以对公众产生误导两个认定标准同时具备，注重对法律规定的精准适用和涉案商标的实质审查，坚持主客观统一的原则，从整体外观判断、显著特征比对等方面综合考量商标客观上的相同程度以及一般公众的认知能力，准确认定刑法意义上的“相同商标”，体现最严格的知识产权司法保护理念，对假冒注册商标罪的入罪标准作出更为严谨、合理但不严苛的界定，依法维护诚信的价值导向。在法院判决认定事实存在错误的情况下，检察机关应当依法提出抗诉，通过充分说理论证、补强客观性证据体系，发挥上下两级检察机关联动监督、协同作战优势，彰显检察机关法律监督职能，提升检察机关的影响力和公信力。

### 【案情概要】

浪莎针织有限公司系第3059143号“浪莎”、第31453144号“浪莎”注册商标的专用权人。其中第3059143号“浪莎”注册商标有效期从2003年4月14日—2013年4月13日，续展至2023年4月13日，核定使用商品范围为第25类：……袜……；第31453144号“浪莎”注册商标有效期从2019年3月28日—

---

[1] (2020)浙07刑终596号。

2029年3月27日，核定使用商品范围为第25类：……袜……。

2018年6月份，被告人吴某、朱某、朱某甲、刘某伙同鲍某（另案处理）等人，在未取得浪莎针织有限公司授权的情况下，经事先合谋，分工合作，非法制造“浪莎”注册商标标识，用于生产、销售假冒“浪莎”袜子。其中被告人吴某某及鲍某某等人联系尹某某（另案处理）制作标有第31453144号“浪莎”注册商标的袜钩模具，交由被告人朱某甲联系被告人朱某某及陈某某夫妻生产，2018年6月21日—2019年4月9日，共生产标有第31453144号“浪莎”注册商标的袜钩242万余个，其中2019年3月28日以后，在被告人朱某某处生产的袜钩数量为57万余个。

2020年2月24日，义乌市人民检察院以被告人吴某、朱某、朱某甲、刘某构成非法制造注册商标标识罪，被告人张某构成假冒注册商标罪，于2020年2月24日向义乌市法院提起公诉。其中，认定被告人朱某某非法制造注册商标标识240余万个。

义乌市法院于2020年9月10日作出一审判决，认为第31453144号“浪莎”注册商标有效期从2019年3月28日开始，故本案袜钩的数量应以2019年3月28日以后生产的袜钩数量来认定，被告人朱某某非法制造注册商标标识的数量应为57万余个。据此，一审判决以非法制造注册商标标识罪判处被告人朱某某有期徒刑3年，并处罚金人民币2万元。

义乌市检察院以一审判决书认定袜钩数量57万个系事实认定错误、对被告人朱某某量刑畸轻为由，于2020年9月21日提出抗诉，金华市人民检察院支持抗诉。

金华市中级法院经审理，于2021年2月8日作出（2020）浙07刑终596号终审判决，认为涉案的第3059143号“浪莎”商标中文字部分“浪莎”两字占了主要部分，在商标中所占比例较大，而涉案袜钩中的标识为“浪莎”两字，两者相比视觉上基本无差别，足以对公众产生误导，故朱某某制作的袜钩中浪莎标识与第3059143号“浪莎”注册商标相同，朱某某制造的涉案袜钩为240余万个，支持抗诉机关意见，并据此改判朱某某犯非法制造注册商标标识罪，判处有期徒刑3年6个月，并处罚金人民币7万元。

## 【履职情况】

### 一、严格适用司法解释，准确认定“相同商标”，依法严厉打击侵害知识产权犯罪

如何在个案中准确认定“相同商标”，是知识产权刑事司法实践中的难点问

题。本案一审中，检法之间的重大分歧就在于涉案商标“浪莎”与注册商标“浪莎 Langsha”能否认定为“相同商标”，而涉案商标认定为“相近商标”还是“相同商标”将直接影响被告人朱某某非法制造注册商标标识的数量是57万个还是246万个，差距巨大。检察机关在办案过程中严格遵循“在视觉上基本无差别”和“足以对公众产生误导”同时满足的认定标准，从整体外观判断、显著特征比对等方面综合考量商标客观上的相同程度以及一般公众的认知能力，准确认定涉案商标与注册商标系刑法意义上的“相同商标”，认定意见获得二审判决支持。认定相同商标的具体理由如下。

一是本案的注册商标属于组合商标，由文字、拼音和图形（外轮廓圆圈）组成，且该注册商标中的汉字“浪莎”作为显著部分突出表达。拼音“langsha”在排版上位于文字下方、字体较小，仅是对汉字的一种辅助说明或者备注，无特殊含义，故拼音“langsha”与外轮廓圆圈都属于注册商标的次要部分。本案中的假冒商标删减了注册商标上的拼音和外轮廓圆圈，保留了注册商标的显著部分，且作为显著部分的汉字在内容、字体、排版、间距、颜色等特征细节上与注册商标完全相同，涉案商标实质表达内容、指向与注册商标无差别，且商标显著部分完全相同。检察机关遵循整体观察和显著部分观察两项标准，在整体视觉效果实质相同以及显著部分完全相同的情况下，认定涉案商标“浪莎”与注册商标“浪莎 Langsha”在视觉上基本无差别。

二是在日常生活中，消费者在购买注册商标标示的商品时，几乎不可能随身携带该商品样品，并将两个商品上的商标进行仔细比对后再进行交易。因此，检察机关认为应当以普通消费者在日常消费场景中的一般注意和识别能力作为判断标准，根据单独隔离观察的方法来判断涉案商标是否达到足以误导的程度。在审查中，检察机关根据上述判断方法，观察发现在两个商标未同时存在的消费情景中，普通消费者难以发现其中的细微差别从而辨别真伪，做出清晰准确的判断，据此认定涉案商标“浪莎”足以对公众产生误导。

## 二、构建坚实证据体系，依法精准高效指控，充分履行法律监督职能

本案涉案人员众多、侵权产品数量巨大，已经形成了配件生产、加工包装、网店销售为一体的产业链，造成了恶劣的社会影响。而被告人朱某等关键人员拒不认罪，明显增加了指控犯罪的难度。检察机关从客观性证据入手，全面收集被告人朱某某使用的袜钩模具、微信发货照片、收货款记录，以及与袜钩模具师傅

的通话记录、与买家的通话记录等客观性证据，并辅以其他被告人和证人的言词证据，构建了环环相扣的证据体系。庭审过程中，公诉人对被告人朱某某接受委托进行生产、联系调试、修理模具、销售袜钩、被查后串供等各个环节充分论证，形成了严密的证据链，彻底打破犯罪分子的侥幸心理。一审期间，承办检察官与法官针对本案争议焦点"相同商标"的认定充分沟通、交换意见，检察官从相同商标的认定标准、犯意产生时间、危害结果等角度说明论证起诉书认定非法制造注册商标标识数量240余万个的事实依据和理论支撑。

## 三、两级院上下联动、协同作战，多方沟通充分说理，切实提升抗诉成功率

在一审判决作出后，义乌市检察院借助判决书交叉审查机制，第一时间发现了诉判不一线索，并将"相同商标"的争议焦点提交本院检察官联席会议进一步论证，充分利用"检察智库"人才储备资源，在查阅大量文献研究资料、既往判例，结合资深类罪专业检察官办案经验的基础上，进一步明确认定意见，充实丰富抗诉理由，并及时向金华市检察院汇报案情、争取业务指导，金华市检察院迅速了解案情，并做出支持抗诉决定。

二审过程中，市县两级检察机关承办人充分沟通对接，做深、做细抗诉说理工作。庭审中，公诉人严格对照司法解释的认定标准，结合判例，从"在视觉上基本无差别"和"足以对公众产生误导"两方面强化"相同商标"认定的理论基础，阐明司法实践中对于"相同商标"的判断规则，从法益保护、社会危害性、民事侵权和刑事犯罪的证明标准、刑民衔接等角度进一步阐述抗诉意见和理由。在庭审之外，积极主动与金华市中级法院业务部门保持持续、良性沟通，跟踪了解案件进展和倾向性意见，最大限度地消除分歧，以争取审判机关的支持。

## 四、主动提供法律服务，构建部门协作体系，帮助民营企业全面防范经营风险

检察机关充分认识到保护知识产权就是保护创新，充分运用检察职能做好"后半篇文章"，为浙商品牌注入创新活力。检察机关在办案中注意到，虽然浪莎公司是全国知名企业，但近年来被犯罪侵害的案例频发，为此，检察机关认真梳理分析了近三年涉及该公司的刑事案件，以《检察建议书》提供完善的安保措施和工作流程监管、对外规范商标授权行为、对财务实行严格管理、对员工加强法

制教育等经营管理建议，帮助该公司防范被侵权风险，并深入该公司展开专项法律“体检”，在防盗、防职务侵占、防知识产权侵权等具体事项上帮助企业提升经营能力。此外，构建部门协作体系，义乌市检察院牵头八家单位在义乌挂牌成立全国首家知识产权刑事司法保护中心，承载知识产权刑事司法保护领域的控告申诉线索流转、权利人数据库、行刑衔接、权利人权益保障、协助司法取证、犯罪预防等多项职能，提升集成办案工作质效，为义乌市完善知识产权保护“全链条”打造了新的重要一环。

## 【典型意义】

### 一、做实、做深、做细办案审查工作，为精准开展法律监督夯实基础

检察机关提起公诉的案件质量是检察机关开展刑事审判监督的底气和基础，没有对事实和证据抽丝剥茧丝地审查、对观点和立场去伪存真地辨析，以及对问题和类案触类旁通地总结，法律监督工作就是“无源之水”。义乌市检察院在办理该案时，细致精准认定案件事实、多维说理论证抗诉意见，为依法纠正裁判错误、切实维护司法公正提供了坚实保障。

### 二、坚持立足法益视角实质审查，精准打击侵害知识产权犯罪

坚决摒弃就案办案、机械办案的工作作风，努力探求每个罪名背后所保护的法益，从全新的视角理解、诠释犯罪构成要件，抛弃单纯从形式要件来认定“相同商标”的思路，转而从实质要件与形式要件相结合的角度来综合认定。该案对“相同商标”的内涵和外延进行了更为科学的界定，也为今后类似的疑难案件提供了可参考的实例样本。

### 三、坚持两级检察机关联动监督，整合力量做优刑事审判监督

审判监督工作历来步履维艰，加强监督力量是提升监督工作成功率的有效保障。上级检察机关与同级法院之间的沟通和协调对于案件最终依法改判发挥了不可替代的作用。

上级检察机关应加强刑事抗诉个案和类案的专项指导，主动帮助下级检察机关解决办案中遇到的问题，排除阻力和干扰，协同作战以提升抗诉质量。

## 四、坚持主动提供个性化服务，用检察视角和力量助力民企健康发展

注重延伸检察职能，将检察工作与经济发展相适应、司法办案与服务大局相结合，建立“一企一档”服务民营企业工作机制，针对办案中发现的民营企业经营管理漏洞“个性化定制”检察建议，增强服务民营企业的针对性、有效性、操作性。深入推进知识产权犯罪治理方式变革，构建全方位、立体化的知识产权刑事司法保护大格局，为服务民营企业健康发展保驾护航，实现法律效果、政治效果、社会效果相统一。

### 【专家点评】

假冒注册商标罪和非法制造注册商标标识罪是最为常见、多发的知识产权犯罪类型。学界关于“相同商标”的认定标准大同小异，但面对具体案例时，得出的结论却往往大相径庭。实践中，司法实践部门往往难以把握“与被假冒的注册商标在视觉上基本无差别，足以对公众产生误导”这一判断标准，不协调或者不合理的判决并不少见。司法解释将相同商标的范围定义为“完全相同”与“基本相同”，就是为了惩戒行为人将与注册商标存在部分差异，而一般消费者通过一般注意程度又无法将其区分开的假冒商标用于同一种商品上，并意图扰乱市场竞争秩序、侵害商标权利人合法权益的行为。而作为刑法中规范性构成要件的“相同商标”，其本身就涵盖了人们的主观认识和评价，这一判断注定不能完全反映客观事实，若机械、狭隘地理解“相同商标”的含义，必定无法达到严厉打击侵犯商标权犯罪的目的。本案在严格适用司法解释的前提下，司法工作人员按照客观认定标准，即以一般公众的一般认知能力为标准，从涉案商标的视觉表达实质、公众的区分可能性角度，根据主客观相统一的原则，深入分析研究涉案商标与注册商标的关系，从而准确认定“相同商标”，为解决法律适用争议问题提供了实务样本，同时，对游走在规则边缘的犯罪分子依法打击，充分保障了权利人的合法权益。

---

**案件承办人：**

吴永强，义乌市人民检察院第二检察部主任

陈锦崎，义乌市人民检察院第二检察部科员

**案例撰写人：**

吴永强，义乌市人民检察院第二检察部主任

何潇潇，义乌市人民检察院第二检察部副主任

**案例审核人：**

张洪峰，金华市人民检察院第二检察部主任

**案例编审人：**

张提，浙江省人民检察院第四检察部三级高级检察官

**案例点评人：**

王东明，西北政法大学副教授、反恐怖主义法学院副院长、刑法学博士

**现场调查义乌袜业经营情况**

（2020年6月29日由义乌市人民检察院新媒体工作室杨龙拍摄）

# 卜某某等四人涉嫌挪用公款无罪案[①]

## ——以企业名义为村集体代征土地,将征地补偿款划回企业用于后续征地,不构成挪用公款罪

### 【案例要旨】

在区、镇两级政府"抢占土地资源,打造物流经济"的背景和要求下,村干部为了村集体利益,以自己企业的名义征地,形式上是企业自征土地,实质上是为村代征土地。在征地过程中,征地部门将部分征地款返还给某村后,该村党总支卜某某等人(本案被告人)经集体讨论决定,将企业先行垫付的征地款划回企业,以便办理后续征地事宜。一审判决认为,案发当时,涉案企业是否享有涉案宗地权属并不明确,在案证据亦无法证实被告人有独占土地权属的意图,因此,涉案款项虽从某村经合社转至两家企业,但并不能就此得出被告人有挪用公款的故意。将涉案款项划归企业使用,系经过各被告人在内的村党支部成员召开党支部会议讨论决定,并不违背村集体利益,且事实上村集体利益也未遭受损失。因此,指控涉案款项划归企业使用属于个人挪用缺乏依据。

### 【案情概要】

2000年,根据市区镇三级政府"关于市区乡镇工业企业改制中土地资产处置和办理土地使用证"的文件精神,某村以转制企业的名义办理土地两证,权证登记在企业名下,但权属仍归村里,办证费用由企业垫付,事后由村归还给企业

---

① (2012)杭拱刑初字第687号。

但不计息，企业用地仍然需要向村里租用并支付租金。

2003年，区政府为打造“物流区”品牌，出台了加快物流园区建设的政策。为了积极抢占资源、发展集体经济、增加农民收入，某村班子成员决定继续以企业名义代村里征地，时任村党委书记的卜某某还在村民代表大会、党员大会上多次号召有实力的企业或个人立项征地。在此背景下，作为村党委书记的卜某某和村长沈某分别以两家企业的名义带头征地104亩和64亩，并垫付征地费用等。在征地过程中，某村党总支集体讨论决定，将区征地事务所支付给某村经济合作社的征地补偿款1 361万元和424万元返还给两家企业。

征地后，虽然土地权证登记在企业名下，但企业继续向某村交纳租金，同时，少数村民也对土地权属问题有所顾虑（认为权、证不一，但对企业代征地本身并无异议），认为土地租金偏低，并就以上问题向镇里反映。为此，2006年年底该镇成立以镇长吴某为组长的工作组进驻某村。在了解情况、解决问题的过程中，某村为了解决征地费用（需返还企业代征时所垫付的费用）、村民社保等“四个一千万”的费用问题，决定把企业代征的部分土地“转让”给企业，后经村民代表大会讨论决定：将两家企业之前代征的95、64亩土地转让给两家公司，两公司另行向村里支付土地转让款；一家企业代征的104亩土地归村里，企业根据使用情况仍然向村里交纳租金。

2012年9月24日，检察院以挪用公款罪对卜某某、沈某某等四人提起公诉。公诉机关认为，四人身为村基层组织人员，在两家公司征地过程中，利用职务便利，挪用征地事务所返还到某村的征地补偿款（1 361万元和424万元），数额巨大，虽然案发前已经归还，但其行为已经构成挪用公款罪。

针对公诉机关指控，四被告人认为，两家公司系为某村代征土地并垫付征地费用，涉案款项划回企业是经过村领导集体讨论决定，而非擅自决定，其行为不构成挪用公款罪。

一审法院经审理后认为，涉案两家公司的征地形式上是企业自征土地，事实上属于企业代（村）征土地。土地是企业自征还是企业代征，不能仅以土地使用权证登记的用地单位作为判断根据，而应结合其他事实和证据综合认定。最终，一审法院采纳了辩护人的辩护观点，判决被告人卜某某等人无罪。

一审宣判后，检察院提出抗诉，二审法院公开开庭审理了本案。在庭审中，辩护律师对检察院提出的抗诉理由进行逐一反驳，并重申了一审辩护意见。二审法院经审理后，采纳了律师提出的辩护意见，裁定驳回检察院的抗诉、维持原判，该案最终以四人无罪而告终。

## 【履职情况】

在与卜某某的接触中，其向律师表明了他的态度，对他来说，只有无罪判决才能还他清白，就算给他定罪免刑也是不能接受的。卜某某出身农村，多年担任村干部，一心只为村集体经济发展，毫无私心，富裕当地百姓是他的奋斗目标。正是由于卜某某自身的正直，让辩护律师更加自信，并自始至终坚持为其做无罪辩护。

然而，对于律师而言，一个刑事案件要做无罪辩护难度是非常大的。因为在司法实践中，无罪辩护的成功率本身就非常低。一个案件要想获得无罪判决，除非有强有力的证据能够打破控方的证据体系，这对于律师的办案能力要求很高。

在本案代理过程中，辩护律师精研案件材料、大胆小心取证是成功辩护的关键。一方面，通过深入阅卷了解控方指控犯罪的思路与证据，理清辩护思路；另一方面，结合卜某某等人的供述，寻找对其有利的证据，构建辩方无罪的证据体系。

为此，律师做了大量的调查取证工作，先后收集了政府关于转制企业土地办证的相关文件、区里关于加快物流园区建设的政策、镇领导政府工作报告、某村领导的村工作报告、村与企业间各项结算资料、某村企业为村代征地同期镇内其他村代征地情况、六十位党员的情况说明、土地公告和证明等书证。在此基础上，律师又找到对某村征地情况非常了解的镇和区的相关领导以及某村的十位村民代表，向他们了解征地情况并做好询问笔录。在调查取证工作结束后，律师对收集到的证据进行全面分析和整理，从而形成了完整的证明体系。为了让法官对辩护所搜集的证据材料和辩护思路有所了解，律师将辩方证据材料装订成册，提前与承办法官进行沟通。

同时考虑到本案涉及农民最关注的土地问题，而案件在基本事实以及法律适用方面争议极大，且涉及卜某某等四被告人的功过是非、罪与非罪，以及整个村、镇甚至更大范围的社会稳定。为了使本案得到公平公正处理，律师还向相关部门进行了汇报，以便妥善处理本案。

## 【典型意义】

本案在事实认定和法律适用均存在较大争议，因此必须要坚持习近平新时代中国特色社会主义思想，熟练运用马克思主义基本原理，综合本案的相关事实和证据进行判断。

第一，用历史唯物主义看待历史问题。历史唯物主义强调具体问题具体分析，任何事物的产生都有一定的社会(自然)环境，并且随着时间、地点、条件的变化而变化。正如我们国家的改革开放是一步一步走过来的，政策、法律也在不断修正和完善。就本案而言，如果我们用今天的要求和标准来看待某村征地一事确实存在不规范的地方，但是我们要“尊重历史”“面对现实”，应当看到当时该区发布的《关于进一步加快开展乡镇工业企业土地使用证、房屋所有权证办理工作的通知》和镇政府发布的《关于进一步加快开展乡镇工业企业土地使用证、房屋所有权证办理工作的通知》中均提到“对‘两证’办理中的一些疑难问题，要在本着‘尊重历史，面对现实’的原则和在依法并服从城市总体规划的前提下，给予妥善处理”。

第二，要透过现象看本质。虽然从表面上看是两家公司在征地、办理征地手续，并且办下来的土地权证上登记的也是企业，但实际上企业是为村经济合作社在征地，征地费用也是由企业垫付的。

第三，要用联系的眼光看问题。在涉案的两家公司征地以前，该村其他企业根据政府号召和村领导班子的意见，分别以企业的名义办理土地“两证”，相关办证费用也由企业垫付，但土地却归村里所有，企业仍然要向村里租用并支付租金。在此之后，该村根据区、镇两级政府“抢占土地资源，打造物流经济”的要求，以涉案两家公司的名义办理征地手续，模式跟以前也是一样的。此外，时任镇党委书记的丁某也证实，当时抢占土地资源的两种方式就是“补办”土地两证和“征地”。而且，两家企业征得的土地也归村里。通过梳理该村征地的历史资料，我们不难看出企业代征这一基本事实。

第四，重调查研究，注重收集无罪证据。习近平总书记在中央党校中青年干部培训班开班式上强调：“坚持从实际出发，前提是深入实际、了解实际，只有这样才能做到实事求是。要了解实际，就要掌握调查研究这个基本功。”辩护工作也应当沉下心，落到实处，方能起到作用。为此，本案辩护律师进行了大量的调查取证工作，不仅搜集了相关文件，而且还实地走访，向了解征地情况的相关领导与村民代表进行取证，最终形成了包括4份关于转制企业土地办证的相关文件、5份该区关于加快物流园区建设的政策、6份村镇领导的工作报告、3套村与企业间的各项结算资料、2份该镇内其他村代征地情况、6份涉案土地及其他被征地的土地资料、2组针对相关领导与村民代表的调查笔录等辩方证据清单。

## 【专家点评】

本案作为一起无罪判决案例，可以用三个“重”来概括。

第一，重调查取证。本案律师在办案过程中，为搜集无罪证据，不简单地囿于在办公室研判在案证据，而是积极主动地走到案发地，多方调查取证。可以想象，在此过程中，他们势必会碰到各种困难。最终能够取得如此全面的辩方证据，让无罪判决拥有坚实的证据支持，实属难能可贵。

第二，重策略方法。律师在办案中也应当讲究策略与方法，只有这样，才能取得良好的效果。20年前农村基层工作，特别是涉及土地征用、权属区分等问题可能存在实体不规范、程序不到位，甚至违反行政法规等问题。本案律师以历史的、发展的、联系的眼光看问题，不机械办案，不纸上谈兵，精准地抓住了被告人是否利用职务之便、是否据此谋取利益这一辩护思路，得到了法院的支持。

第三，重社会责任。本案在当地有一定的社会影响，罪与非罪的判定给社会稳定也带来了一定的压力。本案律师在尽心尽力辩护的基础上形成报告，并及时向有关部门反映，这是本案成功的关键。在司法实践中，经过公安机关、检察机关层层把关后，能够在审判阶段取得无罪判决的案件实属凤毛麟角。本案无罪判决既体现了律师扎实的基本功，也展示了律师的社会责任，同时，也彰显了以审判为中心的司法理念在司法实务中的重要作用。

---

**案件承办人：**

胡祥甫，浙江金道律师事务所律师

王晓辉，浙江金道律师事务所律师

**案例撰写人及审核人：**

王晓辉，浙江金道律师事务所律师

**案例编审人及点评人：**

陈三联，浙江省政协委员、浙江省律师协会专职副会长

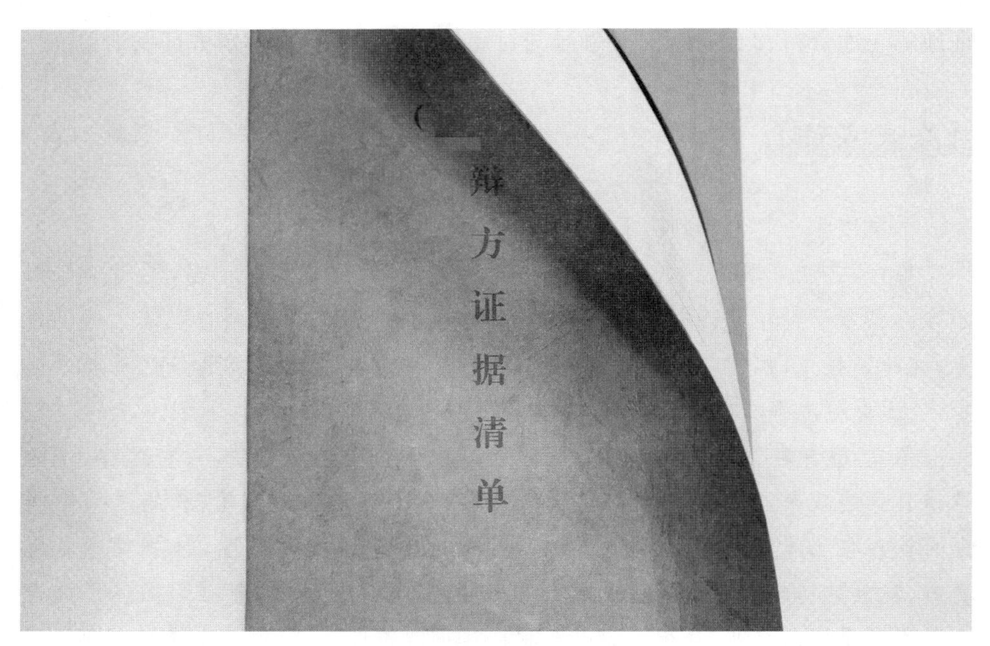


**代理律师为本案准备的证据材料清单**

（2012 年 10 月 9 日由王晓辉拍摄）

# 玫琳凯诉淘宝卖家马某某案[①]

## ——正品化妆品刮码销售不构成对原品牌的商标侵权和不正当竞争行为

### 【案情要旨】

淘宝平台上的卖家马某某多年来一直经营各种女式化妆品，其中有美国化妆品巨头玫琳凯(MARY KAY)公司的护肤品。马某某的产品采购于玫琳凯公司的直销员，但由于直销员无法以低于公司允许的销售价直接在市场上进行销售，故直销员在销售产品给马某某之前，会将产品外包装上面的二维码等编码进行刮除，使得玫琳凯公司无法追踪到这些产品具体来自哪位直销员。虽然这些产品刮除了二维码，但是由于这些产品均为正品，因此依然得到了很多消费者的青睐，而马某某在销售这些产品的时候也将被刮除二维码的情况在店铺里进行了明确说明。

在这样的背景下，美国玫琳凯公司对马某某提起了商标侵权以及构成不正当竞争的诉讼，一方面，要求马某某停止在淘宝网上销售案涉的刮码玫琳凯产品；另一方面，要求马某某赔偿50万元，并且要在全国性的新闻媒体上进行公开道歉。

该案件起始于2017年年底，历经一审与二审长达3年的时间。一审杭州市中级法院全部支持了美国玫琳凯公司的诉请，但是在浙江省高级法院的二审中，经过浙江千寻律师事务所朱海成律师知识产权团队的据理力争，二审法院对一审判决予以改判，完全驳回了玫琳凯公司的所有诉求。

---

① (2017)浙01民初972号；(2020)浙民终479号。

## 【案情概要】

### 一、马某某的行为不构成商标侵权

一方面,案涉产品的刮码行为并非马某某所为,马某某主观上也没有刮码的动机(刮码实际上增加了这些产品的销售难度),并且该刮码销售的状态并没有侵害玫琳凯公司的商标权,因为刮除的二维码中并不包括“MARY KAY”或者“玫琳凯”等字样,消费者在查看产品的时候也不会将案涉产品误解为其他品牌的产品,故对产品来源不会产生误导或者混淆,因此,马某某销售刮码的玫琳凯产品并未侵犯玫琳凯公司的商标权。

另一方面,结合马某某销售的是其从市场上支付了合理对价后获得的玫琳凯产品正品,玫琳凯公司对案涉产品的商标权已经用尽,马某某在店铺合法销售这些产品系其对物权权利的充分行使,并未侵犯案涉产品的商标权。

商标专用权人依法享有禁止他人未经许可在同一种商品或类似商品上使用与其注册商标相同或近似的商标。但是,商标专用权人或经其授权的人所制造的商品在被第一次投放到市场后,权利人即丧失了在一定地域范围内对它进一步的控制权,凡是合法取得了该商品的人均可以对该商品进行自由处分,该原则被称为商标权利用尽原则。该原则的宗旨是在保护商品生产者的商标专用权的同时兼顾销售者和一般消费者的合法利益,以促进商品流通,维护正常的市场交易秩序。

本案中,被诉侵权产品系马某某以合法方式取得,虽然已被刮除了二维码和部分可追溯玫琳凯公司美容顾问或直销员的生产批号等信息,但玫琳凯公司在一、二审中均确认被诉侵权产品系正品,即马某某在销售中并未改变商品的品质,且根据一、二审查明的事实,被诉侵权产品本身外包装未有缺失,产品来源信息清晰可见,生产日期、保质期、成分等化妆品类产品的必要信息也未缺失。因此,该商品来源于玫琳凯公司属于客观事实,涉案商标区分商品来源的功能并未受影响,不会导致相关公众对商品的来源产生混淆误认。

### 二、马某某的行为不构成不正当竞争行为

《中华人民共和国反不正当竞争法》(以下简称《反不正当竞争法》)第 2 条规

定，经营者在市场交易中，应当遵循自愿、平等、公平、诚实信用的原则，遵守公认的商业道德；不正当竞争是指经营者违反《反不正当竞争法》规定，损害其他经营者的合法权益、扰乱社会经济秩序的行为。玫琳凯公司认为被诉侵权行为干扰了其“直销＋产品＋售后服务”的商业模式，损害其合法权益，有违公认的商业道德，构成不正当竞争。马某某则认为其并未实施刮码行为，且其销售刮码产品的行为系其从合法渠道获得商品后的正常销售行为，故不构成不正当竞争。

第一，关于经营者利益。本案中，在马某某以合法方式获得玫琳凯公司的商品后，玫琳凯公司已经通过销售商品或奖励给美容顾问等方式获取了生产商品的利润，其作为商品生产者的利益并未受影响。而玫琳凯公司选择在其生产的产品上标注二维码和生产批号等元素旨在跟踪商品流通路径、维护商品价格体系和“直销＋产品＋售后服务”的商业模式，系其商业自由，但该种商业模式是否能持续给玫琳凯公司带来竞争优势仍需在市场竞争环境下进行优胜劣汰的选择。而马某某作为淘宝卖家，其亦有追求销售者利益最大化的商业自由，其并无法定或约定的义务维护玫琳凯公司的价格体系或商业模式。在电子商务发展的背景下，即使玫琳凯公司商业模式在商品实际流通中受到其他商业模式的冲击或影响，也系因不同商业主体争夺商业机会所导致的正常竞争利益受损。根据玫琳凯公司的宣传介绍以及二审中马某某提交的证据，玫琳凯公司已通过微信公众号或小程序打折销售其产品等方式，对其原有商业模式进行调整。因此，从竞争效率评价，在玫琳凯公司可以通过调整或改善其商业模式以应对新市场环境下其他经营者对其商业模式造成的冲击，马某某实施的被诉侵权行为并未达到需要《反不正当竞争法》进行规制的程度。

第二，关于消费者利益和社会公共利益。从提供给消费者商品的品质保障角度来看，因为被诉侵权产品系正品，假如产品质量出现问题，玫琳凯公司和马某某均不能因产品被刮码而免除产品责任。从消费者选择权和知情权的角度来看，玫琳凯公司“直销＋产品＋售后服务”的商业模式确实可以培养消费者对产品的认同感从而提高用户忠实度，但马某某在网店声明中已明确告知刮码产品的真实情况，故消费者是在知晓该情况的前提下自主做出的购买行为，即其愿意在放弃二维码和生产批号的完整性以及部分玫琳凯公司服务的前提下，以较低的价格购入产品。因此，从消费者可选择范围看，偏好直销模式及看重售后服务的消费者仍会从玫琳凯公司官方渠道获得产品，对价格更为敏感的消费者则可能会选择从马某某处购入商品，且可能存在部分如果不是因为低价吸引而不会购买玫琳凯公司产品的消费者。因此,消费者的选择增加了,购买产品的消费者数量和交易量也相应增加,作为销售者的马某某和采用直销模式的玫琳凯公司正当的竞争需求亦能满足。从竞争效果评价,市场竞争机制未因马某某的被诉侵权行为而受损。

第三,关于诚实信用原则和公认的商业道德。公认的商业道德是经营者长期在商业实践中遵守诚实信用原则所形成的公认的行为准则。本案中,认定公认商业道德需要考量与电子商务规则特点相适应的电商平台内经营者的道德水平,不能将其泛化为与个人品德或社会公德相对应的道德标准。玫琳凯公司"直销+产品+售后服务"的商业模式通过省去流通领域中的众多环节,使消费者直接从生产商处获得商品并享受相应服务,马某某在电商平台上销售商品的商业模式利用网络技术的便利,以低廉的价格、多样化的选择作为吸引消费者的手段,两种商业模式都是正常技术发展和市场竞争的产物,并无商业道德高低之分。电子商务平台经营者以低价方式吸引消费者是正常商业行为,其需要遵守的公认商业道德包括在诚信原则下不欺诈、不诽谤、保护隐私和信息安全以及尊重知识产权等。

从道德评价角度,马某某在并不负有法定或约定义务维护玫琳凯公司直销商业模式的情况下,其将支付了合理对价获取的刮码正品在网店中销售,并做了较为充分的说明,并未违反诚实信用原则和公认的商业道德。当然,对于马某某等淘宝上销售刮码产品的卖家应有合法的进货渠道及来源,并保存好相关凭证,不能以次充好、真假掺卖,同时充分履行相应的提醒义务,告知消费者所售产品的真实情况。

因此,二审法院认为,市场竞争是在市场引导下动态进行的,由竞争产生的竞争性损害是市场经济的常态,创新更多来自经营者技术或商业模式之间的激烈竞争,竞争者在市场竞争中需要容忍适度的干扰和损害,以实现消费者福利最大化。本案中,综合考虑经营者、消费者和社会公众的利益,马某某的被诉侵权行为并未构成对《反不正当竞争法》第 2 条的违反,不构成不正当竞争。

## 【履职情况】

在该案件中,被告马某某作为一个普通的淘宝卖家,在面对强势的国际化妆品巨头玫琳凯时,各方面的资源对比明显处于下风。但是,作为马某某的代理律师，浙江千寻律师事务所的涉外知识产权团队从程序和实体层面进行了全方位的努力抗辩，还就本案件积极在美国进行调查取证，最大限度地维护了被告的各项合法权益。

## 【典型意义】

本案是在一审败诉、玫琳凯公司诉请被全部支持的情况下实现二审中的大逆转。

### 一、本案充分保护了诚实守信经营的电商卖家的合法权益

在本案中，和国际巨头玫琳凯公司相比，电商卖家马某某是相对弱势的群体，虽然其一直诚实守信地在经营（不论从进货渠道保证产品是正品，还是在销售过程中如实告知消费者产品被刮码的客观事实等），但还是遭遇了跨国诉讼，一旦败诉对其而言难以承受之重（停止销售案涉产品、在新闻媒体上登报道歉，以及巨额的赔偿责任等），对其正常经营产生了巨大的影响，并且对马某某及家人也带来了压力。

二审案件的改判概率很低[同时期玫琳凯（中国）公司在余杭区法院提起了类似的刮码销售诉讼，且都获得了胜诉]，但是即使在这样不利的情况下，通过代理律师团队的不懈努力，通过对我国《商标法》《反不正当竞争法》等的准确解读，以及日常生活层面的细致分析和说理，终使二审法院的承办法官对此案进行了改判，最终维护了电商卖家马某某的合法权益。

### 二、体现出法院充分尊重市场主体的自由竞争权利

本案中，玫琳凯公司没有从内部经营角度去思考怎么解决产品被刮码销售的问题，例如加强对直销员以及货源的管理，而是从合法购买并支付合理市场对价的电商卖家入手进行所谓的“维权”，明显属于维权对象错误。既然玫琳凯公司不愿意看到被刮码的产品出现在市场上，就应该从内部入手，例如控制货源、加强内部纪律等，而不是一方面通过各种方式来刺激直销员多拿货、多销售；另一方面，又在市场进行类似的诉讼维权。

市场竞争是在市场引导下动态进行的，由竞争产生竞争性损害是市场经济的常态，创新更多地来自经营者技术或商业模式之间的激烈竞争，竞争者在市场

竞争中需要容忍适度的干扰和损害，以此实现公共利益。本案中，综合考虑经营者、消费者和社会公众的利益，马某某的被诉侵权行为并未构成不正当竞争。

最终，在代理律师的不懈努力下，二审法院完全纠正了一审法院的错误判决，马某某无需停止销售案涉产品，也不需要通过全国性的新闻媒体进行赔礼道歉，更不需要支付 50 万元的巨额赔偿费。

## 【专家点评】

本案系一起围绕商标侵权及不正当竞争的诉讼，一审与二审的判决截然相反。代理律师在此案代理过程中，围绕被告销售刮除二维码产品的行为是否构成商标侵权及不正当竞争展开了事实和法律两方面的抗辩，并取得了将一审判决全部改判的诉讼结果，维护了当事人的合法权益，发挥了专业律师的重要作用。

就本案剖析意见而言，由于原告是基于商标侵权及不正当竞争为诉由提起诉讼，故在本案中，被告被诉的销售行为是否构成侵犯注册商标专用权或不正当竞争是阐述的重点。辩护人在相关基本事实介绍方面，首先，就案情概要概括说明原告的诉请所依据的具体事实和理由，梳理双方各自的论点并归纳争议的焦点，指出其法律问题实质所在。其次，意见中对于一审法院判决所持的观点应予以说明，并进行分析和探讨，以便明确上诉的代理要点所在。对于二审与一审法院迥然不同的观点应从基本事实和法律适用理解两方面进行对比分析。此外，从代理观点的逻辑思维缜密性角度而言，一些在代理过程中可能阐述的意见不宜展开或体现，因为这些问题并非本案的关键所在。最后，文末的意义分析欠缺深度和准确性。辩护意见应当对当事人的销售行为，尤其是直销员为了以低于玫琳凯公司允许的销售价在市场上进行销售，而将刮除二维码的商品交付当事人销售的行为是否会产生其他法律风险或构成不正当竞争进行必要的论证分析，以达到深入剖析的目的。

---

**案件承办人：**

朱海成，浙江千寻律师事务所主任

朱苏，浙江千寻律师事务所律师

**案例撰写人：**

朱海成，浙江千寻律师事务所主任

沈红，浙江千寻律师事务所律师

**案例审核人：**

朱海成，浙江千寻律师事务所主任

**案例编审人及点评人：**

王立新，浙江省律师协会副会长

**被刮除条码图样**

（2018 年 2 月 5 日由张金捷拍摄）

# 合同纠纷案[①]

## ——因政府行为致使民营企业与国有企业的合作终止的损害赔偿纠纷

### 【案例要旨】

原告与被告签订的合作协议是各方的真实意思表示，该协议合法有效，对各方均具有约束力。原告要求解除案涉协议，被告亦同意解除，关于原告主张的设备器材回购款、损失补偿及其他支出损失是否成立，须结合上述合作协议的约定、履行情况等因素综合认定，而导致合作协议无法继续履行的实际原因系被告方应投入的水域经营权发生变化，故被告方应按《合作协议》第7.5条履行，即回购原告方为履行合作协议采购的设备器材，并按约补偿原告损失。

### 【案情概要】

A公司系某开发区管委会名下的国有独资公司，B公司是A公司的全资子公司，C公司及D公司系受同一自然人实际控制的关联公司，主营业务为运动项目推广及运动品牌的管理及运营。2017年4月14日，某区管委会办公室以《主任办公会议纪要》明确，将其辖区内某水域的水上经营使用权授权给A公司。2017年年底，A、B两公司作为甲方，C、D两公司作为乙方签订了一份《合作协议》，约定：甲方以场地的附属配套设施及该区域的水域经营权，乙方以水上运动旅游器材和专业运营管理团队投入，共同合作创建水上运动旅游体验基地项目。乙方作为项目的独家运营商，负责项目的日常运营管理，派驻运营所需的服

① (2021)浙0212民初319号。

务人员、安全管理人员、救生员等。项目合作期为5年，即2018年1月1日—2022年12月31日；合作期内，如果甲方原因(政府规划调整)，双方合作需提前终止，甲方承诺以乙方评估的价格回购乙方设备器材，甲方按合作年限补偿乙方最多10万元。在合作第一年终止补偿10万元，第二年终止补偿8万元，第三年终止补偿6万元，第四年终止补偿4万元，第五年终止补偿2万元；等等。

上述协议签订前，C、D两公司已购买了部分水上运动器材和设备。协议签订后，C、D两公司因项目运营需要聘请、培训了员工及专业人员。C、D两公司自2018年起试运营一段时间后在当年停止运营。2019年5月，项目水域码头被拆除，双方实际已经终止了项目合作。期间，案涉项目未发生运营收入。

此后，因项目无法实际运营，C、D公司多次与某区管委会相关领导及A、B公司的相关负责人就项目无法运营产生的损失承担问题进行协商，然而未取得实质性协商成果。C、D公司遂于2021年1月向法院提起诉讼，要求解除双方的合作协议，并要求A、B公司回购C、D公司购买的运动器材，补偿10万元并赔偿C、D公司因项目支出的员工工资、培训费、咨询费等。

A、B公司答辩称：对于解除合同事宜表示同意，但是认为导致项目无法开展的问题在于C、D公司未取得相应审批、没有配备专业人员，也没有进行合理的运营推广所致，因此，按照合同约定，A、B公司无需承担任何回购及补偿、赔偿责任。

法院经审理，作出如下认定。

第一，导致合作协议无法继续履行系因被告方应投入的水域经营权发生变化所致，故被告方应按《合作协议》第7.5条履行，即回购原告方为履行合作协议采购的设备器材，并按约补偿原告损失。

第二，关于设备器材的回购价格，原告方已申请进行评估，就财产评估的基准日问题，鉴于案涉合作项目自始没有运营，设备器材采购在2017年已经发生，原告主张2018年1月1日即协议签订日为评估基准日具有合理性。

第三，关于损失补偿，《合作协议》约定在5年合作期限内按终止合作后的剩余年限补偿，每年2万元。虽然项目实际在2019年5月终止，但项目自始未能运营，也未产生收益的情况，被告方应按10万元补偿给原告。

第四，关于原告主张的培训费、咨询费、员工工资支出等费用，虽然确有发生，但并未在双方约定的赔偿范围内，且被告方给予的补偿足以弥补原告方主张的上述损失，原告方也没有证据证明还有其他损失发生，故对原告方的该项诉讼请求不予支持。

最后，法院判决解除 A、B 公司与 C、D 公司之间签订的《合作协议》，并由 A、B 公司向 C、D 公司支付根据 2018 年 1 月 1 日作为评估基准日确定的运动器材费用 136 910 元及补偿款 10 万元，驳回 C、D 公司的其他诉讼请求。

## 【履职情况】

承办律师接到 C、D 公司的案件咨询后，第一时间意识到这是一件涉及民营企业与国有企业合作退出的纠纷，承办该起案件对于优化法治营商环境具有一定的积极意义，因此，立即组织团队成员对案件进行分析研究。在和客户沟通的过程中，承办人发现对于相关旅游景点合作开发项目未能成功进行之后的退出事项，特别是相关的国有资产管理制度对于国有企业款项流出存在较为严格的约束时，国有企业对此的处理态度较为消极。在这种情况下，承办律师建议客户积极通过诉讼程序主张权利。

在接受 C、D 公司的委托后，承办律师在组织相关证据材料的过程中发现，客户为了项目而购买的运动器材仍处于对方的控制之下，且客户编制的运动器材清单中的部分器材缺少相应的购买记录及发票，因此对于要求 A、B 公司承担运动器材的回购这一诉讼请求，在实际操作层面存在一定的障碍。为了解决这一实际问题，承办律师建议先行提起诉讼，然后借助案件的审理程序取得有利证据，假如条件允许，也可以与对方达成调解。

案件受理后，承办律师积极与法院以及对方的代理律师沟通，首先确定了相关运动器材仍由对方保管这一事实，并随即向法院提出司法鉴定申请，请求对相关运动器材的价值进行评估。然而，原、被告双方对于涉案运动器材评估的价值时点持有不同意见。C、D 公司主张涉案器材因从未投入运营使用，应当按照合同约定的合作期限开始的时间，即 2018 年 1 月 1 日确定涉案运动器材的评估价值；A、B 公司则主张应当按照项目实际因码头拆除而无法运营的时间，即 2019 年 5 月 31 日确定评估价值时点。通过前期的有效沟通，双方本着有效、妥善解决争议的态度，同意分别根据上述两个时间作为价值时点对涉案运动器材进行价值评估，最终由法院认定具体适用哪一份评估报告。此后，双方当事人的代理律师陪同法院委托的评估机构人员前往运动器材的存放场所，对涉案的运动器材进行整理、盘点、统计，在征得各方同意的情况下，一致签署确认涉案运动器材的具体种类、数量，并以此作为价值评估的客体以及法院认定的事实依据。

除了解决运动器材的问题之外，承办律师在诉讼的过程中还针对A、B公司提出的抗辩进行了有针对性的反驳。

首先，A、B公司认为其已经按照合同约定提供的相关场地及经营权限，项目未能成功运营在于C、D公司未能取得相关审批，也未按照合同约定提供足额的资金投入及人员配备。承办律师提出反驳意见：按照法律规定，涉案项目的经营无需取得相关审批，在合同签订之后项目未能正常运营的原因是A、B公司始终通过相关负责人口头指示的方式禁止C、D公司开展运营，导致C、D公司前期投入的运动器材及人员均处于闲置状态，直到2019年5月，因相关水域码头被拆除，涉案项目在客观上丧失了继续运营的可能。在这种情况下，C、D公司暂时停止对项目的资金投入系行使合同抗辩权的行为，同时也是在主动采取措施以减少因A、B公司违约而产生的损失。

其次，A、B公司对于补偿款及员工工资等损失的计算方面持有异议。承办律师提出反驳意见，主张涉案项目无法开展的原因在于A、B公司无法为C、D公司提供合同约定的条件，其结果是涉案项目自始不能开展，C、D公司在合作协议项下的合同目的无法实现，因此，A、B公司应当参照合作第一年即终止协议的标准承担补偿费用10万元，并按照C、D公司实际产生的人员成本赔偿员工工资、培训费、咨询费等。

经过两次开庭审理，最后法院采纳了承办律师的多数代理意见，包括评估价值时点和补偿费用的确认，并在判决中支持了C、D公司的多数诉讼请求。但是由于法院认定10万元补偿费用已经覆盖了C、D公司的员工工资等损失，因此对于C、D公司主张的培训费、咨询费、员工工资支出等费用未予以支持。从结果上来看，C、D公司因涉案项目未能开展而产生的损失得到了较好的弥补，其合法权益也得到了法律保护。

## 【典型意义】

### 一、推进法治化营商环境建设需要律师发挥专业优势，积极为企业提供专业、优质的法律服务

在本案中，C、D公司面临着与作为国有企业的A、B公司沟通渠道不通畅、诉求得不到正面回应等外部问题，以及采购记录保存不当、设备器材管理脱节等

内部问题，这些问题导致C、D公司在其合法权益无法得到保障时，对通过法律程序主张权利存有顾虑，而A、B公司也受限于相关的政策法规而无法灵活变通地与C、D公司自行达成解决方案。

在这种情况下，承办律师充分发挥其专业优势，充当值得客户信赖的法律智囊，客观分析双方纠纷，给出精确的法律判断，提供了明确的争议解决路径，并在案件审理的过程中客观地陈述事实、妥善发表意见，力争最大化地保障当事人的合法权益。企业在律师的帮助下及时识别风险、发现问题，并积极加以解决是推进法治化营商环境建设必不可少的组成部分。

## 二、推进法治化营商环境建设需要双方当事人的代理律师对抗不对立、交锋不交恶，共同忠于法律，维护司法权威

在本案中，原、被告双方均委托律师参与诉讼。在法庭上，双方的代理律师就法律适用问题进行了激烈辩论，对既有的客观事实均保持真实陈述，避免了无谓的争论，将双方的争议聚焦在核心问题上，明显提高了法院对案件的审理效率。

与此同时，庭后，双方律师从帮助客户解决争议的角度出发，在确认调解可行性、对涉案运动器材的清点整理、证据原件的核对等事项上保持积极沟通，并对双方当事人提出的补充材料或说明的要求积极落实，为案件的事实查明提供了极大的便利。

律师作为法治化营商环境建设工作中必不可少的组成部分，在遵循法律及行业规范的基础上，保持积极竞争的同时相互合作，可以有效地提高争议解决的效率，促进法治化营商环境的建设。

## 三、推进法治化营商环境建设需要律师与法院形成良好的互动，相互信任尊重，共同保障司法的效率与公正

人民法院在受理案件之后按照法律规定组织庭审，引导双方当事人积极地参与诉讼活动。在收到承办律师提交的针对运动器材的评估申请之后，承办法官及时与律师沟通价值评估工作需要准备的材料，并在双方对评估价值时点持有不同意见时同意委托评估机构就两个价值时间分别进行评估。在法院的协调下，双方当事人也积极配合相关工作，案件审理过程进展顺利。

在审判过程中，承办法官始终保持绝对中立，充分听取双方律师的代理意见，保障当事人的所有程序权利，在尝试调解无果之后结合相关证据及庭审查明的事

实，在法律规定的审理期限内作出判决，充分发挥了人民法院的审判职能作用。

建设法治化营商环境必然离不开人民法院身份发挥审判职能，而律师群体与法院之间的良性互动也有助于法院提高审判效率、促进司法公正。

## 【专家点评】

本案系一起典型的民营企业与国有企业合作而又涉及政府介入的与营商环境有关的合作合同纠纷案件，代理律师在本案的代理过程中，充分发挥专业优势，通过客观分析案情，精准指明案涉纠纷处理的关键在于查明合作协议无法继续履行的实际原因，有效提高了法院的审理效率。同时，代理律师还通过积极推动调解、对案涉运动器材的价值评估和证据原件核对等程序工作，协助法院以更高效、更全面、更客观的方式查明案件事实，有利维护了当事人的合法权益，体现出专业律师在民商事案件争议解决、优化法治化营商环境中的重要作用和价值。

**承办律师陪同评估人员前往涉案场地清点船桨**

（2021 年 6 月 16 日由朱海成拍摄）

**案件承办人：**

叶凌男，浙江海泰律师事务所律师

卢思琦，浙江海泰律师事务所律师

**案例撰写人：**

张金捷，浙江海泰律师事务所律师

叶凌男，浙江海泰律师事务所律师

**案例审核人：**

张金捷，浙江海泰律师事务所律师

**案例编审人及点评人：**

郑金都，浙江省政协委员、浙江省律师协会会长

# 浙江中控技术股份有限公司首次公开发行股票并在科创板上市项目

## ——拟上市科创型企业股权激励路径及其实施

### 【案例要旨】

浙江中控技术股份有限公司(以下简称中控技术)于2020年11月正式登陆上海证券交易所科创板并发行上市。中控技术的成功上市为注册制背景下科创企业借助资本市场实现快速发展提供了宝贵的实践经验,对科创企业如何利用各类股权激励工具、如何在上市前实施股权激励进行了全面的可行性论证,符合全面落实关于支持企业实施灵活多样的股权激励和员工持股计划,积极实现知识、技术、管理等要素价值,激发人才创新活力的政策导向,为高质量发展建设共同富裕示范区的战略举措提供了示范。

### 【案情概要】

2020年11月24日,中控技术在上海证券交易所科创板成功发行A股并上市,股票代码为688777。中控技术本次公开发行股份数量不低于本次发行后已发行股份总数的10%,发行的股份总数4 913万股,发行价格为35.73元/股,发行市盈率64.04倍,募集资金达16.07亿元,主要用于新一代控制系统研发及产业化项目、智能化工业软件研发及产业化项目等。

中控技术是一家致力于面向流程工业为主的工业企业,提供以自动化控制系统为核心,涵盖工业软件、自动化仪表及运维服务的智能制造产品及解决方案,赋能用户提升自动化、数字化、智能化水平,实现工业生产自动化控制和智能化管理。公司以研发、生产和销售自动化控制系统为业务起点,逐步发展成为以自动化控制系统为核心的智能制造产品及解决方案供应商，拥有从现场检测、执行设备到自动化控制系统、工业软件等较为完整的工业 3.0 产品与解决方案，并积极探索、示范和应用以软件智能化为核心的工业 4.0 产品与解决方案。公司连续九年蝉联分散控制系统(DCS)国内市场占有率第一位，是中国石化 DCS 最大的供应商。

中控技术于 2019 年启动 IPO 申报计划，项目发行人律师为北京金杜(杭州)律师事务所(以下简称金杜)。本项目的重要亮点如下。

一是利用多种激励工具同时进行股权激励。在中控技术上市前，公司前后共制定了两期员工持股激励计划、股票期权激励方案并搭建了高管及核心技术人员股权激励平台，股权激励比例高且形式丰富、激励对象人数众多。上述股权激励实施后，发行人员工合计持股比例达 35%，激励对象人数达 640 余人。项目组在协助公司搭建持股平台、制定员工持股管理方案的过程中，对比已有的市场案例，结合发行人自身特点，在持股平台(计划)的形式、高管(员工)进入与退出机制、持有人会议、管理委员会设置等方面进行了精心设计。

二是充分论证通过资管计划进行员工股权管理的可行性及合规性。在缺少可借鉴案例的情况下，本项目以资管计划的形式建立员工持股计划，制定员工持股管理办法，严格遵循闭环原则，满足了《上海证券交易所科创板股票发行上市审核问答》关于申报前实施员工持股计划的相关要求，也未突破监管对于上市前股权穿透后股东人数不超过 200 人的要求及其他限制性规定。经过反复论证沟通，证券监管部门最终采纳了项目组的做法和意见，这对于科创企业在上市前实施股权激励的方案设计具有指导性意义。

## 【履职情况】

作为中控技术本次科创板发行上市项目的发行人律师，金杜在整个上市过程中为中控技术提供了全面、精准、高效的法律服务。自项目启动以来，金杜全力协助中控技术完成发行上市相关的各项工作，全程参与了本项目中公司高管激励平台搭建、员工持股计划方案设计与论证、员工期权激励计划方案设计与实施、内部股权调整、税收筹划、政府审批(备案咨询)、企业规范运作，协助发行人前期与投资人沟通谈判等工作，并就本项目中的各类法律问题提供了综合性解决方案。

基于在资本市场众多丰富的IPO成功经验以及近30年的行业积累，并得益于长期深耕科技、高端制造行业的市场经验，金杜在本案中对复杂的法律问题提出了专业、有效的解决方案，多次参与各方磋商会谈，凭借丰富的项目经验、精湛的专业能力及沟通能力，在中控技术上市过程中起到了关键作用，为该项目提供了高效、及时和优质的法律服务，获得客户及各合作机构的高度赞誉和一致认可。

## 【典型意义】

发行人作为国内自动化领域的标杆企业，是具有典型核心竞争力、科研实力强的技术型企业。中控技术的成功上市进一步提升了企业知名度和市场影响力，也为企业持续的研发投入募集了资金，为企业不断提升技术实力、保持行业领先地位提供了保障。2021年上半年中控技术业绩较同期增长50%以上，累计取得361项专利、459项软件著作权。2021年8月27日，上海证券交易所与中证指数决定于2021年9月13日起将“中控技术”等股票调入“科创50”指数样本。

项目组律师协助发行人制定全面完善、多层次的股权激励方案，切实激励了公司管理人员、技术人才以及核心骨干，全面提升公司员工的活力、创造力与积极性，进而推动了企业高效快速发展，既实现了企业与员工共同提升的良性循环，也为国内众多高新技术企业与科技型企业的发展模式提供了宝贵的经验。

## 【专家点评】

2018年11月，习近平主席在首届中国国际进口博览会上提出，要在上海证券交易所设立科创板并试点注册制。2019年12月，第十三届全国人大常委会审议通过了新修订的《中华人民共和国证券法》，全面推行证券发行注册制度。科创板上市条件灵活包容，科创属性评价体系更加科学，申报审核程序透明便捷，为具备核心技术、研发实力的技术型企业提供了新的发展契机。截至2021年8月，科创板上市公司已超过300家。

本项目中，金杜能够利用自身的项目经验及专业能力，精准把握证券资本市场的最新规则和监管动态，有效结合企业自身的发展需求和特点，制定了科学、合规、全面、完善的员工股权激励方案，提高了企业管理层、技术人员与骨干员工的创造力和积极性。从经济效果上看，企业上市后在经济效益、技术价值、研发能力、发展规模、国际化程度等方面均得到了显著提升。

拟上市公司通常以有限公司或有限合伙企业形式搭建股权激励平台，项目律师在充分解读规则制度的前提下，创新启用证券公司为管理人的资管计划作为员工股权激励的法律主体形式，协助发行人在上市前发行两期员工持股计划，解决了激励对象范围广、人数众多的难点；通过制定员工持股计划管理办法、激励对象考核办法、设置持有人会议、管理委员会等一揽子方案解决了激励对象的管理、考核、进入退出机制、表决等复杂问题。该创新型的员工股权激励方案以其专业性和合规性得到了证券发行监管部门的认可，体现了项目律师在业务上敢于钻研和勇于创新的专业精神。此案例也为未来国内拟上市科技型企业设计股权激励方案提供了指导与借鉴，是资本市场律师提供高质量法律服务的典型范例。

**案件承办人：**

梁瑾，北京金杜（杭州）律师事务所律师

张诚，北京金杜（杭州）律师事务所律师

叶远迪，北京金杜（杭州）律师事务所律师

陈珊，北京金杜（杭州）律师事务所律师

吴唯炜，北京金杜（杭州）律师事务所律师

**案例撰写人：**

叶远迪，北京金杜（杭州）律师事务所律师

吴唯炜，北京金杜（杭州）律师事务所律师

**案例审核人：**

梁瑾，北京金杜（杭州）律师事务所律师

**案例编审人：**

唐国华，浙江省律师协会副会长

曹悦，浙江省律师协会副秘书长

**案例点评人：**

唐国华，浙江省律师协会副会长

**中控技术上市庆祝宴会金杜律所团队和公司实际控制人合影**

（2020年10月23日由丁天拍摄）

# 安徽省

# 法治案例

# 郑某某等九人民间借贷虚假诉讼抗诉案[①]

## ——推动虚假诉讼案件及时纠错、追责

### 【案例要旨】

债权人在债务人无力偿还个人借款的情况下，依据债务人伪造的新借据向他人主张权利，并在庭审上虚假陈述、骗取人民法院民事判决书、妨碍司法秩序的构成虚假诉讼。因检察机关监督而再审的民事案件，人民法院准予原告撤回起诉确有错误的，检察机关应当依法监督，督促法院对案涉诉讼失信行为予以惩戒，发挥个案的警示教育作用。同时，检察机关要结合办案，针对有关单位的共性问题和管理漏洞及时制发检察建议，发挥类案监督的社会治理效能。

### 【案情概要】

范某甲与C公司四分公司负责人范某乙系叔侄关系，两人自1999—2008年以C公司资质和名义承揽建筑项目，从2008年12月开始，范某甲开始挂靠其他建筑公司从事项目承建，至2009年年底，范某甲未再以C公司名义承接过任何建筑工程。2010—2013年，范某甲因工程项目需要资金周转，以个人名义从郑某某等处借款。2014年，因无力偿还个人借款，范某甲向郑某某等出具私自加盖C公司四分公司的公章及公司负责人范某乙私章的新借据，借款金额、借款时间、借款利息等其他内容保持不变。

2014年12月，郑某某、李某展、范某升等11人以民间借贷纠纷为由向合肥

① (2020)皖民再3-11号。

高新技术产业开发区法院起诉，诉请判令C公司四分公司、C集团公司偿还其借款本金及利息。其诉称C公司四分公司因建设工程资金周转需要，从郑某某等11名出借人处借款共计597万元，C公司四分公司分别向他们出具《借支单》或《借条》，借据上加盖了C公司四分公司财务专用章和负责人范某乙的个人印章。2016年12月，除李某展在一审中撤回起诉、范某升自认借款系范某甲个人借款被判败诉外，郑某某等9人的诉讼请求最终被合肥市中级法院作出的生效民事判决支持。

C集团公司收到一审民事诉状后，认为上述11起民间借贷自己毫不知情，相关民事诉讼涉嫌诈骗，故向合肥市公安局经济开发区分局报案。2015年6月2日，该分局以范某甲及相关债权人的行为属于民事欺诈为由，做出不予立案的决定。C集团公司向合肥高新技术产业开发区检察院申请立案监督，经检察机关监督，2017年7月28日，公安机关决定立案侦查。2018年5月30日，合肥高新技术产业开发区检察院以范某甲涉嫌虚假诉讼罪向合肥高新技术产业开发区法院提起公诉。2018年8月20日，一审法院判决范某甲犯虚假诉讼罪，判处有期徒刑9个月，并处罚金30 000元。合肥检察机关以一审判决量刑畸轻为由，向合肥市中级法院提出抗诉。2018年12月19日，合肥市中级法院以虚假诉讼罪改判范某甲有期徒刑4年，并处罚金50 000元。

## 【履职情况】

### 一、再审检察建议监督

在范某甲涉嫌虚假诉讼罪一案提起公诉后，合肥市检察院依职权对相关民事案件进行了审查。经审查确认虚假诉讼事实后，2018年9月14日，合肥市检察院向合肥市中级法院提出再审检察建议，认为范某甲指使他人以捏造的借据提起民事诉讼，妨碍司法秩序并严重侵害公司的合法权益，构成虚假诉讼，建议法院启动再审程序。2018年11月7日，合肥市中级法院向合肥市检察院复函，对上述民事案件决定按审判监督程序处理。再审过程中，郑某某等9人申请撤回起诉，合肥市中级法院认为，郑某某等人撤回起诉的请求不损害国家利益、社会公共利益和他人合法权益，遂于2018年12月作出民事裁定，准许撤回起诉。

## 二、跟进抗诉监督

### (一) 跟进审查情况

安徽省检察院了解上述案件处理情况后，认为撤诉处理明显不当，遂指示合肥市检察院依职权受理，并查明范某甲指使郑某某等人持伪造的借据提起民事诉讼，致被害单位C公司为应诉支出律师代理费、案件受理费、鉴定费等合计约30余万元，原民事判决生效后，郑某某等人申请强制执行，C公司作为被执行人上传至中国执行信息公开网，长达一年多不能参与招投标和申请金融贷款。此外，郑某某等人在原审法庭上进行虚假陈述，误导法院作出错误判决。

### (二) 跟进监督意见

2019年11月4日，安徽省检察院就合肥市中级法院前述9份民事裁定书，以皖检民(行)监[2019]340000000315－323号民事抗诉书向安徽省高级法院提出抗诉，认为郑某某等9人受范某甲指使，以伪造的借据提起民事诉讼，违反了诚实信用原则，妨碍司法秩序，侵害他人的合法权益，损害国家和社会公共利益，应该受到法律的否定性评价。对郑某某等人提出的撤诉申请，人民法院应严格审查，依法判决驳回其诉讼请求，并对参与虚假诉讼的违法行为人予以惩戒。原审法院作出准予撤诉的民事裁定属于适用法律明显错误。

### (三) 跟进监督结果

2020年6月8日，安徽省高级法院作出(2020)皖民再3－11号9份民事判决，采纳了抗诉意见，撤销原审判决和裁定，驳回郑某某等9人的诉讼请求；同时认为郑某某等9人的行为妨害民事诉讼秩序，构成虚假诉讼，遂于2020年6月24日决定对郑某某等9名起诉人分别判处2 000～20 000元不等的罚款。对于代理律师焦某决定判处20 000元罚款，并就代理律师参与虚假诉讼的违法问题向省司法厅、省律师协会发出司法建议。此外，郑某某等人还向C公司自愿赔偿了律师费等直接经济损失450 000元。

## 三、类案监督

### (一) 类案检察建议

案件办理过程中，安徽省检察院经初步排查，发现全省有20余件虚假诉讼案件存在类似处理方式，即通过检察监督启动再审程序后，违法行为人提出撤诉申请，有关法院未能充分认识虚假诉讼对司法秩序和社会诚信的危害性，遂作出准予撤诉的裁定，而未采取针对性惩戒措施。安徽省检察院决定对2017—2019年全省检察机关办理的1 000余件虚假诉讼监督案件进行梳理分析，发现法院存在需要关注和解决的共性问题。2019年12月26日，安徽省检察院向安徽省高级法院提出检察建议，建议该院并指导全省各级法院提高防治虚假诉讼的思想认识；压实防治虚假诉讼的司法责任；加强审判管理，强化虚假诉讼全方位的甄别审查力度；严格落实法律和司法解释有关虚假诉讼认定和处理规定；完善协作机制，形成防范打击虚假诉讼合力。

（二）监督结果

安徽省高级法院高度重视检察建议，并召开落实检察建议对接会暨虚假诉讼研讨会，就虚假诉讼的危害性及如何防范和惩治达成共识，专门印发《关于认真做好防范与制裁虚假诉讼工作的通知》。2020年5月20日，安徽省高级法院制定《关于在民事诉讼中防范与制裁虚假诉讼的工作指引（试行）》，采纳了检察建议有关内容，为防范和制裁虚假诉讼审判工作提供了精细指导。在省委政法委的支持下，安徽省检察院牵头起草并与省高院、省公安厅、省司法厅共同会签《关于防范和惩治虚假诉讼的工作指南》，从制度机制上明确虚假诉讼认定范围和处理规则，细化协同防范和惩治虚假诉讼的举措，着力在精准有效打击虚假诉讼方面凝聚共识和合力，补强司法诚信这块短板，推动完善社会诚信体系建设。

## 【典型意义】

第一，本案指导意义在于检察机关在办理虚假诉讼监督案件时，把弘扬社会主义核心价值观贯穿于履职全过程，以诉讼诚信引领社会诚信体系建设。我国《民法典》明确将诚信作为民事活动的基本原则，而虚假诉讼背离诚信原则，检察机关作为法律监督机关，应当积极发挥职能作用，防范和惩治虚假诉讼。通过采取个案监督的方式，加大对虚假诉讼等失信违法行为的惩戒力度，可以发挥司法裁判和法律监督对失信行为的评价指引作用。同时还可以采取向有关部门发送检察建议、监督工作情况通报、汇报等方式，堵塞诚信制度的规制漏洞，促成司法机关和行政管理部门协同发力共治虚假诉讼，以司法诚信引领推动社会诚信长效机制建设，助力社会治理创新能力和水平的提升。

第二，虚假诉讼损害国家利益和社会公共利益，检察机关对此应当依法监督。民事诉讼程序作为人民群众救济合法权益和解决纠纷的重要渠道，是社会公平正义的“最后一道防线”。司法实践中，有的行为人为谋取非法利益，采取伪造证据、虚假陈述、隐瞒事实等手段虚构民事纠纷，骗取人民法院作出错误裁判。与常见的虚假诉讼不同的是，本案债权人的债权客观存在，但债务人在无力偿还的情况下，伪造公司为债务人的新借据交由债权人提起诉讼。债权人为实现债权在诉讼中做虚假陈述，从而获取人民法院判决书。民事虚假诉讼作为一种严重的诉讼失信行为，已超出私益处分的范畴，其危害性不仅在于损害他人合法权益，而且在于其虚假性的本质对司法秩序和权威的严重侵蚀、对社会诚信体系的极大破坏，实质上已损害了国家利益和社会公共利益，应受到法律的否定评价，并予以严厉惩戒。

第三，检察机关应综合运用再审检察建议、跟进抗诉、类案检察建议等方式对民事虚假诉讼案件进行精准监督。检察机关发现虚假诉讼案件要依职权受理，重点对案件中伪造证据、虚假陈述等捏造事实的手段开展调查核实工作，确属虚假诉讼案件的，要向同级人民法院提出再审检察建议，及时监督法院纠正错误的裁判。对人民法院不采纳或启动再审后处理不当的，应及时跟进抗诉，督促惩戒违法行为人。对存在的共性问题可以提出类案检察建议，推动人民法院完善防范和打击虚假诉讼工作，堵塞制度管理漏洞。同时注重沟通协调，促成建立虚假诉讼联合防范、发现和制裁机制，实现双赢、多赢、共赢。

第四，检察机关应对涉民营企业虚假诉讼进行全方位全流程监督，为民营经济健康发展营造良好的法治环境。民营企业因参与市场环节交易多、风险控制意识不到位等原因，经常涉诉并无端背负巨额债务，深受虚假诉讼之害。本案中，为切实保护民营企业合法权益，帮助C集团公司及时走出困境，检察机关一方面通过三级检察机关协力监督，引导公安机关侦查，还公司一个“清白”，同时还在监督中查明了范某甲等人的虚假诉讼行为已给C集团公司造成严重经济损失，应依法追究其刑事责任；另一方面，及时启动系列民事生效裁判案件的监督工作，督促法院纠正错误裁判，不仅使涉案原告的诉讼失信行为得到惩戒，而且促使其赔偿了企业因虚假诉讼产生的经济损失。通过个案的全流程法律监督实现了全方位维护民营企业的合法权益，为优化法治营商环境和民营经济健康发展提供了坚强的法治保障。

## 【专家点评】

本案是通过检察监督使虚假诉讼的当事人受到惩治的典型案例。民事诉讼中的虚假诉讼一般是指双方当事人恶意串通、虚构事实、伪造证据提起的诉讼。当事人进行虚假诉讼意在规避国家的法律、法规，逃避应当承担的民事责任，谋取非法利益。虚假诉讼一旦得逞，不仅会破坏国家法律、法规的实施，损害案外人的合法民事权益，而且还会对正常的诉讼秩序造成严重的破坏，因此，虚假诉讼是一种损害社会公共利益的行为。将虚假诉讼纳入检察监督的范围正是由于它严重损害了国家的司法秩序。

民间借贷是虚假诉讼多发的领域。典型的借贷型虚假诉讼是原、被告恶意串通、捏造事实，虚构并不存在的债权向法院提起诉讼。本案的情况有所不同，在本案中，原告具有债权是真实的，但并非对被告享有债权，而是对无清偿能力的案外人范某甲享有债权。为了使原告能够实现债权同时使自己摆脱债务，案外人范某甲采用移花接木的手法，伪造了原告与C公司之间的借款关系。对于范某甲的上述行为原告是知情的，鉴于原告明知提起诉讼所主张的事实和依据的证据都是虚假的，所以就原告的行为而言，无疑也构成了虚假诉讼。

在诉讼实务中，当原告察觉虚假诉讼可能败露时，为逃避法律的制裁，常常会采用撤回诉讼的策略。依据我国《民事诉讼法》第145条的规定，对宣判前原告申请撤诉的行为是否准许要由人民法院来裁定。这一规定赋予了法院对撤诉行为的审查职责，也使得法院能够通过审查来防止原告实施的恶意撤诉行为。《民事诉讼法》第112条的规定："当事人之间恶意串通，企图通过诉讼、调解等方式侵害他人合法权益的，人民法院应当驳回其诉讼请求，并根据情节轻重予以罚款、拘留；构成犯罪的，追究刑事责任。"在本案中，由于原告的行为已确定构成了虚假诉讼，法院准予其撤回诉讼，在适用法律上是存在错误的。安徽省人民检察院发现后，针对法院准予撤诉的裁定提出了抗诉。检察机关在抗诉书中提出，郑某某等依据伪造的借据提起民事诉讼，违反了诚实信用原则，妨碍了司法秩序，侵害了他人的合法权益，损害了国家和社会公共利益。法院准许原告提出的撤诉申请属于适用法律错误。安徽省高级法院依法再审后，采纳了检察机关的抗诉意见，判决驳回原告的诉讼请求，并对原告进行了罚款。

营商环境是指市场主体在准入、生产经营、退出等过程中涉及的社会环境，包括政务环境、市场环境、法治环境、人文环境等，具体表现为与商业活动相关的观念、制度、行为等。在生产经营活动中，金钱借贷是常见的商业行为，正常的借贷秩序是良好营商环境的重要组成部分，立法和司法正是通过构建合法、有序的借贷秩序来形成和保障良好的营商环境。与借贷相关的虚假诉讼破坏了正常的借贷秩序，损害了商业活动中无辜的企业或者个人的合法民事权益；如果虚假诉讼频发，且屡屡得逞，则会对营商环境造成严重的破坏。就此而言，安徽省检察院通过行使法律赋予的诉讼监督权，促使法院启动审判监督程序，纠正了准许撤诉的错误裁定，使虚假诉讼行为人受到了应有的惩戒，对净化营商环境做出了重要贡献。

---

**案件承办人：**

李卫东，安徽省人民检察院副检察长

张传广，安徽省人民检察院第六检察部检察官助理

**再审开庭现场**

（2020 年 4 月由解为渝拍摄）

**案例撰写人：**

张传广，安徽省人民检察院检察官助理

**案例审核人：**

刘小勤，安徽省人民检察院第六检察部副主任

**案例编审人：**

杨会友，安徽省人民检察院第六检察部主任

**案例点评人：**

李浩，南京师范大学法学院教授及博士生导师、安徽省人民检察院专家咨询委员会委员

# 滁州D建筑安装公司与时某林等民间借贷纠纷抗诉案[①]

## ——检察机关通过精准抗诉，督促法院及时纠正错误裁判

### 【案例要旨】

借用资质的实际施工人与建筑施工企业不存在劳动关系，其以项目部的名义对外借款不属于职务行为。在订立借款合同过程中，实际施工人不具有代理权的权利外观，相对人未尽到注意义务的，不构成表见代理。检察机关要通过公开听证、专家咨询等方式实现精准抗诉，督促法院及时纠正错误裁判，维护民营企业的合法权利，确保国家法律统一正确实施。

### 【案情概要】

时某林、金某与案外人金某高三人于2012年4月以时某林名义借用滁州市D建筑安装公司(以下简称D公司)资质，合伙投标凤阳县某工程，每人各占1/3股份。中标后，三人约定：金某、金某高将股份转让给时某林后退出合伙，并帮助时某林协调资金，时某林按2.1%的月利率支付利息。2012年9月26日，时某林与D公司签订一份《内部承包工程施工合同》，约定D公司将凤阳县府城镇某工程发包给时某林施工。之后，时某林组建工程项目部进行施工。2012年8月6日—2014年5月6日，时某林多次向金某借款本金合计1 135万元。2013年10月19日之前，时某林按时支付利息，之后未再支付利息，也未归还本金。2016年1月9日，时某林按照金某的要求，在上述借款借条上补盖了其私刻的

① (2019)皖民再142号。

案涉工程项目部印章。2016 年 2 月 26 日，金某向安徽省凤阳县法院提起本案诉讼，要求 D 公司与时某林共同偿还借款本金及利息。

安徽省凤阳县法院一审对时某林与金某形成借贷关系及 1 135 万元借款本金数额予以认定，但对借条上工程项目部印章系时某林按照金某的要求事后补盖的事实未予认定，认为时某林作为案涉工程的内部承包人和实际施工人，代表工程项目部向金某借款，之后在借条上补盖工程项目部公章应认定工程项目部和时某林为共同借款人，共同承担还款责任。因工程项目部系 D 公司内设机构，无独立法人资格，该偿还本息之法律责任应由 D 公司承担，遂判决：D 公司与时某林返还金某借款本金 1 135 万元并支付相应的利息。D 公司不服一审判决，提出上诉，滁州市中级人民法院判决：驳回上诉，维持原判。

判决生效后，金某向法院申请强制执行，法院查封了 D 公司账户，并从该公司其他在建工程账户上划扣 1 000 多万元。同时，公安机关以 D 公司法定代表人钟某某拒不执行判决、裁定罪立案侦查，并将钟某某刑事拘留、逮捕、移送审查起诉，检察机关审查后向法院提起公诉。

## 【履职情况】

### 一、审查过程

D 公司不服法院判决，向检察机关申请监督。滁州市人民检察院审查后认为，二审判决适用法律确有错误，提请安徽省人民检察院抗诉。安徽省人民检察院在审查过程中全面了解与本案相关的执行案件和刑事案件进展情况，并围绕案件争议事实和法律适用争议举行公开听证，邀请三位法学专家、两位人民监督员参加听证会，并发表了咨询意见，后该案提交民事检察官联席会议讨论。

### 二、监督意见

2019 年 5 月 30 日，安徽省检察院以皖检民(行)监[2018]34000000380 号民事抗诉书向安徽省高级人民法院提出抗诉。该院认为，时某林并非 D 公司职工，其借用该公司资质承包工程并向金某借款的行为不是职务行为；时某林以个人名义借款，后补盖的项目部印章系其私刻，D 公司对其借款不知情，没有共同借款的合意，不构成共同借款；金某出借款项前知道时某林系借用 D 公司资质承包工程，也知道借款人是时某林个人，其在时某林不能偿还借款时要求时某林在借条上补盖项目部印章，意图将债务转嫁给D公司的行为不符合表见代理中善意第三人的条件，时某林的借款行为不构成表见代理。因此，判决让D公司承担共同还款责任，属于适用法律错误。

## 三、监督结果

安徽省检察院提出抗诉时，钟某某拒不执行判决刑事案件一审已开庭，凤阳县法院接到当事人提供的提出抗诉通知书后，对钟某某予以取保候审。

2020年3月30日，安徽省高级法院作出(2019)皖民再142号民事判决，认定时某林的借款行为既不属于职务行为，也不构成表见代理，D公司与时某林也不是共同借款人，原审法院判决D公司承担还款责任缺乏事实和法律依据，对检察机关的抗诉意见予以采纳。

安徽省高级法院再审改判后，凤阳县检察院申请撤回对钟某某拒不执行判决裁定罪的起诉；2020年5月15日，凤阳县人民法院裁定准予撤回起诉，同时解除对钟某某的取保候审。同年6月5日，凤阳县检察院以钟某某不构成犯罪为由，作出不起诉决定。同年8月12日，经钟某某申请，凤阳县检察院决定给予钟某某国家赔偿116 161.25元。此外，D公司已向凤阳县法院申请执行回转。

## 【典型意义】

第一，检察机关在审查该类案件时，要注重审查项目部工作人员的行为是否属于职务行为、表见代理或者共同借款行为。建筑施工企业自己施工和实际施工人借用资质施工均成立了工程项目部，由工程项目部组织施工。实践中，建筑施工企业不愿意承担工程项目部借款等产生的债务纠纷案件，往往是因为建筑施工企业与项目部负责人是挂靠(借用资质)关系，建筑施工企业对项目部的上述行为不知情、不监管或者也无法监管。检察机关在审查该类案件时要注意甄别项目部负责人、经办人的身份及其与建筑施工企业的关系等。一是要注意审查项目部负责人的行为是否属于职务行为。重点审查行为人与建筑施工企业是否具有劳动关系，要从是否签订劳动合同、支付工资、缴纳社保等方面进行判断。二是要注意审查项目部负责人、经办人的行为是否构成表见代理。重点审查签订借款等相关合同时，行为人是否具有代理权的权利外观诸如合同书、公章、印鉴等,以及相对人在订立合同过程中有无过错。三是要注意审查建筑施工企业是否共同借款的行为主体。重点审查借款合同订立时,是否有证据表明建筑施工企业与项目部负责人是共同的合同主体。借款合同订立后,是否有证据证明建筑施工企业加入债务承担等。在审查是否构成表见代理时,应结合《中华人民共和国民法典》第171条第4款“相对人知道或者应当知道行为人无权代理的,相对人和行为人按照各自的过错承担责任”的规定,注意审查相对人是否知道项目部经理系挂靠施工,如果知道,则不宜认定其属于善意相对人。

第二,检察机关要多措并举,保障民营企业及其法定代表人合法权益。安徽省检察院组织实施服务民企发展“351”工程,紧紧围绕保障复工复产,细化省委部署“四送一服”检察工作举措,坚持在转理念、强服务、重实效上下功夫,打好精准监督“司法组合拳”,为实现经济社会高质量发展提供更有力的司法保障。本案中,D公司被法院划扣1 000余万元,法定代表人钟某明被采取刑事强制措施,多个工地被迫停工,面临倒闭的危险。为了提出精准的监督意见,有效保护民营企业及其法定代表人合法权益,安徽省检察院在办案过程中举行公开听证,邀请专家、人民监督员参与;借助“外脑”,听取专家意见;借助集体智慧,提交检察官联席会议讨论。案件抗诉成功后,D公司法定代表人钟某明免受牢狱之灾,D公司也避免了1 000余万元的巨额损失。

第三,注重跟踪案件进度,加强沟通协作,确保监督效果。案件不能一抗了之,应积极发挥检察机关的主观能动性,与人民法院加强沟通,依法了解案件进展情况。例如,全程参加再审活动,宣读抗诉书;对调查取得的证据予以出示和说明;庭审结束时,经审判长许可,可以发表法律监督意见;对法庭审理中违反诉讼程序的情况予以记录等。通过法庭调查、辩论情况,进一步全面掌握案件情况,并在庭后与审判人员就有关问题进行沟通。列席人民法院审判委员会时,根据庭审情况、合议庭汇报情况发表意见,充分阐述检察机关的意见。检察机关提出监督意见后应主动作为,为人民法院采纳抗诉意见奠定基础。

## 【专家点评】

本案系检察机关维护民企权益、优化营商环境的生动写照,具有作为典型案例的广泛示范效应。检察院是国家的法律监督机关,是保障国家法律统一正确实施的司法机关,是保护国家利益和社会公共利益的重要力量,是国家监督体系的重要组成部分，在推进全面依法治国、建设社会主义法治国家中发挥着重要作用。本案中，检察机关依法受理、审查涉及民营企业的民事诉讼监督案件，通过公开听证、专家咨询等方式实现精准抗诉，督促法院及时纠正错误裁判，为民营企业挽回损失1 000余万元，有力保障了公司法定代表人的合法权益，充分彰显了新时代检察机关积极作为的务实作风。

宪法和法律赋予检察机关法律监督职能，而这种职能是诉讼领域以及与诉讼相关领域全面的法律监督。特别是新修订的《中华人民共和国人民检察院组织法》对三大诉讼法关于检察机关职权的规定做了全面梳理，明确法律监督职权不仅包括刑事检察，而且包括民事检察、行政检察、公益诉讼，犹如一辆马车的四个轮子。因此，不仅在刑事诉讼活动中，而且在民事、行政和公益诉讼中，检察机关也都要积极履行好法律监督职责，不能消极被动，必须主动作为，在办案中监督、在监督中办案，积极发挥应有的主导作用，使检察职能的四个轮子协同运转起来，推动法律监督这架马车在全面依法治国的大道上一往无前。

本案是一起典型的民事检察案件，检察机关围绕案件争议事实和法律适用争议，充分发挥主观能动性，邀请法学专家、人民监督员参加听证会并发表咨询意见，借助"外脑"进而提出精准的监督意见，并最终获得了人民法院的充分采纳，有效保护了民营企业及其法定代表人的合法权益，真正达到了"办理一个案件，保护一个企业"的良好效果。同时也有利于营造亲商、护商、安商、兴商的良好环境，切实保障民营企业的健康发展。

检察机关发挥主导作用，要体现在公检法等机关分工负责、互相配合、互相制约中。与相关执法司法部门形成良性、互动、积极的工作关系，既相互协作，也相互制约。具体到本案，在案件办理过程中，检察机关始终与人民法院保持密切沟通，依法了解案件进展情况，例如列席人民法院审判委员会会议，根据庭审情况、合议庭汇报情况，充分阐述检察机关的意见，为本案取得良好的监督效果奠定了坚实基础，促进和维护了法院公正规范行使审判权。

党的十八大以来，党和国家强调"法治是最好的营商环境"。而依法履行检察职能、通过司法办案为民营经济健康发展提供有力司法保障的办案实例便是检察机关践行优化法治化营商环境的生动实践。从办案效果而言，本案实现了检察办案法律效果与社会效果的有机统一，既督促法院及时纠正错误裁判，确保国家法律的统一正确实施，也维护了民营企业及其法定代表人的合法权益。总的来说，本案不失为一起具有示范价值的典型案例。

**案件承办人：**

张克德，安徽省人民检察院第六检察部副主任

魏少敏，安徽省人民检察院第六检察部检察官助理

**案例撰写人：**

张克德，安徽省人民检察院第六检察部副主任

张传广，安徽省人民检察院第六检察部检察官助理

**案例审核人：**

刘小勤，安徽省人民检察院第六检察部副主任

**案例编审人：**

杨会友，安徽省人民检察院第六检察部主任

**案例点评人：**

朱庆，安徽大学法学院教授及博士生导师、安徽人民检察院专家咨询委员会委员

**受害单位负责人向办案检察官赠送锦旗**

（2020 年 5 月 20 日由解为渝拍摄）

# 李某某、华某某侵犯著作权案[1]

## ——未经许可提供链接服务构成侵权

### 【案例要旨】

盗链实质上是一种深层链接技术。深层链接是指设链网站所提供的链接服务,使得用户在未脱离设链网站网页的情况下即可获得被链接网站上的内容。该内容并非储存在设链网站,而是存储于被链接的网站。如果设链网站在未取得被链接网站及相关著作权人许可的情况下,供网站用户通过链接收听、收看相关作品,符合通过信息网络传播的实质性要件,属于侵犯著作权中的"发行"行为,情节严重的,构成侵犯著作权罪。

### 【案情概要】

被告人李某某,男,汉族,高中文化,案发前系苏州市幕研网络科技有限公司法定代表人,住江苏省昆山市。

被告人华某某(系被告人李某某之妻),女,汉族,专科文化,案发前系苏州市幕研网络科技有限公司监事,住江苏省昆山市。

2017 年,被告人李某某为获取百度联盟广告收入,在明知懒人听书网站(首页网址 www.lanrents.com)所有作品均未获得著作权人授权的情况下购入该网站,并以其个人信息在安徽省申请备案。李某某购得该网站后,将该情况告知了其妻子华某某,华某某在明知懒人听书网站内作品均未获得著作权人授权的情况下,协同李某某经营该网站。2018 年 2 月 8 日,经滁州市文化广电新闻出版

---

[1] 琅检起诉受〔2019〕34110200175 号。

局勘验，懒人听书网站内共有作品12 398部。同年2月12日，北京德云社文化传播有限公司（以下简称德云社）认定，懒人听书网站内共679部郭德纲、岳云鹏作品未获公司授权。截至2018年4月11日，李某某转让该网站，该网站获得百度联盟广告收入8 944.81元，扣税后，实际获利7 679.88元；转让网站得款100 000元。

本案系中央宣传部版权管理局、全国“扫黄打非”工作小组办公室、公安部和最高人民检察院联合挂牌督办的懒人听书网站涉嫌侵犯著作权案。

## 【履职情况】

本案由公安部、最高检察院、最高法院分别指定滁州市公安局立案侦查、滁州市琅琊区检察院审查起诉、滁州市琅琊区法院开庭审理。2020年1月2日，滁州市琅琊区检察院将该案起诉至滁州市琅琊区法院。同年3月10日，滁州市琅琊区法院公开审理了本案。

审查起诉阶段，李某某辩解：（1）懒人听书网站内很多作品是无法收听的；（2）德云社出具的侵权作品认定清单不能证明均来源于懒人听书网站。

华某某辩解：她只是帮助李某某经营的懒人听书网站更新部分作品封面，并无其他行为。

为进一步查证懒人听书网站具体侵权作品情况以及华某某的涉案行为，滁州市琅琊区人民检察院将案件退回公安机关补充侦查。经补充侦查，滁州市文化广电新闻出版局提供了远程勘验同步录像资料，证明在行政执法机关远程勘验过程中，懒人听书网站内随机点开任意一部作品均可以正常收听；侦查机关调取到了李某某手机内QQ聊天记录，证明李某某在将懒人听书网站转卖给下家时，跟下家交代，懒人听书网站是盗链的第三方网站，第三方网站为了防止被侵权会随时更改域名，只要手动修改域名即可正常收听；另在QQ聊天记录中也可以反映，公安机关委托百度云公司对懒人听书网站进行镜像备份的过程中，李某某收到消息释放了网站数据，导致镜像内容未能获取；另滁州市文化广电新闻出版局赴北京德云社取证，德云社、滁州市文化广电新闻出版局均出具情况说明，证明德云社公司出具的侵权认定书中所列作品清单为德云社两名工作人员以及行政机关两名执法人员均在场的情况下，经对懒人听书网站逐一比对而得。2019年12月31日，在李某某辩护人、华某某值班律师的见证下，李某某、华某某认罪悔罪并签署了具结书。

法庭调查阶段，公诉人宣读起诉书，指控李某某、华某某以营利为目的，未经著作权人许可，复制发行其作品，情节严重，其行为构成侵犯著作权罪。针对以上指控的犯罪事实，公诉人向法庭出示了以下四组证据予以证明。

一是李某某、华某某的供述材料证明，李某某在明知懒人听书网站所有作品均未获得授权的情况下购入该网站经营，目的是投放广告赚钱，并以其个人信息在安徽申请备案，网站购买之后，李某某将情况告知华某某，华某某也明知懒人听书网站内所有作品均未获得授权，仍协同李某某经营该网站，为提升网站浏览体验，为网站内部分无封面的作品更换封面；李某某在该网站经营过程中曾接到上海正大喜马拉雅网络科技有限公司法务函，称懒人听书网站内有部分作品侵犯该公司著作权，后李某某又收到百度公司员工提醒，称该网站因为内容涉嫌侵犯版权被投诉，李某某遂将网站部分作品删除后转卖懒人听书网站，并将网站数据释放。

二是行政机关的远程勘验笔录以及录像资料、德云社出具的侵权认定书、百度公司和德云社以及行政机关出具的情况说明等证据材料可以证明，行政机关在远程勘验过程中随机点击懒人听书网站内任意一部作品均可正常收听，且相关页面均有广告位，录像资料可以证明懒人听书网站内共有 12 398 部作品，其中就有德云社部分作品在列。另外，百度公司虽因李某某释放网站数据导致未能获取镜像内容，但德云社此前所出具的侵权认定书所附清单中的作品系行政机关两名执法人员及德云社两名工作人员均在场情况下，通过对懒人听书网站内作品进行逐一收听、比对的情况下所列。

三是李某某的银行账户流水等证据材料证明，李某某、华某某二人在共同经营懒人听书网站期间共获得百度联盟广告收入 8 944.81 元，后李某某转让该网站得款 100 000 元。

四是网站备案信息和喜马拉雅法务公函等证据材料证明，该网站是以李某某个人信息备案，在经营过程中曾遭到相关著作权人主张权利。

被告人李某某、华某某对滁州市琅琊区人民检察院指控不持异议，但两被告辩护人均做无罪辩护。

李某某辩护人提出如下辩护意见：(1) 李某某经营的懒人听书网站仅通过盗链技术将用户带至第三方网站，懒人听书网站本身并不提供作品，认定懒人听书网站复制发行他人作品不符合法律规定。(2) 网站镜像内容未能获取备份，不能认定懒人听书网站内的作品总数，更不能认定德云社侵权认定书所附清单中的679部作品，懒人听书网站曾提供过在线收听。（3）李某某经营的懒人听书网站并不是每一个作品均能打开，很多链接均为失效链接，德云社提供的认定清单中的作品并无证据证明所有作品均能正常收听。

华某某辩护人提出如下辩护意见：（1）华某某不知懒人听书网站内作品均未获得著作权人授权。（2）华某某仅给懒人听书网站内部分作品更换图片，没有证据证明华某某更换的图片超过500部。（3）懒人听书网站镜像内容未获取，无证据证明懒人听书网站内所有作品的具体情况。

公诉人针对辩护意见进行答复：（1）网站镜像内容不能获取系李某某个人行为导致的必然结果，行政机关的勘验笔录同步影像资料可以证明网站内共有作品12 398部，但因为证据灭失原因，根据对被告人有利的原则，就低认定德云社出具的侵权认定书中合计679部作品，系有确实、充分的证据证明懒人听书网站侵犯了他人著作权。（2）懒人听书网站内作品均可以正常收听。首先，行政机关随机点击网站内任何一部作品均可以正常收听，抽样验证本身也符合刑事诉讼证据采信规则；其次，李某某在和下家聊天记录中也明确提到了手动替换域名的解决办法。（3）懒人听书网站的涉案行为属于司法解释中的发行。经阅看行政机关远程勘验的录像资料，用户对懒人听书网站的点击结果并不是跳转到某被设链网站，而是仍在懒人听书网站域名下对被侵权作品进行收听，用户根本看不到来自被设链的标识、网址，更看不到被设链网站的网页广告。另外，2014年上海市普陀区人民法院（以下简称普陀区法院）审理的“1000影视”案件系我国司法实践中首次认定深层设链行为属于远程信息网络传播行为，并予以刑事规制。普陀区法院认为被告人可使公众在其个人选定的时间和地点通过www.1000ys.cc网站获得作品，符合信息网络传播行为的实质性要件，属于侵犯著作权罪中的“发行”行为。（4）华某某明知李某某以牟利为目的购得未经授权的懒人听书网站进行经营，还为李某某经营该网站提供帮助，系帮助犯。

法庭经审理认为公诉人提交的证据能够互相印证，予以确认。对辩护人提出的李某某、华某某到案后如实供述犯罪事实的辩护意见予以采纳，其他辩护意见不予采纳。2020年3月17日，经滁州市琅琊区法院一审判决，被告人李某某构成侵犯著作权罪，判处有期徒刑7个月，宣告缓刑1年，并处罚金15 000元；被告人华某某构成侵犯著作权罪，单处罚金10 000元。

2020年3月24日，被告人李某某提出上诉，上诉理由为懒人听书网站只是以分享链接的方式收听，网站本身并没有作品数据；同年3月26日，被告人华某某提出上诉，上诉理由为华某某并不明知懒人听书网站内作品未获得著作权人授权。2020年6月3日，滁州市中级法院经审查认为：原判认定事实清楚，证据确实、充分，量刑适当，裁定驳回两被告上诉，维持原判。

## 【典型意义】

随着互联网的发展，网络侵犯著作权及其相关权利的现象频繁出现，不仅如此，在网络环境下，著作权制度产生了较多的变化，一些侵犯著作权罪也面临一些新的问题。常见的表现形式为：经营者开发一个网站，通过直接上传侵权作品或者设置链接将他人引导至作品的可接触范围内，破坏了著作权人对于作品的控制权和从中获取收益的权利。

检察机关在办理网络侵犯著作权犯罪中，应该紧扣侵犯著作权的本质特征和构成要件，收集、审查、运用证据。本案检察机关重点收集了行为人是否利用互联网向公众传播作品这一侵权本质特征，通过补充侦查取得了行为人在第三方网站更改域名后人工更改域名的证据，排除了该网站系被动提供链接的可能，证明了行为人出于主观故意导致著作权人权益被实质损害的结果。

根据最高人民法院、最高人民检察院《办理侵犯知识产权刑事案件具体应用法律若干问题的解释》第11条第3款规定的“通过信息网络向公众传播他人作品的行为”包括直接传播和间接传播，检察机关在办案中应当着重审查：(1)网站提供商对侵权作品是否具有支配性，一般网络用户在不通过侵权网站提供的链接时就无法免费观看作品，此时设置链接的行为与直接上传侵权作品具有等价性。(2)网站提供商是否具有利用侵权作品营利的故意。在正版网站为避免侵权主动更改域名后，行为人手动更改域名达到继续侵权的目的，主观故意表现在希望或放任他人作品被免费观看的危害后果。(3)网站提供商的设置链接行为与危害后果之间是否具有因果关系。通过主动设置链接使正版作品被免费观看，这种行为与危害结果的扩大之间具有因果关系。

## 【专家点评】

我国对侵犯著作权罪的刑事规制肇始于1997年。该罪指以营利为目的，未经著作权人许可而复制发行其文字作品、音乐、电影、电视、录像作品、计算机软件及其作品，或者出版他人享有专有出版权的图书，或者未经录音录像制作者许可而复制发行其制作的录音录像，或者制作、出售假冒他人署名的美术作品，违法所得数额较大或者有其他严重情节的行为。20多年来，随着国家创新驱动发展战略实施和数字经济迅猛发展，著作的形式和内容都发生了巨大变化，著作权及其有关权利已经成为社会财富的重要组成部分，也因此成了一些犯罪分子觊觎的对象。在司法实践中，犯罪分子为逃避制裁，犯罪手段不断翻新，给犯罪查处工作带来重重困难。为适应著作权保护形势变化，我国《刑法修正案（十一）》修改了侵犯著作权罪相关规定，扩大了受刑法保护的著作权的范围，规定了网络时代侵犯著作权罪的行为类型，提高了该类犯罪的刑罚幅度。这无疑为有效打击侵犯著作权罪、营造健康有序的创新创业环境提供了法律保障。

李某某、华某某侵犯著作权罪一案发生在《刑法修正案（十一）》出台之前。李某某为获取百度联盟广告收入，明知懒人听书网站所有作品均未获得著作权人授权仍购入该网站，并伙同其妻子华某某共同经营。该网站采用了盗链技术，用户无需脱离懒人听书网站网页就可收看、收听被侵权作品。经审理查明，懒人听书网站内共有作品12 398部，其中共有679部郭德纲、岳云鹏作品未获北京德云社文化传播有限公司授权。在网站运营过程中，李某某还故意避开或破坏权利人为其作品采取的保护著作权的技术措施。截至2018年4月11日，李某某、华某某经营该网站获得百度联盟广告收入8 944.81元，嗣后转让网站得款100 000元。本案中，李某某、华某某的行为符合侵犯著作权罪的构成特征，系共同犯罪。

首先，李某某、华某某共同实施了侵犯他人著作权的行为。行为人明知其所购懒人听书网站采用了盗链技术，网站用户可以通过深层链接服务收看、收听被侵权作品。从侵权行为方式看，虽然行为人不是直接向网站上传被侵权的作品，但该网站所设置的深层链接服务效果与其本质无异，应认定为《最高人民法院、最高人民检察院在办理侵犯知识产权刑事案件具体应用法律若干问题的解释》第11条第3款规定的“通过信息网络向公众传播他人作品的行为”系侵犯著作权罪中的“复制发行”行为。尤其是行为人在被盗链的网站采取了保护技术措施后，仍然采用破坏手段继续侵犯他人著作权，且情节严重。

其次，行为人具有营利之目的，这是区分著作权侵权与侵犯著作权犯罪的重要因素。

再次，行为人对其所购的懒人听书网站采用了盗链技术是明知的，根据其故意避开或破坏被盗链的网站保护技术措施的行为表现也可推定其主观方面是故意。概言之，检察机关指控行为人犯侵犯著作权罪定性准确。

检察机关成功的办案经验值得借鉴。一是引导侦查机关调查取证。指导侦查机关在补充侦查中围绕侵犯著作权罪的本质特征收集证据，获取了行为人在第三方网站更改域名后人工更改域名的证据，证明了行为人主观罪过是故意。二是准确界定了行为人网站盗链行为的性质。网站盗链是一种新型的侵犯他人著作权的行为方式，虽然侵权手段隐蔽，但其本质与直接向网站上传被侵权作品相同，属于“通过信息网络向公众传播他人文字作品、音乐、电影、电视、录像作品、计算机软件及其他作品的行为”，根据上述司法解释的规定，应当视为我国《刑法》第217条规定的侵犯著作权罪中的“复制发行”，这一认定也为《刑法修正案（十一）》修改后的侵犯著作权罪的规定所肯定。三是深入研究行为人通过网络实施侵犯著作权罪的新类型，紧紧围绕侵犯著作权罪的构成特征，收集危害行为、危害结果以及两者之间的因果关系、主观罪过、目的等要素方面的证据，做到了证据确实、充分，成功指控了这起犯罪。

**滁州市琅琊区人民检察院承办检察官王玉娟、书记员汤洪明出庭支持本案公诉**

（2020年3月10日由尚艺迪于开庭时拍摄）

**案件承办人：**

王玉娟，滁州市琅琊区人民检察院检察官

**案例撰写人：**

王玉娟，滁州市琅琊区人民检察院检察官

**案例审核人：**

缪群，滁州市人民检察院检察官

**案例编审人：**

向阳，安徽省人民检察院第四检察部检察官

**案例点评人：**

陈结淼，安徽大学教授及博导、安徽省人民检察院专家咨询委员会委员

# 朱某云、某门窗有限公司与某县城市管理行政执法局行政强制拆除检察抗诉案[①]

## ——依法积极监督　解民营企业“心结”

## 【案例要旨】

民营企业作为社会主义市场经济重要的参与主体，在落实“六稳”“六保”方面发挥着不可替代的作用。检察机关应充分发挥检察监督职能，不断加大涉民营企业案件的审查力度，充分运用抗诉、再审检察建议等手段，切实维护民营企业合法权益，助力营造更好的发展环境。

## 【案情概要】

2008年3月，朱某云在其占用的集体土地上自建房屋455.51平方米，棚子19.91平方米。2013年7月，某门窗有限公司租用上述房屋加工门窗。后由于县城城区扩建，上述房屋被纳入道路建设规划红线内。2014年11月，某县城市管理行政执法局以朱某云未取得《建筑规划许可证》为由，认定上述建筑违法建设，向朱某云作出《限期拆除通知书》，限其接到通知后一日内自行拆除，逾期将依法强制拆除。朱某云和某门窗有限公司不服，认为其是在集体土地上建房，不应适用城市规划的法律法规进行处理，城市管理行政执法局对违章建筑没有处罚权，某县《城市总体规划》于2013年11月才正式公布，而案涉房屋建于2008年并不违法。《限期拆除通知》处罚程序严重违法，遂向某县人民法院起诉，请求撤销《限期拆除通知》并确认其违法。

① 阜检民(行)监[2020]34120000015号。

某县法院受理后，所属市的中级法院指定与某县法院同级的某市法院管辖该案。2015 年 9 月，某市法院作出一审判决，该院认为：根据《中华人民共和国行政处罚法》（以下简称《行政处罚法》）第 16 条、《中华人民共和国城乡规划法》（以下简称《城乡规划法》）第 64 条、《国务院关于进一步推进相对集中行政处罚权办法》第 12 条之规定，某县城市管理行政执法局具有作出被诉行政行为的主体资格；根据《中华人民共和国行政复议法》第 2、3、6 条的规定，某县人民政府有权受理朱某云的复议申请，主体资格合法；朱某云在未办理建设工程规划许可证的情况下，于 2008 年 3 月在某县城关镇自建房屋及棚子，所建房屋及棚子为违法建筑，朱某云所建房屋及棚子位于某县椿樱大道与建设路的交叉路口东侧，在建设路规划道路红线内，且无法采取改正措施、消除规划影响。根据《城乡规划法》第 64 条、《某县城市总体规划（2013—2030）》的规定，某县城市管理行政执法局经过立案登记、调查取证、集体研究等程序作出《限期拆除通知书》，认定事实清楚、适用法律正确、程序合法。某县人民政府受理朱某云及第三人的申请后，依法进行了审查、审理、送达等程序，复议程序合法。朱某云及第三人诉讼请求理由不能成立，不予支持。依照《中华人民共和国行政诉讼法》第 69 条之规定，判决驳回朱某云和某门窗有限公司的诉讼请求。

朱某云不服一审判决，提出上诉，请求撤销一审判决，依法予以改判。二审判决以同样的事实和理由维持一审判决。朱某云不服二审判决，向安徽省高级法院申请再审，安徽省高级法院裁定驳回再审申请。朱某云不服，向检察机关申请监督。

## 【履职情况】

阜阳市检察院为了查清某县城市管理行政执法局认定案涉房屋违反某县城市总体规划是否正确，首先对案涉房屋占用的土地性质进行了调查核实。经调查，案涉房屋占用的土地为农村集体土地。在此基础上，阜阳市检察院对全案进行审查后认为，阜阳市中级法院行政判决认定事实主要证据不足，适用法律确错误，且违反法律规定的诉讼程序，可能影响公正审判。

### 一、某县城市管理行政执法局认定朱某云的房屋系违法建设的主要证据不足

经查，某县城市管理行政执法局认定朱某云的建房位于某县城市总体规划

范围内的主要证据是：阜阳市测绘院有限责任公司编制的《建筑物航测图查证报告》，该报告是依据《某县城市总体规划（2013—2030）》作出的查证结果，而朱某云的房屋占地系集体土地，建设时间为 2008 年 3 月，在《某县城市总体规划（2013—2030）》公布前已存在，对朱某云的建房需要根据建设时有关土地管理方面的法律规范进行审查。某县城市管理行政执法局在未区分本案土地性质、建房时规划性质、是否位于规划范围、是否向法定主管部门履行相关审批程序等事实的情况下，依据村委会、某县规划局、某县房地产管理局、某县国土资源局的证明，以及阜阳市测绘院有限责任公司依据《太和县城市总体规划（2013—2030）》编制的查证结果认定，朱某云建房系违法建设的主要证据不足。

## 二、某县城市管理行政执法局作出的《限期拆除通知书》违反法定程序

《行政处罚法》第 31 条规定："行政机关在作出行政处罚决定之前，应当告知当事人作出行政处罚决定的事实、理由及依据，并告知当事人依法享有的权利；"第 32 条第 1 款规定："当事人有权进行陈述和申辩。行政机关必须充分听取当事人的意见，对当事人提出的事实、理由和证据，应当进行复核；当事人提出的事实、理由或者证据成立的，行政机关应当采纳；"第 39 条第 1 款规定："行政机关依照第三十八条的规定给予行政处罚，应当制作行政处罚决定书。行政处罚决定书应当载明下列事项：（一）当事人的姓名或者名称、住址；（二）违反法律、法规或者规章的事实和证据；（三）行政处罚的种类和依据；（四）行政处罚的履行方式和期限；（五）不服行政处罚决定，申请行政复议或者提起行政诉讼的途径和期限；（六）作出行政处罚决定的行政机关名称和作出决定的日期。"住房和城乡建设部《关于规范城乡规划行政处罚裁量权的指导意见》第 8 条第 2 项规定："对存在违反城乡规划事实的建筑物、构筑物单体，依法下发限期拆除决定书。"某县城市管理行政执法局在作出行政处罚决定前未向朱某云告知作出行政处罚决定的事实、理由、依据及相关权利，未充分听取其意见，亦未依法制作行政处罚决定书送达朱某云，而是径直通知限朱某云一日内自行拆除建房，剥夺了朱某云的陈述、申辩、听证等权利。根据《行政处罚法》第 41 条："行政机关及其执法人员在作出行政处罚决定之前，不依照本法第三十一条、第三十二条的规定向当事人告知给予行政处罚的事实、理由和依据，或者拒绝听取当事人的陈述、申辩，行政处罚决定不能成立；当事人放弃陈述或者申辩权利的除外。"某县城市管理行

政执法局作出《限期拆除通知书》依法不能成立。

## 三、某县城市管理行政执法局限朱某云一日内自行拆除建房明显不当

本案中，朱某云的房屋建筑面积为455.51平方米，棚子面积为19.91平方米，该房屋使用现状为生产经营。某县城市管理行政执法局现场照片可证明房屋内堆放有大量的生产材料和设备，处于生产状态。朱某云及某门窗有限公司搬迁设备材料、拆除房屋需要投入大量的时间、精力、财力。某县城市管理行政执法局未考虑房屋的面积、搬迁的工作量、搬迁的耗时等合理因素，仅限朱某云一天内自行拆除建房，明显超出普通人承担此项工作的能力，行政行为明显不当。

阜阳市检察院依法提请安徽省检察院抗诉。安徽省高级法院裁定指令阜阳市中级法院再审。阜阳市中级法院再审认为，原二审行政判决认定的基本事实不清：(1) 朱某云的建房是否属于违法建设，需进一步核实；(2) 城市管理行政执法局径直作出《限期拆除通知书》，并限朱某云一日内自行拆除建房程序是否合法、合理，需要进一步核实。遂判决：撤销原一、二审判决，发回某市法院重审。

## 【典型意义】

自中共中央、国务院《关于营造更好发展环境支持民营企业改革发展的意见》颁布实施以来，如何充分发挥检察职能，实现对民营经济有效司法保护已成为检察工作的重中之重。检察机关在审查中发现该案涉及民营企业后，本着全面落实民营企业司法保护的原则，多次主动同原审法官和行政机关人员沟通，发现城市管理行政执法局作出的行政处罚所依据的关键性证据错误，且该行政处罚未充分听取被处罚人意见，明显违反法定程序，同时对于门窗企业而言，限期一天拆除显然有强人所难之嫌，两审法院判决驳回其诉讼请求显属不当。对此，检察机关并未直接提请抗诉，而是本着节约司法资源、提高司法效率的原则，在充分听取当事人诉求的基础上，采用“当调则调，当抗则抗，调抗结合”的方法，积极开展面对面调解工作，着力化解行政争议，虽最终未使双方达成一致意见，但有效缓解了当事人的对抗情绪，减少了社会不稳定因素。在随后的抗诉环节中，检察机关更非“一抗了之”“一抗了事”，而是通过派员出席再审法庭，主动和再审

审判人员沟通交流，及时跟进案件走向，持续跟踪问效，最终促使法院再审后全部采纳检察机关的抗诉意见，落实了检察机关“六稳”“六保”的要求，保护了民营企业的合法权益。

## 【专家点评】

### 一、践行以人民为中心的行政检察监督理念，是以人民为中心理念构建检察监督理论的回应

党的十九大报告强调：“坚持以人民为中心。人民是历史的创造者，是决定党和国家前途命运的根本力量。必须坚持人民主体地位，坚持立党为公、执政为民，践行全心全意为人民服务的根本宗旨，把党的群众路线贯彻到治国理政全部活动之中，把人民对美好生活的向往作为奋斗目标，依靠人民创造历史伟业。”《中共中央关于加强新时代检察机关法律监督工作的意见》提出：“切实加强民生司法保障，坚持以人民为中心的发展思想，顺应新时代人民对美好生活的新需求。抓住人民群众反映强烈的执法不严、司法不公等问题，加大法律监督力度，维护社会公平正义。”为此，实现这一目标的根本举措就是要坚持以人民为中心，在办案中立足人民群众的合理诉求。

本案涉及民生领域，涉及房屋拆除这一人民群众重要民生利益的重大关切。针对案件中的矛盾纠纷，检察机关围绕案件当事人的利益诉请，全面审查案件，发现行政机关在未区分本案土地性质、建房时规划性质、是否位于规划范围、是否向法定主管部门履行相关审批程序等事实的情况下，认定申请人建房系违法建设的主要证据不足、适用法律错误，依法提请抗诉，检察机关最终促使法院再审后全部采纳检察机关的抗诉意见。检察机关通过精准查明案件事实、找到了案件争议焦点的突破口，充分发挥了行政检察的监督职能，切实保障了当事人的合法权益，有力地维护了公平正义，践行了新时代党绝对领导下的检察监督工作必然要始终坚持以人民为中心的发展思想与价值立场，是对以人民为中心理念构建检察监督理论的有效回应。

### 二、落实检察机关“六稳”“六保”的要求，保障民营企业合法权益，助力优化营商环境

本案体现出检察机关主动融入发展大局，是认真落实《中共中央、国务院关

于营造更好发展环境支持民营企业改革发展的意见》及党中央统筹疫情防控和经济社会发展部署要求，依法保护民营企业的合法权益，助力复工复产的典型。

本案涉及民营企业，检察机关本着全面落实民营企业司法保护的原则，对案件事实及争议焦点进行精准把脉、细致梳理，发现行政机关对民营企业的房屋系违法建筑这一关键性事实的认定有误、行政决定未能遵循正当法律程序、未充分听取行政相对人的意见并说明理由、限期一天的拆除决定在实施上并不具有可行性，故通过提请抗诉方式开展检察监督。

本案中，检察机关正是在充分听取民营企业诉求的基础上，精准通过查明事实准确适用法律，促使法院接纳检察机关抗诉意见回归司法公正，从而有效保障了民营企业的合法权益。如此，通过行政诉讼监督落实了检察机关"六稳""六保"的要求，保障了民营企业合法权益，增强了民营企业的获得感和安全感，优化了营商环境，维护了法律权威和社会稳定。

## 三、体现行政检察维护司法公正、促进依法行政的监督职能

《中共中央关于加强新时代检察机关法律监督工作的意见》提出，要全面深化行政检察监督。行政检察立足法律监督定位，以公权力与私权利冲突为履职切入口，将法律监督贯穿于审判权、行政权运行始终，检察权与审判权、行政权协同共治，有效化解了矛盾，这是现代国家协同治理理论的检察使命。

行政检察监督就是通过回头审视行政行为、行政审判等一系列完整的行政和司法链条过程，梳理和检视行政争议存在的原因、提出有效解决方案、化解行政争议、最大限度地降低社会风险，形成现代国家的协同治理。本案检察机关充分践行新时代行政检察监督职能要义，通过案涉房屋土地性质这一关键性事实的重新认定，有效督促法院重启审判程序，重新审视案件事实，为回归司法公正奠定了坚实基础。同时，通过重申行政权应当遵循正当法律程序，作出限期拆除决定应当履行告知、说明理由、听取意见等正当程序，且行政机关作出的行政行为应具有合乎生活常识的执行可行性这一问题监督行政权不得滥用恣意，应当合法且合理，从而最终促进行政机关依法行政。本案中，检察机关正是通过有效履行行政检察监督职能监督法院依法审判，促进行政机关依法行使职权，从而形成了行政权、审判权、检察权的协同共治。本案印证着行政检察监督正成为国家治理体系和治理能力现代化中不可忽视的重要组成，行政检察监督对于国家治理现代化的实现意义重大。

**案件承办人：**

赵明，阜阳市阜南县人民检察院检察长

**案例撰写人：**

范丙成，阜阳市人民检察院行政和公益诉讼检察部检察官助理

**案例审核人：**

张晓龙，阜阳市人民检察院行政和公益诉讼检察部副主任

**案例编审人：**

凌锐，阜阳市人民检察院行政和公益诉讼检察部副主任（主持工作）

**案例点评人：**

张娟，安徽大学副教授及硕导、安徽省人民检察院专家咨询委员会委员

**朱某云、某门窗有限公司与某县城市管理行政执法局行政强制拆除检察抗诉案检察官讨论案件**

（2020年3月2日由张中涵拍摄）

# 许某某等三人职务侵占、侵犯商业秘密案[①]

## ——梳理发现“案中案”，引导侦查强打击

### 【案例要旨】

本案原系一起职务侵占案件，在案件办理过程中，通过仔细梳理案件证据、把握各被告人人物关系、倾听被害企业意见诉求，检察机关发现除职务侵占之外还可能涉嫌知识产权犯罪的线索，主动提前介入，并制定了详细的、持续跟踪的补充侦查提纲，引导侦查机关及时固定证据，成功追诉侵犯商业秘密的犯罪事实，强有力地打击了侵犯知识产权犯罪，为高新技术民营企业的发展保驾护航。

侵犯商业秘密案件的办理难度主要在于犯罪行为的隐秘性高、证据证明难度大以及商业秘密本身具有的专业性强、确定难度大等特点。案件办理过程中除需要法律知识外，还需要承办人积极学习掌握与本案商业秘密相关的专业基础知识，才能够在此基础上明确侦查重点和确定商业秘密鉴定的主要方向等。本案中，商业秘密核心点是墨水的比例与配方，承办人反复向专业人士请教研究墨水的制作流程、温度对墨水特性的影响、化学成分比例对可消除墨水的影响等，进一步提出商业秘密鉴定的关键点，夯实了行为人侵犯商业秘密的证据基础，为案件的准确起诉打下基础。

本案的被害单位系一家从事墨水研制销售的民营企业，涉案商业秘密是该公司投入大量人力、物力研发的智慧成果。打击侵犯知识产权犯罪案件有利于维护企业的知识产权成果，为民营经济的发展保驾护航，承办人在办案过程中也充分听取了企业意见、考察企业实况，为企业在保护商业秘密的措施方面提出了

① 合高新检起诉受〔2018〕34019100570 号。

一些建议，助力企业进一步发展，达到案件办理社会效果与法律效果的统一。

## 【案情概要】

### 一、许某某、李某某职务侵占犯罪事实

被告人许某某、李某某在2013年2月—2015年4月担任合肥瑞雪化工科技有限公司（以下简称瑞雪公司）业务员，负责瑞雪公司在浙江省义乌地区的墨水销售工作。两被告人在销售墨水过程中利用职务之便，在公司不知情的情况下，向客户声称公司指定收取货款账户由刘某某622848066005502××××个人农业银行账户变更为黄某某622843038960094××××个人农业银行账户，同时以黄某某名义从瑞雪公司拿货加价卖给公司原有客户。瑞雪公司客户将货款汇至两人控制的黄某某等人账户后，许某某、李某某将货款部分或全部截留，数额共计161 990元。

### 二、许某某、李某某、张某某侵犯商业秘密犯罪事实

合肥瑞雪化工科技有限公司于2013年1月注册成立，是一家从事墨水研制销售的企业，其前身是合肥市蜀山区瑞雪文化用品厂。期间，瑞雪公司研发一款摩摩擦墨水（又称热敏可擦墨水），直至研制成功，并批量生产投放市场。

被告人许某某、李某某、张某某先后入职合肥瑞雪化工科技有限公司，并签订了劳动合同、保密协议，其中许某某、李某某负责销售工作，张某某负责生产和原材料接送工作。

被告人许某某、李某某、张某某在合肥瑞雪化工科技有限公司工作期间结识。2013年7月，瑞雪公司根据企业销售发展需要，在浙江义乌银海一区二楼成立办事处，并派遣许某某、李某某负责墨水销售和维护客户工作。许某某、李某某在摩摩擦墨水的巨大利益诱惑下，决定瞒着瑞雪公司自己生产摩摩擦墨水销售给客户。

2014年3月，许某某、李某某利用行业在宁波开展会，将张某某带至他们在义乌的生产窝点，告知张某某他们在私自生产摩摩擦墨水的情况，并邀请张某某参与，其目的是利用张某某懂生产知识和能接触到摩摩擦墨水的详细流程配方。张某某当时未明确表态，半个月后，许某某、李某某再次找到张某某，承诺给张某

某在义乌期间的20%股份，张某某最终同意。张某某分两次将瑞雪公司正在生产的摩摩擦墨水流程工艺配方单在瑞雪公司大门口交给许某某。

2014年9月，许某某，李某某购置了大型摩摩擦墨水生产设备，并将生产地点从义乌转移至合肥包河区马厂里附近的一个民房，在这期间又将张某某股份提升至25%，剩余股份由许某某、李某某平分。

2016年7月，许某某、李某某两人将机器设备运至六安市京东工业园一处厂房，继续生产摩摩擦墨水，并销售给义乌的客户，直至2017年7月案发。

经鉴定，合肥瑞雪化工科技有限公司生产的摩摩擦墨水配方秘密点不为公众知悉。许某某、李某某、张某某生产的墨水与合肥瑞雪化工科技有限公司生产的墨水秘密点存在物料与配比的相同，其侵犯商业秘密的行为给权利人造成损失，共计6 573 732.90元。

2020年3月3日，合肥高新技术产业开发区法院作出一审判决，认定被告人许某某犯职务侵占罪、侵犯商业秘密罪，判处有期徒刑5年，并处罚金240万元；认定被告人李某某犯职务侵占罪、侵犯商业秘密罪，判处有期徒刑5年，并处罚金240万元；认定被告人张某某犯侵犯商业秘密罪，判处有期徒刑4年，并处罚金180万元。一审判决后，三被告人均提出上诉，2020年5月25日，合肥市中级法院作出裁定，驳回上诉，维持原判。

## 【履职情况】

本案由合肥市公安局侦查终结，以被告人许某某、李某某涉嫌职务侵占罪向高新技术产业开发区人民检察院(以下简称高新区检察院)移送审查起诉，2018年4月4日，高新区检察院向高新区法院提起公诉，该院于同年7月2日作出一审判决，认定两被告人构成职务侵占罪。判决后，被告人均提出上诉，合肥市中级法院于2018年8月23日将案件发回重审。发回重审后，承办人通过仔细梳理证据，发现可能存在侵犯商业秘密的犯罪事实，并向侦查机关提出进一步补充侦查的具体方向。合肥市公安局经过进一步侦查，于2018年11月29日以被告人许某某、李某某、张某某涉嫌侵犯商业秘密罪向高新区检察院移送审查起诉。承办人受理后，于2019年1月13日、3月28日两次退回补充侦查，由于案件复杂，又分别于2018年12月27日、2019年3月14日、2019年5月29日延长审查起诉期限各一次。

在补充侦查阶段，承办人实地探访瑞雪公司，详细了解墨水制作过程、权利人对于该墨水制作配方和配比的保护措施，反复评估该商业秘密被侵犯的重要时间点和具体过程，并向侦查机关提出更为详细的补充侦查意见。最终经补充侦查后，全案材料共计 9 册(不含卷外材料)、鉴定意见 3 份、光盘 40 余张、账本和账单 40 余份，增加了大量的证据材料。2019 年 6 月 11 日，本案向合肥高新区法院移送起诉，该院分别于 2019 年 8 月 9 日、2019 年 9 月 26 日、2020 年 1 月 15 日三次不公开开庭审理，不公开理由为本案涉及商业秘密。

在本案办理过程中，承办人多次走访被害企业。一方面，进一步发掘案件线索，夯实证据体系；另一方面，倾听企业需求，在了解到被害企业担心商业秘密因刑事诉讼过程较长，可能会发生二次侵害后，承办人员在办理案件过程中特别注意对该商业秘密的保护，多次约谈辩护人和诉讼代理人，反复强调在阅卷以及案件办理全过程中要注意对被害企业商业秘密的保护，防止在审查起诉期间出现秘密泄露，导致被害人权益被二次侵害。

## 【典型意义】

### 一、推动补充侦查，补充起诉侵犯知识产权罪名

本案在公安机关第一次移送起诉时，是以被告人许某某、李某某涉嫌职务侵占罪移送至高新区检察院的，经过对案件的细致梳理，承办人发现了“案中案”，提出被告人可能还涉嫌非法使用瑞雪公司科技产品配方从而牟取暴利。从保护企业知识产权、促进辖区内高新技术产业发展的角度出发，承办人与公安机关多次进行沟通，明确了进一步补充侦查的方向，最终在公安机关的密切配合和积极取证下，及时固定了证据，并补充起诉了被告人侵犯商业秘密的犯罪事实。

### 二、多方听取意见，积极引导取证，夯实证据基础

侵犯商业秘密案件证据较为复杂，证据的收集、调取以及如何鉴定等问题都存在较大难度。本案涉及化学领域专业问题，在案件办理过程中，承办人多次向专业人士就有关案件的成分检测、能否实施逆向工程、同一性对比等问题进行求证。同时，承办人也注意听取被告人、被害人双方意见。在办理过程中，讯问被告人 8 次、会见辩护人及被告人家属 15 次、接收辩护人意见书 4 份、相关证据材

料20余份;听取被害单位意见3次、接收证据材料2份,并就本案事实与法律适用问题充分听取辩护人和诉讼代理人意见。通过仔细研判、分析,承办人在听取多方意见的基础上,向侦查机关出具了翔实的补充侦查提纲,通过两次补充侦查,完善了证据体系,为起诉打下了扎实基础。

## 三、诉前、诉后保护商业秘密,防止被害人权益二次受害

本案中商业秘密核心点是墨水的比例与配方,因该配方具有极大的商业价值且处于保密状态,一旦泄露将给被害单位带来毁灭性的损失,承办人员在办理案件过程中特别注意对该商业秘密的保护,防止在审查起诉期间出现秘密泄露,导致被害人的权益二次受害。同时,在案件移送法院起诉后,也及时提醒法院与被害单位做好商业秘密的保护工作。

## 四、研讨跨专业知识,为案件认定增加保障

侵犯商业秘密案件专业性强,在对犯罪事实、行为进行分析时,要先充分了解商业秘密的本质和内涵。本案涉案配方成分均为化学公式或是化学名称,要理解并运用到实际办案中需要承办人不断向专业人士请教、研究,例如墨水的制作流程和温度对墨水特性的影响、化学成分比例对可消除墨水的影响等,只有通过对系列专业问题进行分析研判,才能对被告人的行为准确认定,为案件的定性以及准确起诉打下基础。

## 五、深入企业,提供商业秘密保障工作的法律咨询

承办人在办理该案过程中注意到该行业涉及的商业秘密较多,行业内关于商业秘密保障工作相对薄弱,同类型企业存在商业秘密流失被盗的情况,因此,在办理此类案件过程中并不满足于对现有的证据收集和案件事实的认定,而是深入企业对此类问题需要注意哪些证据的收集和保障提供法律咨询。

# 【专家点评】

## 一、把"纸面上的法"转化为"行动中的法"需要司法工作者能动司法

商业秘密是企业通过长期研发投入和市场积累所形成的具有知识产权属性

的竞争要素，是企业知识产权组成中的核心竞争力。党中央、国务院高度重视商业秘密保护工作，2019年11月，中共中央办公厅、国务院办公厅印发《关于强化知识产权保护的意见》，明确提出要“加大刑事打击力度，研究降低侵犯知识产权犯罪入罪标准”。为此，《刑法修正案（十一）》降低了侵犯商业秘密罪的入罪门槛，最高人民法院、最高人民检察院联合发布《关于办理侵犯知识产权刑事案件具体应用法律若干问题的解释（三）》。这些都是“纸面上的法律”，如果不通过司法活动落实到具体案件中，民众很难认识到国家对知识产权保护的重视，也不可能将这些法律规范内化为自己的行为准则。

许某某等三人职务侵占、侵犯商业秘密一案，是检察官在办理职务侵占罪案件过程中发现的“案中案”。承办人本着高度负责的精神，从保护企业知识产权、促进辖区内高新技术产业发展的角度出发，与公安机关多次进行沟通，提出被告人可能还涉嫌非法使用瑞雪公司科技产品配方从而牟取暴利。经过认真分析，承办人明确了进一步补充侦查的方向，最终在公安机关的密切配合和积极取证下，及时固定了证据，最终将“纸面上的法”转化为现实生活中的“行动中的法”。

很明显，如果承办检察官在办案过程中停留于就事论事，仅审查公安机关移送审查的职务侵占罪，不能动司法，不将可能同时涉嫌侵犯商业秘密罪的线索退回公安机关侦查，那么，相关涉案人员将得不到应有的处罚，有关促进商业的刑法规范就会停留于“纸面上的法”。这起案件是检察机关在办案过程中认真贯彻保护知识产权、能动司法的典范，起到了提升商业秘密保护质量、为企业激发研发热情和创新活力赋能增值、维护公平竞争秩序、优化营商环境、促进经济社会发展的司法效果和社会效果。

这起案件同时启示我们，保护知识产权检察机关大有可为。保护知识产权就是保护创新，是关系国家安全的战略。面对新形势、新要求，作为检察机关，向内增强实力、向外构建合作、将打击与预防同时进行是利用检察工作营造保护知识产权的良好氛围的必要基础。然而，如何保护知识产权，检察机关仍处于探索的阶段，无论是案件来源、相关专业知识，还是相关流转机制都存在着一定的空间。这起案件用事实证明，检察机关是筑牢保护商业秘密的司法防线的重要一环。

## 二、与时俱进，领会知识产权刑法保护的新变化

虽然该案是一个涉及侵犯商业秘密的犯罪，但我们应当上升到知识产权刑

法保护的高度去认识这一案件。中共中央办公厅、国务院办公厅曾明确指出："加强知识产权保护，是完善产权保护制度重要的内容，也是提高我国经济竞争力的最大激励"，必须对知识产权进行"严保护、大保护、快保护、同保护"。正因为如此，2021年3月1日起施行的《刑法修正案（十一）》对我国知识产权刑法进行了系统修订，加强了知识产权刑法保护的规范供给。在新形势下，要办好知识产权案件，需要司法工作者与时俱进，领会立法的最新变化。

从《刑法修正案（十一）》的具体内容看，可以说是对知识产权的刑法保护做了一次"大手术"，其中修改了7个条文，新增了1个条文。具体而言，主要包括以下几个变化：一是增设了"为境外窃取、刺探、收买、非法提供商业秘密罪"，该罪的增设意味着商业间谍犯罪正式进入了我国刑法规制的范畴。二是拓展了侵犯商业秘密罪的规制范围，将侵犯商业秘密罪的入罪标准由"结果型"标准调整为"情节型"标准，将以贿赂、欺诈、电子侵入的手段获取权利人商业秘密的行为和明知是侵犯商业秘密的行为而允许他人使用该商业秘密的行为纳入侵犯商业秘密罪的规制范围，删除了商业秘密的概念界定。三是调整知识产权刑法的刑罚配置，通过提高法定最低刑和法定最高刑的方式加重了知识产权犯罪的法定刑配置，彰显出对侵犯知识产权犯罪的严厉打击。《刑法修正案（十一）》对知识产权相关犯罪的修正体现了全面保护知识产权、积极保护知识产权、法秩序相统一的理念。只有深入理解和领会刑事立法的这些变化，才能真正办好知识产权刑事案件。

## 三、办理侵犯商业秘密案件的经验值得总结和推广

侵犯知识产权案件具有前沿性、交叉性、专业性问题多的特点，而且往往同时涉及行政执法、刑事追诉或民事追责。这就要求办案人员掌握权利人商业秘密内容的基本知识，包括技术术语、应用领域、功能特点等，因此办案人员需要很长时间学习技术领域的专业知识。另外，商业秘密一般为企业的核心竞争力，被侵害后损失较大，为了客观反映权利人商业秘密的内容、范围，真实计算权利被侵害后的实际损失，往往要求办案人员阅读、审查数以百计、千计的案件材料，反复与权利人、鉴定机构、评估机构沟通，并学习涉案技术领域的专业知识，极大地增加了办案时间及难度。这些因素决定了检察机关办理侵犯商业秘密犯罪案件存在"办案难"的问题。

在办理案件的过程中，承办检察官多次向专业人士就有关案件的成分检测、

能否实施逆向工程、同一性对比等问题求证。不仅如此,承办人还注意听取被告人、被害人双方意见,讯问被告人 8 次、会见辩护人及被告人家属 15 次、接收辩护人意见书 4 份、相关证据材料 20 余份;听取被害单位意见 3 次、接收证据材料 2 份,并就案件事实与法律适用问题充分听取辩护人和诉讼代理人意见。在听取多方意见的基础上承办人向侦查机关出具了翔实的补充侦查提纲,通过两次补充侦查,完善了证据体系,成功完成了对涉案人员的追诉。

这起案件的办理过程至少有两点经验可以总结:一是承办知识产权案件需要很强的敬业精神和担当,该案承办人的努力值得所有司法工作者学习;二是办好知识产权案件不能闭门造车,一定要走出去,多学习、多了解、多与相关方沟通,特别是与被害单位、辩护律师沟通,因为他们可能对相关问题有更深的理解。

---

**案件承办人:**

林森,合肥市高新区人民检察院检察官

**案例撰写人:**

林森、周婷婷,合肥市高新区人民检察院检察官

**合肥市高新区人民检察院承办检察官林森、书记员王平征求被侵权单位代表意见**

(2019 年 7 月 11 日由合肥电视台拍摄)

**案例审核人:**

顾克,合肥市高新区人民检察院检察官

**案例编审人:**

史学兵,安徽省人民检察院第四检察部检察官

**案例点评人:**

魏汉涛,安徽大学法学院教授及博导、安徽省人民检察院专家咨询委员会委员

# 无为市人民检察院督促整治民营企业税务违规行政公益诉讼案[①]

## ——刑事和公益诉讼"双轮"推进民营企业合规建设

**【案例要旨】**

检察机关办理民营企业涉税案件，发现民营企业存在税务资料保管不合规、涉税违法行为未受到行政处罚等问题，通过行政公益诉讼诉前程序，督促税务机关加强对增值税专用发票的管理，堵塞监管漏洞，挽回税收损失，共同对民营企业管理人员进行税务法治宣传，切实保护国有财产，维护国家利益，推进民营企业合规建设。

**【案情概要】**

2020年以来，无为市人民检察院办理了多起涉税刑事犯罪案件，基本案情如下。

### 一、蒋某某、沈某某、陈某某等人虚开增值税专用发票案

2012—2015年，蒋某某、沈某某、陈某某、时某某、凌某某先后以甲某某棉制品有限公司（以下简称甲公司）、乙某某粮油棉有限公司（以下简称乙公司）、丙某某棉制品有限公司（以下简称丙公司）名义，在没有真实货物交易的情况下，开具增值税专用发票出售，并虚开增值税普通发票平账。其中陈某某辩解其将丁某某粮油棉有限公司（以下简称丁公司）账簿丢失，导致侦查机关无法查明陈某某

① 无检行公建〔2021〕1号。

是否以丁公司名义虚开发票。案发后，蒋某某被抓获归案并退出部分违法所得，陈某某主动投案自首，凌某某、时某某主动投案自首且退出全部违法所得。2020年9月15日，无为市人民法院判决：被告单位甲公司、被告人蒋某某、沈某某、陈某某、时某某、凌某某犯虚开增值税专用发票罪，判处被告单位甲公司罚金人民币6万元，判处被告人蒋某某等5人有期徒刑7个月至1年4个月不等，并处罚金共计21万元，对退缴的违法所得以及公安机关扣押的银行卡等涉案财物均依法予以没收，并依法追缴被告单位甲公司、被告人蒋某某、沈某某的违法所得，上缴国库。

## 二、秦某甲、秦某乙、叶某某等人虚开增值税专用发票案

2017年6月—9月，在没有实际运输劳务交易的情况下，胡某某（已判决）与戊某某运输有限公司（以下简称戊公司）的实际控制人秦某甲（系上海已某某货运有限公司负责人）、秦某乙联系，希望其为胡某某、叶某某等人挂靠的公司开具增值税专用发票。经秦某甲和秦某乙共同商议后决定，秦某甲负责转账，秦某乙安排会计开具发票。在此过程中，戊公司按照票面金额6%的比例收取开票费用，共计收取开票费用人民币105 900元，开具的增值税专用发票均经认证抵扣。案发后，被告人胡某某、秦某甲、秦某乙、叶某某经公安机关电话通知到案，秦某甲、秦某乙退缴戊公司全部违法所得，叶某某补缴全部税款。无为市人民检察院经审查认为，本案属于单位犯罪，且戊公司、秦某甲、秦某乙、叶某某犯罪情节轻微，可以免予刑事处罚，于2020年12月15日依法决定对戊公司、秦某甲、秦某乙、叶某某不起诉。

# 【履职情况】

## 一、提前介入，研判类案线索

无为市人民检察院在办理秦某甲等人虚开增值税专用发票案中，发现该案中虚开增值税专用发票的犯罪行为发生在无为市本地，但本地税务机关并未移送相关犯罪线索，通过查阅同时期已办理的其他虚开增值税专用发票案件，又发现在蒋某某、陈某某等人虚开增值税专用发票案中，陈某某丢失公司账簿的行为也未得到税务机关的处罚。无为市人民检察院通过院务会研判刑事检察与公益

诉讼检察工作结合点，系统分析、研判近三年来办案中发现的增值税专用发票管理问题，刑事检察和公益诉讼双轮驱动，统计出无为市人民检察院共办理虚开增值税专用发票案件 9 件 40 人，涉及 7 家企业，有 3 家企业被判处罚金，共梳理案件线索 6 条。虚开增值税发票刑事案件通常是上游企业滥用国家对一些涉民生领域的税收优惠政策，利用虚开免税或少税项目的发票作为进项税抵扣，并将虚开的大额增值税发票出售给下游企业非法获利，最终套现环节实际是在下游企业实现。涉案人员为获得开票费用，在没有真实货物交易的情况下，为他人虚开增值税专用发票，虽然当事人因犯虚开增值税专用发票罪受到了刑事处罚，但其为偷逃税款、虚开普通发票作为进项税平账的行政违法行为也应当受到相应的行政处罚。

## 二、主动作为，堵塞监管漏洞

根据相关案件的数据汇总信息，无为市人民检察院检察官多次到无为市税务局，跟踪税务机关对胡某某、秦某甲、秦某乙、陈某某等人涉税违法行为的查处情况，发现仍存在多种税务违法行为未得到处理的情况，例如陈某某丢失账簿及相关税务违法行为，无为市税务局未对其进行行政处罚；再如相关涉案公司厂房、电费、仓储等生产条件均无法达到所开具的增值税专用发票所要求的生产规模，而无为市税务局在税务检查中也未发现上述情况并加以惩处，存在税收监管漏洞造成国有财产流失的重大隐患。税收是基于国家行政权力行使而取得的应属于国家所有的财产，根据法律规定，税务机关应当将各种税收的税款、滞纳金、罚款按照国家规定的预算科目和预算级次及时缴入国库。因征税而形成的国有财产，其内容不仅包括常规征税所得，而且还包括基于税务执法权中行使税务处罚所得的财产。由于税务机关未依法及时行使税务处罚，使上述行为最终造成国家税款流失，导致国有财产未能及时收回，侵害了国家利益。

## 三、制发建议，促进“严管”制度化

针对本地税务机关在相关案件中对虚开与生产规模不相应的增值税专用发票的行为不能及时发现、在日常税务检查工作和风险防控上存在漏洞、对已判决案件中存在的尚未处理的税务违法行为也未及时处理等问题，无为市人民检察院依法向无为市税务局发出检察建议，要求依法对陈某某未按法律规定保管账簿的税务违法行为进行处理，并加强税收管理，对涉税违法行为做好防控工作。

接到无为市人民检察院的《检察建议书》后，无为市税务局组织其单位法制部门、税务稽查、风险防控等部门负责人，主动与检察机关刑事办案部门、公益诉讼部门检察官开展磋商，双方就日常税务检查工作中存在的盲点、税务违法犯罪方面的两法衔接、刑事案件不起诉后移送行政处罚及反馈等多项问题互相交流，交换意见和看法。

无为市税务局按照检察建议要求，开展清查整改，积极推行实名认证工作，在纳税人的法定代表人、财务负责人以及其他被授权的人员在办理相关涉税事项时，税务机关认真落实实名认证；采取电话、集中培训和纳税人学堂等不同方式对企业法定代表人及财务人员进行税法宣传，提示发票使用中存在的涉税风险，提醒发票违法违规需要承担的法律责任，并要求法定代表人当面签字确认。根据纳税人信用等级、发票开具和实际经营、风险核查等情况综合确定纳税人纳税风险等级程度，进行分级分类管理，并安排专人在领票后不定时实际调查，重点了解纳税人的生产经营情况，核查生产经营地址及必要的经营设施等。截至2021 年 7 月，无为市税务局已办理实名认证 1 220 人次，对 371 户纳税人实施面宣面签，公益诉讼守护国有资产初显成效。

## 四、持续跟进，督促行政机关依法履职

无为市人民检察院办理涉民企刑事案件过程中，在坚持和落实相关司法政策的同时，推动企业合规建设与依法适用认罪认罚从宽制度、依法适用不起诉相结合，督促涉案企业开展合规建设、履行合规承诺，并积极组织听证会，不断扩大案件宣传效果。例如，对秦某甲、秦某乙、叶某某等人虚开增值税专用发票案进行公开听证，认真听取人大代表、律师等听证员的意见，依法决定对秦某甲、秦某乙、叶某某不起诉。在宣布不起诉决定的同时，对涉案人员进行法治教育和训诫谈话，要求涉案人员做到依法、合规生产经营，规范报税和缴税。强化与税务机关协作，推动企业合规建设和行政处罚相衔接，无为市人民检察院主动与税务机关沟通，提出检察意见，确保对不予追究刑事责任的人员依法给予行政处罚，不让“厚爱”被滥用。

无为市人民检察院还与无为市税务局共同探索涉税刑事案件中发现的行政违法行为的移送处罚和反馈机制，要求税务机关加强对有涉税犯罪企业的重点检查，避免相关企业在今后的日常生产经营管理中再次重复违法犯罪，进一步落实税务机关对刑事不起诉人员行政处罚的结果移送机制，由检察机关和税务机

关定期共同核查移送和处理情况，确保行政违法线索、刑事犯罪线索无一遗漏且均能得到依法处理。无为市税务局对无为市人民检察院移送的秦某甲、秦某乙、叶某某涉嫌虚开增值税专用发票案中被不起诉人秦某甲、秦某乙分别处以7万元罚款，对叶某某处以6万元罚款，并将扣押在案的10万余元违法所得上缴国库。

### 五、共同宣讲，推进企业合规经营

为促进企业合规守法经营、预防和减少企业违法犯罪，无为市人民检察院携手税务机关为近百名企业负责人、财务人员宣讲检察机关服务保障民营经济发展举措，开设“财务人员防‘虚’攻略”法治教育课，通过还原身边违法案例的法庭讯问、举证质证、法庭辩论等活动，让听众真实了解案件发生全过程，筑牢守法经营底线。同时，无为市人民检察院充分运用“双微”平台，定期在微信公众号、微博以及服务保障民企工作微信群中更新法律知识，公布涉企犯罪典型案例，同步宣传最新的涉企法律政策，不断延伸办案的社会效果，提升民营企业经营者、财务人员的法治意识。

### 六、互相协作，建立信息共享机制

无为市人民检察院与无为市税务共同探索相关信息共享机制，定期交流税法领域的专业知识、税法政策、涉税刑事办案政策、执法办案信息等内容，一方面，强化了税务执法人员了解税务行政执法取证对后期涉税刑事办案的影响，进一步推动税务机关规范执法、严格执法的意识；另一方面，加深了检察办案人员对相关税务知识的理解和领悟，进一步提升了办案质效。

## 【典型意义】

### 一、主动担当作为，践行能动监督司法理念

检察机关在案件的办理过程中，不能仅就案办案，要兼顾法律效果和社会效果有机统一，要综合运用刑事检察、公益诉讼检察职能依法打击违法犯罪行为，切实维护国家利益、社会公共利益。在犯罪预防工作方面，贯彻谁执法谁普法的原则，积极派员与行政执法机关合力对企业管理人员开展税法宣传工作。检察

机关应当积极开展类案调研工作，主动联合相关行业主管部门进行犯罪风险预防。本案是检察机关在办理涉税刑事案件中发现公益诉讼线索后，公益诉讼部门和刑事检察部门互相配合，共同研判税务机关在税务检查和风险防控上存在的管理漏洞，充分发挥检察机关在执法办案中的犯罪预防功能，推进企业合规建设，切实做好国有财产保护工作的范例。

## 二、加强跟进监督，确保诉前检察建议落实落地

一方面，检察机关履行行政公益诉讼职能，督促税务机关及时堵漏补缺、完善税务检查、登记管理措施有利于涉税违法犯罪问题的系统治理、综合治理、源头治理；另一方面，可以切实维护税收制度的权威和公平，规范税收秩序，优化营商环境，更好地维护依法诚信纳税人的合法权益，彰显公益诉讼的独特价值。办理涉民营企业案件既要保证依法惩治犯罪，也要尽可能地挽回国家损失。对于被相对不起诉的民营企业管理人员，如果直接作出不起诉决定后不给予任何处罚则起不到警示作用，也有失公平，应当落实不起诉案件移送行政机关处罚的规定，避免被不起诉的民营企业管理人员逃避行政处罚，不让“厚爱”被滥用。

## 三、强化沟通协调，实现双赢多赢共赢

在办理这起涉税公益诉讼案件中，基于维护国家利益的一致共识，检察机关与税务机关不断沟通、磨合，做到了在监督中体现支持，把监督融入支持当中。本案中发出的检察建议内容具体明确、有理有据、操作性强；行政机关整改迅速彻底、实效明显，有效实现了检察机关与税务机关共同对税务违法犯罪行为实施精准打击，达到一举多得的效果，在惩治涉案企业、涉案人员的同时也教育、引导民营企业规范纳税、守法经营，营造了公平、有序的市场环境，实现了检察机关、税务机关、民营企业多赢和共赢的目标。

## 【专家点评】

2014年10月，党的十八届四中全会明确“探索建立检察机关提起公益诉讼制度”。2015年7月，全国人大常委会授权13个省区市首开试点公益诉讼。历经两年试点后，2017年6月，《行政诉讼法》再次修改，将“行政公益诉讼”纳入法律。2019年10月，党的十九届四中全会旗帜鲜明地强调“拓展公益诉讼案件范

围”。中共中央印发《关于加强新时代检察机关法律监督工作的意见》，明确公益诉讼案件范围，这是当前和今后一个时期加强检察工作的纲领性文件，对充分发挥检察机关法律监督职能作用，保障国家法律统一正确实施、建设社会主义法治国家、坚持和完善中国特色社会主义制度、推进国家治理体系和治理能力现代化具有十分重大而深远的意义。

近年来，无为市人民检察院立足检察机关法律监督职能，针对办案中发现的行政执法机关履职不到位的问题，及时制发检察建议，实现了法律效果和社会效果的有机统一。特别是无为市人民检察院办理该起督促税务机关履职案，从办理多次虚开增值税专用发票案件入手，深入研究案件反映出的税务机关监管漏洞造成国有资产流失的问题，自觉在办案中助推市域治理现代化，强化司法办案和源头治理统筹兼顾，从个案延伸到类案，再到社会治理公益诉讼，进一步扩大办案成效，取得了“办理一案、治理一片”的良好效果。

国有财产被侵害案件专业性较强，相较于其他领域公益诉讼线索来源渠道窄、范围小，检察机关依职权加强对该领域行政机关违法行使职权或不作为侵害公益问题的监督具有必要性。

一是有助于财税制度实现有效的专业化监督。从宏观方面看，各级人大负责每年对财政进行预算和执行的监督，这种监督属于权力机关对财政的事前监督，但此种监督过于宏观化，缺乏对后期具体化事宜的灵活性。政府内部监督，即审计机关对行政机关财税行为的监督是不可能脱离本级政府的管理而独立存在的，这就决定了其权力制约能力受到了一定的限制。在微观层面上，我国缺乏财税制度的专业性监督，不重视财政税收事后的监督，导致一些行政机关疏于履行法定职责，相关人借机套取国家大量财政支出，进而侵害国有财产利益，例如财税领域存在的税款缴纳、非法获取安置补偿金、国家拆迁补偿款、财政补贴、中央淘汰落后产能奖励资金等。行政机关怠于履行法定职责或者不作为致使大量的税款未能及时收缴，使国有财产长期处于流失的状态，原因在于对财税的用途、资金的流向去处几乎没有引起中央财政和地方政府各级部门的关注。最高人民检察院检察长张军在十三届全国人大常委会第十四次会议上所做的《最高人民检察院关于开展公益诉讼检察工作情况的报告》中指出，公益诉讼案件中国有财产保护领域立案 20 363 件，涉及资金高达 84 亿元人民币，具体涉及的财税领域涵盖人防工程易地建设费、中央奖励政策性资金、补贴社会保险基金等。

二是有助于推进纳税人权利的保障救济。尽管普通的公民(纳税人)缺乏提起财税公益诉讼的救济通道,但是可以向检察机关对行政机关的违法行为和不作为进行案件线索举报,实现“有权利就有救济”的基本法律逻辑。

三是有利于促进法治政府建设。法治政府建设的核心是依法行政,本质是对行政权力的规范、限制和约束。在法治政府建设向纵深推进的过程中,仅靠行政系统内部的政策驱动远远不够,司法权尤其是承担法律监督职能作用的检察权的作用应得到充分发挥。国有财产公益领域诉讼由检察机关承担以来,从试点到正式制度确立运营的几年中检察公益诉讼发挥了非常重要的作用。公益诉讼检察占到了检察机关业务量的1/4。检察机关作为国家法律监督的法定机关有义务且必须要承担起在法治国家治理过程中时代赋予的使命。

一纸检察建议关系监督质效,办好、办优国有资产领域的公益诉讼案件需持续用力做好诉前检察建议工作,促进各项检察工作创新发展,不断开创检察工作新局面,努力为无为市高质量发展提供更多、更优的法治产品、检察产品。

**无为市检察院公益诉讼办案检察官向全市部分企业财务人员授课,**
**分析涉企犯罪典型案例并宣传最新涉企法律政策,**
**提升民营企业经营者、财务人员法治意识**

(2021年6月24日由沈杰拍摄于无为市税务局多功能报告厅)

**案件承办人：**

程灿，无为市人民检察院一级检察官

沈杰，无为市人民检察院二级检察官

**案例撰写人：**

黄超，无为市人民检察院四级检察官助理

姚学坤，无为市人民检察院四级检察官助理

**案例审核人：**

陶笑寒，无为市人民检察院党组书记、检察长

**案例点评人：**

张友好，无为市人大监察和司法工委主任

# 游戏运营企业侵权纠纷诉前行为保全禁令解除案件[①]

## ——游戏类侵权案件中侵权行为的认定及诉前行为保全禁令解除

### 【案例要旨】

游戏侵权的界定标准既是游戏类知识产权及不正当竞争案件审理中的焦点和核心问题，也是确定具体案件类型的基础问题。诉前行为禁令是游戏侵权案件中的一大难点，在诉讼主体间往往存在巨大的争议，处理不当极有可能给相关企业主体带来巨额损失。在网络游戏类等特殊案件中采取诉前行为保全禁令等措施，需要充分审视各方权利基础，并尽可能地审慎适用，避免对相关开发、经营主体造成不必要的影响和损失。

### 【案情概要】

原告一公司、二公司(合称原告方)诉称：原告一公司于2000年9月1日完成了《传奇2》(*Legend of Mir2*)网络游戏的创作、开发，并于2000年11月10日完成了在韩国的著作权登记。2017年，原告一公司分立成立原告二公司，原告一公司认为原告二公司自分立完成之日起从原告一公司继承《传奇2》更新后版本——《热血传奇》游戏的全部知识产权。

2018年，原告方认为两家被告公司经营推广的主营游戏《屠龙破晓》涉嫌侵害《热血传奇》游戏著作权，并构成不正当竞争，故向合肥市中级人民法院起诉要

① (2018)皖01行保1号之一。

求判令四被告停止侵权、赔偿损失、消除影响，承担全部诉讼费、保全费，并申请了诉前禁令。2018 年 9 月 10 日，安徽省合肥市中级人民法院就两名原告提出的行为保全申请作出裁定，要求两名被申请人立即停止自己、授权他人或通过第三方平台提供《屠龙破晓》手机游戏的下载、安装、推广及运营。

两名律师接受两名被告委托，向合肥市中级人民法院知识产权法庭提出复议申请，并从申请人主体不适格、维权基础不充分、游戏内容并未构成侵权、被申请人授权来源的合法性以及禁令对公众利益的不利影响等角度组织证据，对游戏的诉前禁令进行抗辩。2018 年 10 月 16 日，合肥市中级人民法院知识产权法庭裁定解除对《屠龙破晓》手机游戏的诉前行为禁令。

## 【履职情况】

本案中，原告方诉请认为，《屠龙破晓》游戏的人物角色、装备、道具、技能、怪物、NPC、地图、界面、特殊功能设计、角色与武器、服装、首饰、技能之间相关的特殊关联关系，以及在地图、怪物、NPC、玩法等的玩家特有习惯设计方面均与其《热血传奇》完全相同或高度相似。原告方认为被告方的游戏《屠龙破晓》侵害《热血传奇》游戏著作权，并构成不正当竞争。

被告方律师的工作具体包括以下几部分。

一是被告方运营的《屠龙破晓》游戏已经获得国内第三方公司开发的游戏《传奇世界》作者的合法授权，《传奇世界》未侵犯原告方主张的游戏权利，被告方作为《传奇世界》的再授权游戏的运营主体是合法有效的，原告方没有行权基础。北京市第一中级人民法院出具的原告方与第三方公司之间的《民事调解书》已经确认，原告方享有著作权的《传奇 2》游戏与第三方公司开发的《传奇世界》游戏互不侵权。第三方公司是《热血传奇》游戏在中国地区唯一权利人，原告方不能依据第三方公司拥有所有权的游戏，主张被告侵权。

被告方运营的游戏《屠龙破晓》是基于第三方公司开发的《传奇世界》游戏作者的授权进行的再开发。基于上述调解书内容和知识产权中的“权利用尽”原则，原告方不能基于第三方公司开发的《传奇世界》的内容与其开发的《传奇 2》内容相似，从而要求再开发主体的被告方承担法律责任。原告方在本案中提供的著作权登记证书仅能证明其是《传奇 2》的作者，不能证明其是《热血传奇》的作者。《热血传奇》虽然是在原告方所有的《传奇 2》的基础上进行改编的，但其在中国大陆地区运营多年，国内的第三方游戏公司已经进行了大量的投入并进行了若干版本的更新。原告方不能因为传奇类游戏最早的改编基础是其开发的就认为其对后续所有的版本的游戏都享有权利。原告公司已经将《热血传奇》在大陆地区的相关权利独家授权给其合作作者，原告公司自身没有在中国大陆地区进行维权的基础。

此外，作为原告起诉的两家公司中，原告二公司并不是案涉游戏的登记作者，其与原告一公司内部分立行为的真实性无法确认，其作为本案原告的主体不适格。

二是被告方运营的《屠龙破晓》游戏在中国大陆地区具有很大影响力，并拥有大量用户，贸然采取诉前行为保全会严重损害被告方作为新兴游戏企业的利益，同时对被告方相关的上市公司业务也会造成重大不利影响，从而影响公众利益。网络游戏本身具有与其他知识产权成果不一样的特殊性，涉及大量游戏玩家的充值、玩家本身时间耗费所形成的成果等，同时其更新速度快，开发者能够进行收益的时间集中在游戏上线后较短的一段时间内。被告方的游戏《屠龙破晓》在中国大陆地区存在大量的玩家，在原告方权利基础存在重大瑕疵的前提下，贸然对《屠龙破晓》实施禁令会对被告公司的主要经营收益和相关玩家造成不可弥补的损失，不仅其中一名被告的母公司作为上市公司的主营利益将受到重大影响，而且包括广大股民在内的公众利益也将因此受损。

同时，被告的游戏合法授权来自国内具有重大影响力的第三方开发的游戏《传奇世界》，该游戏已经通过生效裁判文书和著作权登记的方式进行了确权。如果被告方运营的游戏《屠龙破晓》被认定构成侵权，那么，原告方极有可能会进一步依据本案中法院的认定，向《传奇世界》的权利主体主张侵权，客观上会对案外人及与之相关的大量游戏玩家的利益产生不利影响，也会给包括原告在内的国内大量传奇类游戏的开发和运营企业带来严重的负面效果，从而影响游戏产业的健康发展。

三是被告方愿意为禁令的解除提供高额的担保，诉前行为禁令的解除不会对原告方的利益产生损害。原告方此前在中国大陆地区多个地区提起诉讼并向法院申请诉前行为禁令，但均没有获得支持，同时其在部分案件中主动撤回在其他地区的禁令申请进一步证明原告方的行权依据不足，同时也证明了解除禁令并不会对原告方的利益产生不可估量的损失。

就本案而言，原告方主张的维权基础不扎实，被告方运营的游戏获得了第三方公司所有的《传奇世界》的合法授权，原告方刻意隐瞒事实，误导法院对被告方的游戏实施诉前禁令。即便如此，被告方依然愿意提供高额的反担保，以确保禁令解除不会对相关当事人权益造成损害。参考原告方在中国大陆起诉类似案件的判决结果，被告方自愿承担的反担保已经能够足够覆盖这类案件可能的赔偿，原告方的权益不会受到影响。

四是被告方运营的游戏《屠龙破晓》与原告方拥有著作权的《传奇 2》游戏内容不构成实质性相似。原告方在案件审理中没有对其拥有著作权的游戏作品与被告的游戏作品构成实质性相似进行举证，故需要承担举证不利的责任。即使将原告方的游戏与被告方游戏进行实质性相似对比，也应当是将原告拥有著作权登记证书版本的《传奇 2》游戏相关的源代码和目标程序与被告的游戏进行对比，而不是提供已经在原告拥有著作权的基础上多次修改后的游戏版本《热血传奇》与被告方的游戏《屠龙破晓》进行对比。

从原告提供的具体数据和被告方游戏数据比较来看，双方不存在实质性相似。从举证的角度而言，原告方并没有提供 2003 年用于国家版权局登记的《传奇 2》版本的相关素材作为证据，其所提交的均是系第三方公司开发、运营的《热血传奇》的游戏元素和内容，原告对此不具有所有权。即便将第三方公司开发的《热血传奇》的相关元素与被告的游戏进行对比，两者之间的相似度也极低，相似的内容均是来源被告已经取得了合法授权的游戏《传奇世界》。因此，被告方游戏《屠龙破晓》没有侵犯第三方公司开发的《热血传奇》的权利，更加没有侵犯原告拥有著作权的《传奇 2》游戏的权利。

从涉案游戏玩法本身来说，原告公司主张抄袭的绝大部分内容已经成为游戏开发的共有领域的内容，例如“战法道”是相关网络游戏人物的通用名称；“传奇”也已成为相关游戏模式的统称，不是原告公司的专有权利。

从目标程序的开发程序而言，原告方拥有著作权的游戏《传奇 2》是基于 Delphi 程序开发的网络游戏，被告运营的《屠龙破晓》游戏是基于 Layabox 程序开发的手游，二者具有本质区别，并非同一种类型的计算机软件程序。

五是关于游戏类案件的侵权行为类型认定及案件管辖权的抗辩主张。除了诉前行为禁令的解除之外，在本案中，被告方律师还对案件的类型和管辖权问题提出了抗辩。被告律师认为，本案中，原告主张被告开发、运营的手机游戏《屠龙破晓》中的人物角色、装备、道具、界面、特殊功能设计及各元素之间相关的特殊关联、玩家特有习惯设计方面均与其《热血传奇》完全相同或高度相似，并未主张被告的《屠龙破晓》手游与其《热血传奇》网络游戏在程序、文档上实质性相似，而网络游戏的组成要素，例如人物角色、服装、道具、音乐、故事叙述等可以单独构成美术、音乐、文字等一般作品，并不属于《计算机软件保护条例》所指的“程序”或“文档”，因此，本案属于一般作品的著作权侵权民事纠纷，不属于计算机软件侵权民事纠纷。被告方代理律师通过围绕上述案件的实质争议焦点分析，准确提出原告方主张的侵权基础属于一般的侵权类案件，从而成功地将实体侵权案件的审理移送至被告所在的芜湖市中级人民法院。

随着在中国大陆《热血传奇》知识产权的商业价值日益显现，以及韩国游戏业的竞争日趋激烈，本案中的两家原告公司开始将重心放在《热血传奇》知识产权授权及打侵权官司上，而不是继续积极地进行游戏的开发和更新，游戏的授权分成成为原告方的主要收入来源之一。原告方忽视了《热血传奇》游戏本身就存在和第三方主体之间的著作权纠纷，利用新代理商来证明自己拥有《热血传奇》的知识产权。原告方这样的滥用起诉和诉前保全禁令的行为遏制了游戏行业的创新成长，对中国游戏产业市场发展造成了极大损害。

2019 年 12 月，就原告方由于在中国大陆各地提起的大量的游戏相关诉讼和诉前行为保全的事项，江西省宜春市中级人民法院裁定，本案中的两名原告立即停止在中国大陆向任何第三方进行涉及网络游戏《传奇 2》的改编权授权。

## 【典型意义】

合肥知识产权法庭于 2017 年 8 月 30 日挂牌成立，本案是合肥知识产权法庭挂牌成立以来第一起诉前行为禁令案件，其中涉及的管辖问题也被列为合肥知识产权法庭 2018 年度的典型案例。

随着经济社会的发展，游戏产业成为重要的经济部门，与之相关的各类纠纷案件也逐年增长。本案原告公司在北京、上海、江西等地均提起了《热血传奇》知识产权的相关诉讼，给国内相关游戏开发和运营主体的经营和发展带来了很大的困扰。

诉前行为禁令和游戏侵权的界定标准是游戏类知识产权案件审理的焦点和难点问题。本案律师在代理的过程中，通过厘清争议焦点，全面分析诉前行为禁令的权利基础、必要性、可替代性、可能风险等内容，成功解除了禁令，避免了当事人企业遭受重大的经济损失。本案的成功代理对于相关类似案件的处理和游戏开发运营权利人正当权益的保护起到了良好的示范作用。在合肥打造“创新高地”的过程中,涉及各类新兴业态的诞生和新种类知识产权的保护工作,本案的处理也为合肥地区新型知识产权、不正当竞争相关案件的审理,以及企业正当权益的维护、创新经济的发展保障提供了良好的借鉴。

## 【专家点评】

诉前禁令是人民法院发出的禁止行为人实施有可能侵害他人合法权利的命令。这种命令具有强制性,受禁令禁止的行为人必须遵从禁令的要求,否则要承担民事责任。由于这种特殊的救济方式出现在诉讼之前,所以《民法典》等相关法律法规对此作出了严格规定,不仅在使用范围上限于对知识产权保护、家事保护、人格权保护等三类民事纠纷,而且还明确规定人民法院对行为人发出诉前禁令的要件。本案合肥知识产权法庭依据原告申请向被告发出诉前禁令,同时又依据被告抗辩及提供的担保解除了诉前禁令是一种有益的探索,既有利于保护双方当事人合法权益,又有利于促进创新企业、新型产业的健康发展。

中华人民共和国
安徽省合肥市中级人民法院
民事裁定书

(2018)皖01行保1号之一

复议申请人:三七互娱(上海)科技有限公司,住所地上海市嘉定区南翔镇银翔路655号809室。

法定代表人:罗旭,该公司执行董事。

委托诉讼代理人:何志旋,该公司员工。

复议申请人:安徽尚趣玩网络科技有限公司,住所地安徽省芜湖县湾沚镇安徽新芜经济开发区。

法定代表人:罗旭,该公司执行董事。

委托诉讼代理人:纪敏,北京大成(合肥)律师事务所律师。

委托诉讼代理人:李陆阳,北京大成(合肥)律师事务所律师。

被申请人:娱美德娱乐有限公司(Wemade Entermainment Co.,Ltd),住所地韩国京畿道城南市盆唐区大旺板桥路644号街49。

法定代表人:张贤国,该公司首席执行官。

被申请人:株式会社传奇IP(ChuanQi IP Co.,Ltd),住所地韩国京畿道城南市盆唐区大旺板桥路644号街49。

1

解除对三七互娱(上海)科技有限公司、安徽尚趣玩网络科技有限公司立即停止自己或授权他人或通过第三方平台提供《屠龙破晓》手机游戏下载、安装、推广及运营的行为保全措施。

本裁定立即开始执行。

审判长　樊　坤
审判员　汪　寒
审判员　张宏强

本件与原本核对无异

二〇[illegible]日

书记员　桑　玉

**合肥市中级人民法院的《民事裁定书》,解除诉前行为保全措施**

(2018)皖01行保1号之一

**案件承办人：**

纪敏，北京大成（合肥）律师事务所高级合伙人

李陆阳，北京大成（合肥）律师事务所律师

**案例撰写人：**

吴启迪，北京大成（合肥）律师事务所律师

**案例审核人：**

纪敏，北京大成（合肥）律师事务所高级合伙人

**案例编审人：**

贾晓清，安徽省律师协会秘书长

**案例点评人：**

汪晖，安徽省高级人民法院立案一庭庭长

# 阜阳市颍上县刘集乡跨省危险废物倾倒生态环境损害赔偿案[①]

## ——法治化助力打造生态、营商双优环境

### 【案例要旨】

本案积极探索多元化的纠纷解决方案，采用磋商方式与赔偿义务人就生态环境损害赔偿事项达成一致，提高了生态环境损害赔偿纠纷的解决效率。根据《生态环境损害赔偿制度改革方案》和《关于推进生态环境损害赔偿制度改革若干具体问题的意见》，生态环境损害赔偿磋商范围可分为自由磋商事项、限制性磋商事项与禁止磋商事项，其中自由磋商事项包括证据的真实性、合法性、关联性，赔偿方式等；限制性磋商事项包括赔偿义务人内部责任份额，修复启动时间以及修复期限。禁止磋商事项包括损害事实和程度与赔偿数额。本案赔偿权利人指定部门在可磋商的范围内，与认罪认罚制度衔接，创新修复保证金、分期支付赔偿金等履行方式，在依法严格索赔的基础上充分保护赔偿义务人合法权益，推动赔偿义务人环境合规建设，优化营商环境。

### 【案情概要】

2019 年 7 月 15 日，阜阳市颍上县生态环境分局根据群众举报，对刘集乡苏杨村黄家岗非法排放、倾倒、处置不明废物进行了现场调查。经专业机构取样分析，倾倒的废物中多种污染物浓度超过《危险废物鉴别标准　浸出毒性鉴别》限

① (2020)皖 12 民特 8 号。

值，属于危险废物。阜阳市颍上县生态环境分局依据《中华人民共和国行政处罚法》和《行政执法机关移送涉嫌犯罪案件的规定》等有关规定，及时将该案件移送县公安局调查处理。

2019年9月18日，阜阳市颍上县生态环境分局根据颍上县公安局刑事案件侦办线索，采取比对溯源的方法，赴江西省九江市彭泽县某股份有限公司进行现场调查，并综合颍上县公安局提供的相关犯罪嫌疑人讯问笔录、赔偿义务人提交的情况说明、检测单位提供的检测数据，以及安徽省环境科学研究院的初步鉴定报告，认定非法排放、倾倒在刘集乡的危险废物系江西某股份有限公司生产过程中的蒸馏残渣和精馏残渣，属于“农药生产、配制过程中产生的过期原料及废弃产品”，为农药废物HW04类，代码263-012-04，危险特性为T(毒性)，总量约35吨。

为防止污染进一步扩散，综合专家建议，阜阳市颍上县生态环境分局委托北京建工环境修复有限公司编制了《颍上县刘集乡危险废物倾倒现场应急风险管控方案》，经专家论证后，于2019年9月30日开始实施应急施工，将清理出的污染物安全妥善存放。12月4日，阜阳市颍上县生态环境分局委托安徽省环境科学研究院对刘集乡非法倾倒危废案件进行环境损害鉴定评估工作。经评估，因非法倾倒危险废物造成应急处置费用5 720 436.90元、生态环境损害恢复费用12 531 000元，以及事务性费用3 967 415元。此外，因国家相关技术标准与规范欠缺等原因，鉴定评估报告中涉及的大气环境损害、农作物等损失未予明确，赔偿权利人以生态环境修复费用的50%，即6 265 500元向赔偿义务人主张此部分损失。因此，本次环境污染事件的环境损害数额共计28 484 351.90元。

因案情比较复杂，赔偿权利人指定部门阜阳市生态环境局在与赔偿义务人江西某股份有限公司正式磋商前，组织了两次沟通交流，提出了大气环境损害赔偿金比例与责任承担方式等焦点问题。2020年4月14日，阜阳市生态环境局与江西某股份有限公司集中就焦点问题展开正式磋商，达成《生态环境损害赔偿磋商协议》，由赔偿义务人公开赔礼道歉，支付实际发生的清除污染费用、自行修复保证金、鉴定评估报告涉及但未予明确的损害费用等。次日，赔偿双方共同向阜阳市中级人民法院申请司法确认。目前，生态环境损害赔偿金已经到位，有关修复工作正在按照专家审查确定的修复方案进行落实。

## 【履职情况】

### 一、落实生态环境损害赔偿制度与优化营商环境顶层设计

赔偿权利人指定部门在案件办理过程中认真学习并贯彻执行国家有关生态环境损害赔偿制度的政策文件，以及有关优化营商环境的行政法规、政府规章等，例如《生态环境损害赔偿制度改革方案》《关于推进生态环境损害赔偿制度改革若干具体问题的意见》《优化营商环境条例》《安徽省实施〈优化营商环境条例〉办法》等，夯实专业水平，做到案件办理过程中心中有法、依法决策。

### 二、以严格执法促进营商环境健康发展

本案严格按照《固体废物污染环境防治法》与“两法衔接”工作机制执法，在追究赔偿义务人刑事责任的同时，实现对生态环境损害的应赔尽赔。在案件办理过程中，并未采取“一刀切”的方式对涉案企业强制关停，而是本着疫情下保障企业发展的原则，“严格”考虑对其有利的因素，既保护了守法企业的营商环境，也保护了涉案企业的合法利益，促进营商环境健康向上发展。

### 三、以优化营商环境筑牢生态底线

案件办理过程中，生态环境部门通过多举措优化营商环境，包括在磋商中宣传环保法律、创新修复保证金、分期支付赔偿金等履行方式，帮扶指导异地涉案企业修复生态环境，将其积极履行修复责任的情况抄告检察机关和审判机关，为其适用认罪认罚制度提供可能。涉案企业认清违法事实，认罪悔过，主动做出企业环境合规与积极整改承诺，落实了企业环境保护主体责任。

## 【典型意义】

一是探索采用“先赔偿修复后刑事追责”模式，维护民营企业经营者合法权益，贯彻宽严相济执法机制。打破以往“先刑事后民事”的传统做法，生态环境部门与公安、检察机关实行信息共享、证据互用、密切协作，实现了民事责任和刑事责任有效衔接。案件办理过程中，承办律师通过释法说理，促使赔偿义务人从拒

不承认赔偿义务人身份到主动愿意承担生态环境损害赔偿责任，有效促成生态环境损害赔偿磋商协议顺利签订，保障赔偿义务人积极履行生态环境损害赔偿与修复责任。一方面，生态环境部门及时将该案件移送县公安局调查处理，推进生态环境行政执法与刑事司法衔接，依法严厉打击环境犯罪。另一方面，在使受损生态环境尽早得到有效修复的同时，生态环境部门将包括磋商协议在内的相关材料抄告检察机关和审判机关，为赔偿义务人在接受刑事案件审理时可能适用认罪认罚从宽制度提供佐证，为营造公平、透明、可预期的法治化营商环境提供了有力保障。

二是鼓励赔偿义务人自行修复受损生态环境，严格落实普法责任制，助力企业生态环境合规。案件办理过程中，生态环境部门严格落实“谁执法谁普法、谁主管谁普法、谁服务谁普法”的普法责任制，把磋商前的沟通交流与磋商过程作为宣传环保法律的过程，在严格遵循以生态环境修复为核心的损害救济制度的前提下，教育赔偿义务人认清违法事实，认罪悔过，引导其主动履行修复生态环境的主体责任，实现受损环境得到及时修复。考虑到修复受损的生态环境不可能在短期内完成，磋商协议既规定赔偿权利人负责对修复工作进行全程监管，也规定了赔偿义务人缴纳一定数额的修复保证金，并根据修复进度和效果分阶段返还保证金，从而最大限度地保障修复目标按期实现。赔偿权利人指定部门与赔偿义务人在磋商过程中积极互动，赔偿权利人指定部门主动询问企业环境合规相关问题，赔偿义务人做出合规与积极整改承诺。赔偿权利人指定部门与赔偿义务人合力推深做实营商环境的优化。

三是坚持生态环境损害“应赔尽赔”原则，创新灵活变通的责任承担方式，兼顾执法力度与温度。对于鉴定评估报告中涉及的大气污染等问题，由于现阶段国家标准和技术规范欠缺等原因未予明确，赔偿权利人恰当利用证据规则，参考最高人民法院指导性案例(第二十四批第 129 号)予以主张，促使赔偿义务人承担此部分费用，做到索赔有据。同时，综合考虑赔偿义务人经营农药、肥料进出口业务，主观过错小且新冠肺炎疫情对其复工复产和经营状况的影响严重等因素，为更好地促进民营企业的发展，同意赔偿义务人分期支付大气污染损害等赔偿费用。在企业因其环境违法行为承担应有责任的同时给企业发展预留空间，既体现了依法办案的法治思维，也体现了立足政府职能、主动服务大局的政治自觉，实现了生态效益与经济效益、社会效益的共赢。

四是加大帮扶指导力度，科学组织修复，加强环境信息公开。赔偿权利人指定部门组织专家对修复方案进行论证，赔偿义务人委托社会第三方机构开展修复工作，修复项目主体按照修复方案进行施工，建立施工全过程台账，及时向赔偿权利人指定部门报送；最大限度地减少政府对赔偿义务人修复活动的直接干预，通过组织专家论证与修复效果验收两方面加强和规范事中、事后监管；赔偿权利人指定部门主动协调生态环境损害结果发生地的生态环境部门，切实做好对赔偿义务人修复工作的帮扶指导与配合，共同实现受损生态环境的修复。赔偿权利人指定部门将与修复等相关情况通过政府公报、政府网站等途径及时向社会进行公开，自觉接受社会监督。同时，督促企业公开生态环境信息，鼓励企业在强制公开内容基础上自愿拓展信息公开内容。引导企业邀请周边居民参与企业生态环境守法的监督工作，增进企业与周边居民的对话和理解，创造良好的守法环境。

## 【专家点评】

近年来，安徽省积极贯彻落实长三角一体化国家战略规划纲要，按照生态优先、绿色发展的要求，持续深化“放管服”改革，坚决打好区域污染防治攻坚战，极大改善了营商环境与生态环境。本案严格按照《中华人民共和国固体废物污染环境防治法》与“两法衔接”工作机制执法，在追究赔偿义务人刑事责任的同时实现对生态环境损害的应赔尽赔。同时，综合考虑在新冠疫情影响下，赔偿义务人生产经营困难且其主观过错小等因素，创新修复保证金、分期支付赔偿金等履行方式，加大对其自行修复的帮扶指导力度，并将其积极履行修复责任的相关材料抄告检察机关和审判机关，为赔偿义务人适用认罪认罚制度提供可能。在加强生态环境法治建设的同时，多举措优化了安徽省营商环境，打造了生态、营商双优环境，协同推动安徽省经济高质量发展与生态环境高水平保护。

**案件承办人：**

张辉，安徽高速律师事务所律师

陈辰，安徽高速律师事务所律师助理

**案例撰写人：**

张辉，安徽高速律师事务所律师

**案例审核人：**

张鹏，安徽高速律师事务所主任

**案例编审人：**

贾晓清，安徽省律师协会秘书长

**案例点评人：**

郭志远，安徽大学法学院院长、教授、博士生导师

**生态环境损害赔偿磋商会议现场**

（2020 年 4 月 14 日由陈辰拍摄）

# 保证金账户质押案[①]

## ——依法保护金融资本支持企业发展，促进民营企业融资环境改善

### 【案例要旨】

前些年，人民法院在执行程序中，对部分被执行人开立于银行的保证金账户资金实施冻结并扣划，由此引发了大量执行异议之诉。此类案件在各级基层和中级法院的司法判决中大多判银行败诉，即法院不认可银行与该被执行人之间存在质押合同关系，银行对该保证金账户中的资金无优先受偿权。但是，笔者代理某银行安徽省分行（以下简称某银行）诉张某某、安徽某融资担保集团有限公司（以下简称某担保公司）保证金质权确认之诉（执行异议之诉），历经合肥市中级人民法院（以下简称合肥市中级法院）一审败诉、安徽省高级人民法院（以下简称安徽省高级法院）二审改判胜诉、对方不服再审至最高人民法院被驳回之过程，终成经典案例，入选《最高法院公报案例》（2015 年第 1 期）和最高人民法院第 11 批指导性案例[法(2015)320 号]。

生效判决的裁判要旨为：虽然某银行与某担保公司签订的合同从形式到内容存在部分瑕疵，在合同履行过程中也存在争议之处，但人民法院审理案件不能仅看表象，而应从合同订立的本意和合同内容的本质上探究合同的属性。最终二审撤销了一审判决，支持了某银行的请求，认定某银行依法享有质权。本案已成为各级法院同类案件的参照案例，为金融机构依法维权确立了范本。

① (2012)合民一初字第 00505 号。

## 【案情概要】

某银行与某担保公司签订了《信贷担保业务合作协议》(以下简称《合作协议》),约定某担保公司在某银行开立担保保证金专户,某担保公司将具体担保业务约定的保证金存入该账户,缴存的保证金不低于所担保贷款额度的10%,未经某银行同意,某担保公司不得动用担保保证金专户内的资金。《合作协议》签订后,某银行与某担保公司按约就信贷担保业务进行了合作。

合肥市中级法院在执行张某某与某食品公司、某担保公司民间借贷纠纷一案过程中,将上述保证金账户内的资金1 338万元扣划至法院账户。某银行立即提出执行异议,认为该资金实际系某担保公司向某银行提供的质押担保,人民法院对该账户内的资金不得进行强制执行。合肥市中级法院裁定驳回了某银行的执行异议,认为某银行的质权是否成立不是执行程序中解决的问题。后某银行向合肥市中级法院提起执行异议诉讼,请求判令:某银行对某担保公司在某银行处开设的担保保证金账户内的资金享有质权,法院对该账户内资金停止强制执行。

合肥市中级法院一审查明:(1)某银行与某担保公司签订的《合作协议》约定:甲方(某担保公司)向乙方(某银行)提供的保证担保为连带责任保证;保证担保的范围包括主债权及利息、违约金、实现债权的费用等。同时约定:甲方在乙方开立担保保证金专户,账号×××9511(以下简称9511);甲方需将具体担保业务约定的保证金在保证合同签订前存入该专户,甲方需缴存的保证金不低于贷款额度的10%;未经乙方同意,甲方不得动用担保保证金专户内的资金。无论因何原因而小于约定的额度时,甲方应在接到乙方通知后3个工作日内补足。(2)《合作协议》签订后,双方就贷款担保业务进行合作,某担保公司在某银行开立账号为9511的保证金账户。某担保公司缴存约定比例的担保保证金,并据此为相应额度的贷款提供了连带保证责任担保。上述账号发生100余笔业务,有的为贷方业务,有的为借方业务。

合肥市中级法院认为,根据《担保法》第63—64条及《最高人民法院关于适用〈中华人民共和国担保法〉若干问题的解释》(以下简称《担保法司法解释》)第85条的规定,质押合同成立并生效须符合两个条件:一是签订书面的质押合同;二是完成质押物的交付。金钱作为特殊的动产质押须具备以下要件:一是双方当事人应签订质押合同,有将金钱作为质押的意思表示;二是应对质押物的金钱进行特定化,并移交债权人占有。据此进一步认为,首先,某担保公司与某银行签订的是《合作协议》,并非质押合同,且约定的保证方式为连带责任保证,整个合同行文中没有质押条款,由此表明双方并无将金钱作为质押的意思表示;其次,《合作协议》中虽然约定某担保公司向约定账户存入一定数额的保证金,但没有约定某银行就保证金在债务人不清偿到期债务时享有优先受偿权的相关内容;再次,保证金账户是某担保公司开立的,在形式上不符合法定的"移交债权人占有";最后,涉案保证金账户多次有进出账的情形,账户内的资金数额不断浮动,不符合法律规定的特定化要件。上述事实表明,某担保公司并无就该账户资金提供质押担保的意思表示。某银行主张其与某担保公司存在质押担保法律关系,对 9511 账户中的资金享有优先受偿权的理由不能成立,故驳回了某银行的全部诉讼请求。

某银行不服,上诉至安徽省高级法院。安徽省高级法院经开庭审理认为,原审判决认定事实清楚,但适用法律不当,改判撤销一审判决,支持了某银行的全部诉讼请求,确认某银行对某担保公司 9511 账户内的 1 338 万元资金享有质权。

对方随后向最高人民法院提起再审申请,要求改判某银行对上述保证金账户内资金不享有质权,并驳回某银行的诉讼请求。最高人民法院下达民事裁定书:驳回再审申请。

## 【履职情况】

笔者作为某银行的代理律师,在本案一审败诉不利的情况下通过对一审判决的仔细分析,以合法、合理、适当的上诉理由尽力消除、削弱己方证据的瑕疵因素,努力使二审、再审法官透过表象看本质,将一审法院看似有理、有据的判决理由逐一拆解推翻,最终让二审、再审法官接受了笔者的意见,从而认定:本案保证金账户在本质上属于动产质押账户,某银行与某担保公司之间形成质押担保关系,某银行对该保证金账户中的资金依法享有质权。

### 一、"签订书面质押(质权)合同"的法律规定是否意味着合同名称一定要命名为质押合同或质权合同

一审判决认定:《担保法》和《物权法》均明确要求,必须签订书面的质押合

同或质权合同才能形成质押担保关系，但案涉合同是《合作协议》，并非质押合同或质权合同。对此，笔者在二审中提出，一审判决是从合同名称直接判定合同性质，显然过于简单化和表面化。法律并未强制规定质押合同必须命名为《质押合同》，而是列举了质押合同一般包括的条款要求，符合一般条款要求的，即为质押合同。事实上，案涉《合作协议》约定的保证金条款完全符合我国《物权法》及《担保法》关于设立质权的规定。

首先，合作协议明确约定某担保公司应向某银行交付保证金，约定缴存的保证金不低于所担保贷款总额度的 10%。据此，保证金所担保债权的种类和数量是明确的。

其次，某担保公司交付的保证金金额按不低于承保贷款额 10%的比例缴存。据此，质押财产的数量是明确的。

再次，关于债务人履行债务的期限。《合作协议》约定了“甲方在接到乙方书面通知后 5 日内向乙方承担担保责任，并将相应款项划入乙方指定账户”。

最后，关于质押保证金的交付时间。《合作协议》约定应于《保证合同》签订前存入，明确了交付时间。

因此，《合作协议》的上述约定符合《担保法》和《物权法》对质押合同或质权合同一般应包括的条款要求。

## 二、合作方之间具备保证担保法律关系是否意味着质押担保关系的不存在

一审判决认定，《合作协议》中明确约定的保证方式为连带责任保证，因此，双方并无将金钱作为质押的意思表示。对此，笔者上诉时提出，一审判决混淆了本案所涉及的两个层次的担保法律关系，以各方认可的保证担保法律关系否认另一个存在争议的质押担保法律关系，结论明显错误。

某担保公司作为专业的融资担保公司，其经营范围是为贷款企业提供信用担保，其在与某银行的业务合作中为贷款企业所提供的都是保证担保。但是，在某担保公司与某银行之间还存在另外一层担保关系，即某担保公司通过在某银行处开立保证金专户并缴存一定比例的担保保证金，为其自身可能承担的保证责任提供了一种质押担保，这是物的担保，不是信用担保。本案所争议的是后一种担保法律关系而不是前一种担保法律关系。一审判决通过认定保证担保关系来否定质押担保关系的成立，显然混淆了不同的法律关系，其结论当然是错误的。

## 三、金钱质押生效的条件如何认定

一审判决认定，虽然《合作协议》约定未经某银行同意，某担保公司不得动用保证金专户内的资金，但保证金账户是某担保公司开立，在形式上不符合法定的“移交债权人占有”。对此，笔者在一、二审中均提出，《担保法司法解释》第85条规定：“债务人或者第三人将其金钱以特户、封金、保证金等形式特定化后，移交债权人占有作为债权的担保，债务人不履行债务时，债权人可以以该金钱优先受偿。”可见，金钱质押生效的条件包括金钱特定化和移交债权人占有两个方面。

一是某担保公司在某银行开立账号为9511的账户，与案涉《合作协议》约定的账号一致，即双方当事人已经为出质金钱开立了担保保证金专用账户。保证金专户开立后，某担保公司按照每次担保贷款额度的一定比例向该账户缴存保证金，该账户亦未做日常结算使用，故符合《担保法司法解释》规定的金钱以特户形式特定化的要求。

二是占有权与所有权绝非同一概念。对于以存款为表现形式的金钱，其转移占有的表现形式同一般动产的转移占有显然不同。首先，存款人一定是出质人而不可能是质权人，否则就不会构成存款关系，而只能是现金实物的质押；其次，存款人对存款的支配一定要受到质权人的制约。占有指对物进行控制和管理的事实状态，因案涉账户本来就开立在某银行，某银行作为质权人，取得对该账户的控制权，并实际控制和管理该账户，符合出质金钱移交债权人占有的要求，故案涉质权依法设立。一审判决仅以保证金账户是某担保公司开立即认为“在形式上不符合法定的移交债权人占有”是错误的。

## 四、特定化是否意味着固定化

一审判决认定，涉案保证金账户有多次进出账的情形，账户内的资金数额不断浮动，不符合法律规定的特定化要件。对此，笔者在二审中提出，特定化并不等于固定化。所谓特定化，应当理解为资金性质和用途的特定化，而不应理解为资金金额的固定化。一审判决以账户内资金的正常变动为由否认特定化，是以表象掩盖本质的错误认定。

案涉账户在使用过程中，账户内的资金根据业务发生情况虽处于浮动状态，但均与保证金业务相对应，除缴存的保证金外，支出的款项均用于保证金的退还和扣划，未用于非保证金业务的日常结算，即某银行可以控制该账户，某担保公司对该账户内的资金使用受到限制，故该账户资金的浮动仍符合金钱作为质权的特定化和移交占有的要求。

## 五、案涉保证金账户并非法定的“专用账户”，会计科目亦非“保证金”科目

对方代理律师在二审中提出了两个比较尖锐的问题。

一是案涉保证金账户并非法定的专用账户。根据中国人民银行《人民币银行结算账户管理办法》第13条规定，只有法律、行政法规和规章规定需要专户存储和使用的资金，才纳入专用存款账户管理，而案涉保证金账户系一般存款账户。对此，笔者反驳指出，对方混淆了金融管理的专户与质押“特定化”专户之间的区别。质押用途的账户，只要实现了保证金账户与普通账户的区分，使金钱具有特定化的特征即可。案涉保证金专户的权利义务与一般账户完全不同，是专门开立、用于特殊用途的专门账户，其与其他一般结算账户有本质区别，且对账户资金已采取“只进不出”等止付措施进行控制，因此完全符合特定化要求，根本不需要按照《人民币银行结算账户管理办法》第13条规定的“专用账户”进行开户和管理。

二是对方代理律师在二审中调取了某银行总行的会计科目管理文件，发现在某银行会计科目中，设置有“405保证金存款”一级科目及“40501结算保证金、40502企业经营风险保证金、40566外汇保证金、40599其他保证金”二级科目。而案涉保证金在“40196其他单位存款”科目项下进行核算，不是“保证金”科目，进一步印证了案涉账户不是特户。这个表象是否影响案涉保证金账户系质押账户的实质？“405保证金存款”与“40196其他单位存款”会计科目属于某银行系统内部的会计核算方式，《担保法司法解释》第85条对特户的外在形式并未作出规定，因此不应当以此作为质权生效的条件。

笔者上述意见全部得到了二审判决的采信。为进一步防范和控制当事人的法律风险，笔者又专门建议某银行对保证金质押事项严格规范管理。例如将合同名称明确命名为《质押合同》或《质权合同》、开立账户申请中明确为质押保证金专用账户、将会计核算方式列入保证金科目等，最大限度地避免成讼或成讼后的争议。

## 【典型意义】

本案二审判决下达后，某银行在审和后期起诉的其他类似案件均赢得了胜

诉。2015年1月，本案被《最高法院公报案例》刊载。2015年11月，经最高人民法院审判委员会讨论决定，将本案和其他三起案件一起作为第11批指导性案例发布，旨在明确担保公司在与银行合作开展贷款担保业务中，开立担保保证金专户并存入一定比例保证金，该账户未作日常结算使用符合特定化的要求，属于设立金钱质押；占有是对物进行控制和管理的事实状态，银行取得对该账户的控制权，实际控制和管理该账户即应认定符合出质金钱移交债权人占有的要求；明确了保证金专户内即使出现资金浮动也不影响对金钱特定化的认定。将本案例作为公报案例和指导性案例发布充分说明当时同类案件在全国多发，判决结果不一致。案例发布有利于法院统一此类案件的裁判标准，引导金融资本支持企业发展，促进中小企业融资环境和营商环境的改善。

## 【专家点评】

对于借款人或者担保人存在银行保证金账户的资金是否能够冻结，并执行扣划，长期以来在司法实践中一直存在争议，其原因主要在于对保证金账号资金性质的界定和认定。本案通过代理律师的努力，经过安徽省高级人民法院二审和最高人民法院再审，裁决确认银行与借款人、担保公司之间存在质押合同法律关系，银行对该保证金账户中的资金享有质权，并享有优先受偿权。

本案入选《最高法院公报案例》(2015年第1期)和第11批指导性案例[法(2015)320号]，为各级法院审理类似案件提供了统一的裁判思路和裁判标准，同时对保护金融资本、促进营商环境的改善具有重要意义。

---

**案件承办人：**

汪大联，上海天衍禾律师事务所合伙人

孙箫，安徽天禾律师事务所合伙人

**案例撰写人：**

孙箫，安徽天禾律师事务所合伙人

**案例审核人：**

张晓健，安徽天禾律师事务所主任

**案例编审人：**

贾晓清，安徽省律师协会秘书长

**案例点评人：**

周世虹，十三届全国政协委员、安徽省律师协会副会长

## 保证金账户质押相关法律问题探析

孙 箫 安徽天禾律师事务所

近年来，人民法院在执行程序中，对部分被执行人开立于银行的保证金账户资金实施冻结并扣划，由此引发了大量执行异议之诉。据笔者了解，此类案件，在安徽省各级基层和中级法院，均判决银行败诉：法院不认可银行与该被执行人之间存在质押合同关系、银行对该保证金账户中的资金无优先受偿权。但是，笔者代理的中国农业发展银行安徽省分行（以下简称农发行）诉张大标、安徽长江融资担保集团有限公司（以下简称长江担保公司）保证金质权确认之诉（执行异议之诉），经合肥中院一审败诉、安徽省高院二审改判胜诉、对方不服再审至最高法院被驳回之过程，终成经典案例。本案业已成为各级法院同类案件的参照案例，为金融机构依法维权确立了范本。日前，本案荣选最高法院公报案例（2015年第一期）。

本案具体的情况是：2009年4月，农发行与长江担保公司签订一份《贷款担保业务合作协议》，约定：双方合作开展面向中小企业的担保贷款业务，甲方（长江担保公司）向乙方（农发行）提供连带责任保证担保；甲方在乙方开立担保保证金专户，账号为××××××××××××××9511（以下简称9511）；甲方需将具体担保业务约定的保证金在保证合同签订前存入该专户，甲方需缴存的保证金不低于贷款额度的10%；未经乙方同意，甲方不得动用担保保证金专户内的资金。甲方在乙方处开立的担保专户的余额无论因何原因而小于约定的额度时，甲方应在接到乙方通知后3个工作日内补足。协议签订后，农发行同长江担保公司就贷款担保业务进行合作，长江担保公司在农发行开立了担保保证金账户，账号为9511。长江担保公司按照协议约定缴存规定比例的担保保证金，并据此为相应额度的贷款提供了连带保证责任担保。

2011年12月，安徽省合肥市中级人民法院在执行张大标诉安徽省六本食品有限责任公司、长江担保公司等民间借贷纠纷一案中，将上述保证金账户内的资金1338万元冻结并扣划至法院账户。农发行安徽分行立即提出执行异议，认为上述账户内的资金实际系长江担保公司向农发行安徽分行提供的质押担保，人民法院对该账户内的资金不得进行强制执行。后合肥中院裁定驳回了农发行的执行异议，认为农发行的质权是否成立，不是执行程序中解决的问题。并告知农发行有权在15日内提起执行异议之诉予以解决。后农发行向合肥中院提起诉讼，请求判令：农发行对长江担保公司前述保证金账户内的资金享有质权、法院对该账户内资金停止强制执行。

合肥中院经审理认为，农发行与长江担保公司之间



**孙萧：《保证金账号质押相关法律问题探析》，《中国律师》2015年第10期。**

# 注册商标撤销复审行政纠纷案[①]

## ——维护国家民族品牌，确立商标"撤三"新裁判标准

### 【案例要旨】

在审理涉及撤销连续3年停止使用的注册商标的行政案件时，应当正确判断所涉行为是否构成实际使用，并考虑真实的使用行为和使用意图。只要有真实的使用用途，并可以区别商品的来源，即使图形文字混合使用也可视为注册商标的使用。

### 【案情概要】

安庆市某公司(以下简称某公司)于1999年2月8日向原国家工商行政管理总局商标局(以下简称商标局)提出第1432998号图形商标(以下简称诉争商标)的注册申请。诉争商标"〓"(中文名"风牌")或"FENG PAI"组合于2000年8月14日获准注册，核定使用在第7类"空气压缩机"商品上。某汽车公司以该商标连续3年未被某公司使用为由提出撤销申请。商标局经审查认为，某公司提供的商标使用证据有效，据此驳回某汽车公司的撤销申请，诉争商标继续有效。某汽车公司不服，向原国家工商行政管理总局商标评审委员会(以下简称商标评审委员会)申请复审。在商标评审程序中，某公司提交了产品购销合同、产品宣传画册和图片以及产品说明书、标贴等证据。商标评审委员会认为，产品购销合同在缺乏其他证据予以佐证的情况下不能证明实际履行情况，其余证据均为某公司的自制证据，故在案证据难以证明诉争商标在2007年3月11日—

① (2013)皖民二终字第00261号。

2010 年 3 月 10 日期间(以下简称指定期间)在“空气压缩机”商品上进行了公开实际使用,据此决定,对诉争商标予以撤销。某公司不服,向北京市第一中级人民法院提起行政诉讼。

北京市第一中级人民法院认为,某公司提交的证据仅能看到其在“空气压缩机”商品上使用了诉争商标“”图形及“风牌”或“FENG PAI”组合,不足以证明其在指定期间内在“空气压缩机”商品上对复审商标进行了使用。某公司所提的其他各项诉讼请求及理由均缺乏事实与法律依据。

当事人不服,向北京市高级人民法院提起上诉,北京市高级人民法院认为,某公司提交的公证书可以证明,相关商品为空气压缩机,属于复审商标核定使用的商品。从上述公证书记载的内容来看,无论复审商标图样“”及“风牌”或“FENG PAI”组合是否构成了不同于复审商标的新的商标,上述公证书记载的产品实物均已表明其已经实际使用了复审商标。由于该使用行为发生在指定期间,实际使用的商品亦是复审商标核定使用的商品,因此,某公司提交的在案证据可以证明复审商标在指定期间内已经进行了有效的商业使用。商标评审委员会及原审法院认定某公司提交的在案证据不足以证明其在指定期间内在“空气压缩机”商品上对复审商标进行了实际的商业使用的依据不足,本院予以纠正,故某公司有关复审商标应当维持注册的上诉理由具有事实及法律依据,本院予以支持。

## 【履职情况】

律师在接受本案委托时,委托人的商标已经被商标评审委员会撤销,撤销的理由是证明商标实际使用的证据不足。针对该情况,代理律师重新补强了证据,包括商标使用的现场照片、销售合同增值税发票、转账凭证、运输发票、银行流水、购买方出具的证明文件等,以上证据均以公证书予以证明。同时,代理律师出具了委托人的宣传材料以及高新技术企业认定证书。通过以上证据形成了商标在争议的期间进行使用的证据链,用无可争辩的事实证明诉争商标实际上一直在被委托人使用。一审败诉后,代理律师针对一审法院判决的理由——图形商标与文字一起使用不构成注册商标使用的法律判断,集中解决法律适用问题,在二审法院的辩论中得到了法院的认可,即只要有真实的使用用途且可以区别商品的来源,没有改变注册商标的核心特征可视为注册商标的使用。

本案一审败诉后，代理人一方面向当事人解释法院裁判理由，另一方面，就本案涉及的关键问题查阅了大量的资料，同时咨询了很多业内专家的意见，在得到肯定的答复后，代理人重新梳理了本案事实，组建律师团队认真准备上诉材料。二审期间，代理人多次与承办法官就本案涉及的专业问题进行沟通，并且就本案诉争商标的实际使用邀请二审法官进行实地考察。最终在代理人不懈努力之下，本案得到二审法院的改判，获得专业、公平、公正的判决结果。

## 【典型意义】

本案维护了国家民族品牌，进一步明确了《最高人民法院关于审理商标授权确权行政案件若干问题的意见》中关于“撤三”的商标使用的判断标准，创立了图形文字混合使用也构成商标使用的法律效果的裁判规则。

## 【专家点评】

近年来，我国不断加大知识产权保护力度，不断完善修改《商标法》《专利法》《著作权法》等，通过审理重大典型案件，确立了裁判规则和裁判标准，构建了更加公平合理的知识产权保护体系。核心商标是关系企业生存的重要知识产权类型。与其他知识产权不同，商标的生命在于使用，“商标使用”也是商标权获得保护的正当性基础。商标“撤三”制度作为一种注册商标的退出机制，对于保持注册商标活力、平衡商标注册取得制的正当性缺陷有着重大意义。但在实践中，存在大量恶意打击竞争对手、抢夺商标权而多次提起“撤三”的情形。本案通过追寻立法本意、论法与论理相结合的方式裁判案件，在一定意义上统一了关于“商标使用”认定的裁判规则，尽力避免有真正使用商标意图的商标所有人被“误伤”，有效维护了民族名牌，提振了企业保护知识产权的信心，营造了更加良好的法治化营商环境。本案是典型的商标确权行政诉讼案件，并入选全国律协2018年度十大知识产权维权案例。

---

**案件承办人：**

韦国，安徽国誉律师事务所主任

叶茂林，安徽国誉律师事务所律师

**案例撰写人：**

叶茂林，安徽国誉律师事务所律师

**案例审核人：**

韦国，安徽国誉律师事务所主任

**案例编审人：**

贾晓清，安徽省律师协会秘书长

**案例点评人：**

蒋敏，中华全国律师协会副会长、安徽省律师协会名誉会长

06 责任编辑：王宇 实习编辑：韩瑞 投稿：http://tg.iprchn.com
2017年12月29日 星期五

商标·天下

中国知识产权报
CHINA INTELLECTUAL PROPERTY NEWS

品牌E讯

东风标致牵手途歌科技



日前，东风标致与共享经济移动出行服务提供商——北京途歌科技有限公司签署战略合作协议，双方将在共享出行领域开展合作。

据了解，双方此次合作旨在提升各自品牌知名度，拓展市场布局，塑造品牌形象，共同推动共享经济下出行模式的新发展。

京东推出“拍拍二手”



日前，京东发布“拍拍二手”品牌，宣布将以平台化的运营思路整合回收、检测、再加工、销售等逆向供应链资源，将京东的联盟生态拓展到二手商品交易领域。

据了解，“拍拍二手”将推出分期用、租赁两大创新业务，以降低商品使用门槛，帮助消费者获取更多商品的使用机会，为厂商缩短商品流转周期。

匹克与慈星强强联合



日前，体育品牌匹克与宁波慈星股份有限公司宣布达成战略合作，双方将共同探索如何在“品牌+互联网+AI”的新时代实现持续稳健的发展。

据了解，匹克与慈星有着共同……

每周记者报道

一件获准注册将满十年的商标，遭菲亚特克莱斯勒提撤销，历时7年见分晓——

# 佰联无油压缩机核心商标保住了

本报记者 王国浩

作为一家拥有20余年发展历史的压缩机产品研发企业、安徽省安庆市佰联无油压缩机有限公司（下称佰联无油压缩机公司）一件图形商标在获准注册将满10年之际，意外遭遇知名汽车制造商菲亚特克莱斯勒汽车意大利控股股份有限公司（下称菲亚特克莱斯勒公司）提出撤销申请。历时7年后，双方纠纷近日终于告一段落。

日前，北京市高级人民法院针对第1432998号图形商标（下称系争商标，如图）撤销复审行政纠纷一案作出终审判决，认定佰联无油压缩机公司提交的证据可以证明其于2007年3月11日至2010年3月10日期间（下称指定期间）对系争商标进行了实际的商业使用，应予维持注册。

**注册近十年遭遇撤销争议**

记者了解到，佰联无油压缩机公司于2008年1月21日注册成立，前身为安庆市无油压缩机厂（集体所有制，已注销），经营范围包括制造、销售无油气体压缩机及配件、其它小型普通机械等，致力于稀有气体专用压缩机产品的研制与开发，目前其产品已出口至美国、日本、韩国、欧洲等20多个国家和地区。

被菲亚特克莱斯勒公司提出撤销申请的系争商标，由安庆市无油压缩机厂于1999年2月8日提出注册申请，2000年8月14日被核准注册，核定使用在第7类空气压缩机产品上。2009年3月10日，系争商标注册人名义经核准变更为佰联无油压缩机公司。记者通过中国商标网查询了解到，目前佰联无油压缩机公司仅持有系争商标这一件商标。

在系争商标获准注册将满10年之际，菲亚特克莱斯勒公司以系争商标在指定期间内连续3年停止使用为由，于2010年3月11日向国家工商行政管理总局商标局（下称商标局）提出撤销系争商标注册的申请。

经审查，商标局于2013年4月16日作出决定，认定佰联无油压缩机公司提交的商标使用证据有效，菲亚特克莱斯勒公司申请撤销系争商标的理由不能成立，据此决定驳回菲亚特克莱斯勒公司的撤销申请，系争商标继续有效。

菲亚特克莱斯勒公司不服商标局作出的上述决定，于2013年5月29日向国家工商行政管理总局商标评审委员会（下称商评委）申请复审，称其因没有看到佰联无油压缩机公司提交的有关系争商标的使用证据，故对其真实性表示怀疑，并请求商评委撤销系争商标的注册。

在商标评审阶段，佰联无油压缩机公司向商评委提交了该公司的产……

……识构成了不用于系争商标的新商标，故佰联无油压缩机公司提交的公证书仅能证明该新商标的使用，而不能证明对系争商标的使用。

经审理，北京市高级人民法院认为，从佰联无油压缩机公司提交的相关公证书所记载的内容来看，无论系争商标图样及“风牌”或“FENGPAI”……

……警告或督促商标权利人积极使用注册商标，发挥商标的标识作用，避免商标资源的闲置或浪费。“只要将注册商标用作商品或服务的标识，发挥了商标区分商品或服务来源的实际作用，无论其实际的使用形式如何，只要没有改变注册商标的显著特征，均应认定其构成我国商标法意义上的使用。”

红盾在行动

山东栖霞 加强农产品品牌建设

王国浩：《一件获准注册满十年的商标，遭菲亚特克莱斯勒提撤销，历时7年见分晓——佰联无油压缩机核心商标保住了》，《中国知识产权报》2017年12月29日，第6版。